N. Hardoin

A Travers la Bulgarie

Souvenirs de guerre et de voyage, par un volontaire au 26° Régiment de Cosaques du Don

N. Hardoin

A Travers la Bulgarie

Souvenirs de guerre et de voyage, par un volontaire au 26° Régiment de Cosaques du Don

ISBN/EAN: 9783337216405

Printed in Europe, USA, Canada, Australia, Japan

Cover: Foto ©Andreas Hilbeck / pixelio.de

More available books at **www.hansebooks.com**

DICK DE LONLAY

A TRAVERS
LA BULGARIE

SOUVENIRS DE GUERRE ET DE VOYAGE

PAR UN VOLONTAIRE

AU 26ᵉ RÉGIMENT DE COSAQUES DU DON

Les Balkans. — Etropol. — Tchelopetz. — Plevna. — Araba-Konak
Sofia. — Tatar-Bazardjick. — Philippopoli.
Le Rhodope. — Hermanli. — Andrinople. — San-Stefano.
Stamboul.

ILLUSTRÉ DE 20 DESSINS PAR L'AUTEUR

PARIS
GARNIER FRÈRES, LIBRAIRES-ÉDITEURS
6, RUE DES SAINTS-PÈRES, 6

1888

A S. E. LE GÉNÉRAL ORLOFF

Grand Maréchal de la Noblesse du Don

Souvenir de son ami dévoué et de son fidèle « Stanichnik. »

DICK DE L'ONLAY
Volontaire au 26ᵉ régiment de la Ligue du Don.

Paris, ce 15 octobre 1885.

PRÉFACE

Ce troisième volume, qui finit mon histoire au jour le jour de la campagne de Bulgarie (1877-1878) est, à proprement parler, le journal de marche du 26e régiment de Cosaques du Don, auquel j'étais attaché.

Dans mes deux précédents ouvrages, j'ai retracé les grands événements qui eurent lieu au delà des Grands-Balkans, les passages du Danube, l'expédition du général Gourko à Kézanlyck et Eski-Zara, la défense héroïque de Schepka et les assauts sanglants de Plevna.

Ce dernier volume suit l'armée russe de Plevna aux Balkans et l'accompagne dans sa marche jusqu'à Coustantinople en passant par Etropol, Orkanié, Sofia, Tatar-Bazardjick, Philippopoli, les monts Rhodope, Haskioï, Hermanli, Andrinople, San-Stefano-et Stamboul.

Paris, 1er mars 1888.

DICK DE LONLAY.

Nikopoli, vue prise de la rive roumaine

CHAPITRE PREMIER

Nikopoli.

L'approche de l'hiver. Dans la boue. De sinistres épaves. Turn-Magurelle
Les Dorobances, Le pont de bateaux. Marche de convois. Nikopoli. Aspect
de la ville. Les vaincus. Aux bains turcs. Toujours la pluie. Un ancien
camp turc. Campements roumains. Le Vid. Engagements d'avant-postes.
Mouvements de troupes. Netropol. Les chiens bulgares. Gorny-Netropol.
Canonnade de nuit.

Nikopoli, 14 novembre.

Hier matin j'ai quitté Turn-Magurelle, en compagnie d'un de mes bons amis, M. de Martinoff, capitaine aux chevaliers-gardes et aide de camp du général Miloutine, ministre de la guerre. Ce jeune et brillant officier est en ce moment attaché à mon régiment, le 26ᵉ Cosaques du Don, où il commande deux sotnias (escadrons). L'été dernier, M. de Martinoff s'est fait remarquer par les reconnaissances hardies de Kadikioï et surtout de Yeni-Zara, qu'il a accomplies avec autant d'audace que d'intelligence.

En outre, et ce qui ne gâte rien, mon compagnon est un gentleman accompli jusqu'aux bout des ongles et un pur Parisien, dont le nom est bien connu sur notre boulevard des Italiens.

Depuis trois jours j'ai quitté Bukarest, après un repos de plusieurs semaines qui m'a totalement remis des maudites fièvres que j'avais contractées autour de Plevna, après les terribles assauts de septembre dernier.

Pour le moment, le but de notre voyage est Gorny-Netropol, près Dolny-Doubnik, où est campée notre brigade de Cosaques (21ᵉ et 26ᵉ régiments du Don).

Depuis notre départ de Bukarest, nous barbotons dans la boue, et sommes transpercés d'outre en outre par une affreuse pluie qui nous fait grelotter.

La saison s'avance de plus en plus ; les averses et les brumes se succèdent sans interruption. En ce moment nous avons un avant-goût de ce que doit être un hiver bulgare. Après ces quelques jours de pluie torrentielle entre les Balkans et les Karpathes, le pays a été transformé en un immense marécage.

Depuis longtemps nos troupes trituraient en poussière impalpable, sous le poids de leurs transports, le sol de tous les chemins, sans rien faire ni ordonner pour l'entretien et la réparation des chaussées, même les plus importantes ; les premières pluies, en se mêlant à cette poussière, ont formé de tous côtés de véritables océans de boue où les voitures se perdent littéralement.

Les renforts qui arrivent de Russie ont sous les yeux, aussitôt qu'ils ont passé le Danube, un spectacle bien fait pour leur donner la plus sombre idée des misères qui les attendent. Quand est survenu le mauvais temps, d'effroyables fondrières se sont ouvertes dans le sol, profondément défoncé par les milliers d'hommes, de chevaux et de voitures de toutes sortes qui l'ont foulé.

On voit les chariots auxquels on attèle jusqu'à vingt chevaux, essayer de franchir ces abîmes; les charretiers vocifèrent et jurent dans toutes les langues de l'Orient, et les attelages s'enfoncent de plus en plus dans la vase sans parvenir à avancer. Des caissons de munitions, avec leurs essieux rompus, des débris de voitures et d'arabas bulgares dispersés dans un affreux désordre le long du fleuve, disent éloquemment à quoi aboutissent trop souvent ces efforts.

On dirait une scène de naufrage; des fragments de véhicules brisés émergent du noir mélange semi-liquide, et des chevaux morts, qu'on n'a pas même essayé de retirer, gisent de distance en distance à moitié ensevelis dans la boue. Tout ce qui passe sur la route, les écrase davantage et les enfonce de plus en plus. Impossible d'imaginer un pareil gâchis, un pareil spectacle de saleté et de confusion.

Joignez à cela la pluie continuelle, les plus petits ruisseaux grossis et transformés en rivières et les jours qui diminuent de plus en plus; le soleil n'apparaît pas à travers les nuages épais et lourds; le soir, à sept heures, l'obscurité est si profonde qu'il est impossible de faire deux pas sans une lanterne pour éclairer le chemin et sans un gros bâton pour tenir à distance les chiens hargneux, à l'aspect de loups qui attaquent avec la dernière férocité les personnes n'ayant pas d'armes pour se défendre.

Turn-Magurelle n'est pas tout à fait bâtie sur les bords du Danube, dont elle est éloignée par une distance de près de quatre kilomètres. Sur le terrain sablonneux qui règne entre la ville et le fleuve, on a construit une chaussée, effondrée et crevassée en beaucoup d'endroits par les inondations du printemps dernier. Aujourd'hui, cette route est continuellement sillonnée par de nombreux convois de vivres et de munitions destinés aux troupes roumaines, et que conduisent des paysans valaques, aux larges bonnets en peau de mouton et recouverts de longues houppelandes, jadis blanches et galonnées de noir, aujourd'hui tout effrangées et maculées de boue.

Partout on n'entend que le grincement strident et monotone des essieux en bois de ces lourdes charrettes qui vous font penser aux chariots des anciens Cimbres et Teutons, et les cris des conducteurs, et Dieu sait, si le vocabulaire du cocher roumain est bien fourni, quand il s'adresse à ses bêtes. De distance en distance, comme autant de funèbres jalons, gisent abandonnés de nombreux cadavres de bœufs et de chevaux, sur lesquels se sont abattues des nuées entières de corbeaux.

Un pont de bateaux des plus solides a été construit à l'extrémité de cette chaussée par le génie roumain.

A la tête du pont, qui est défendue par une double rangée de fascines et de gabions, est établi un poste de Dorobances. Ces braves miliciens, coiffés du bonnet légendaire de Michel le Brave, bonnet en peau de mouton, dont la pointe est rabattue sur le côté droit, comme la baretta catalane, et vêtus d'une large capote grisâtre, se chauffent autour d'un grand feu.

A notre arrivée, un convoi de malades et fiévreux qui défile devant nous, arrivant des abords de Plevna, nous oblige à nous arrêter quelques instants. J'en profite pour contempler tout à loisir le magnifique panorama que j'ai devant les yeux. Au fond, la haute ligne de falaises escarpées, d'où s'échappent les eaux de l'Osem par une étroite vallée semblable à une déchirure granitique et où sont groupées les blanches maisons de Nikopoli s'étageant en gradins, les unes au-dessus des autres. Sur la hauteur de droite s'aperçoivent les talus d'une redoute en terre, dominant un quartier turc reconnaissable à ses minarets aigus en forme de flèches et aux coupoles arrondies de ses mosquées. Sur la colline de gauche, colline dont le calcaire est percé de profondes cavités, se détache la masse sombre et sévère de l'église bulgare. A nos pieds coulent avec fracas les eaux jaunâtres et limoneuses du roi des fleuves, que je ne sais pour quelle raison, les Viennois s'obstinent toujours à appeler le beau Danube bleu et sur lesquelles sont solidement ancrés les deux monitors enlevés aux Turcs lors de la prise de la ville et que montent aujourd'hui des marins russes.

Après avoir traversé le Danube, nous entrons à Nikopoli par un faubourg entièrement détruit par notre artillerie. Partout des toitures effondrées, des pans de murailles, noircis et crevassés, des amas de pierres et de poutres carbonisées, à moitié recouverts d'herbes et de plantes grimpantes, qui semblent vouloir cacher sous leur manteau verdoyant ce sombre tableau des horreurs de la guerre.

Nous entrons ensuite dans les ruelles étroites et défoncées d'un quartier turc, dont les fenêtres des maisons sont hermétiquement grillées par un épais treillage en bois. Les habitants adossés aux pans de leurs portes, nous regardent passer, calmes et indifférents en apparence, mais au fond quels regards chargés de haine et de menaces ! Mais pourquoi y faire attention. Hier, les maîtres absolus, ils sont aujourd'hui dans la plus triste situation, maltraités et journellement humiliés par les Bulgares, qui jadis tremblaient devant eux.

A peine arrivés, nous nous faisons conduire aux bains turcs, établis dans un bâtiment carré, dont les épaisses murailles en briques ne sont munies d'aucune fenêtre et dont la toiture en forme de coquille, percée d'une infinité de petits trous, rappelle ces vieux poivriers en faïence de Rouen et de Nevers dont se servaient nos aïeux. Par ces ouvertures s'échappent de petits flocons blanchâtres produits par la vapeur d'eau qui s'évapore au contact glacial de l'air.

Quand des écrivains aussi brillants que Théophile Gautier et Gérard de Nerval ont décrit les bains turcs avec leur palette de maître si colorée, on comprendra que je n'entreprendrai pas le même récit après eux ; je vous dirai seulement que nous sommes sortis de ces bains tout à fait reposés et dispos, pour entreprendre notre longue marche de demain car il nous faudra faire plus de 60 kilomètres pour gagner Gorny-Netropol où campe notre brigade de Cosaques.

Gorny-Netropol, 15 novembre

Ouf! je suis éreinté, brisé, moulu, soixante-deux kilomètres parcourus au dur trot d'un cheval des steppes du Don. Voilà une course bien faite pour fatiguer un simple mortel, tout ancien guide de la garde que l'on soit. Je pourrais même chanter avec Pandore : « Ah ! c'est un métier difficile.... que celui de journaliste ! » car tandis que mon compagnon de route dort à poings fermés, il me faut écrire, dans le taudis fumeux du Bulgare où nous nous sommes abrités, pour le plus grand plaisir des lecteurs.

Ce matin, dès le point du jour, nous sommes en selle, et nous nous mettons en route, bien enveloppés dans nos bourkas (manteaux en poils de chèvre fabriqués au Caucase), et le bachelik enfoncé sur la tête. Le temps est sombre. Il pleut pendant toute la journée ; un vent froid et violent souffle par rafales.

Les routes sont détrempées ; canons, équipages, voitures d'ambulance et d'approvisionnement roulent, glissent et creusent des ornières profondes comme des tranchées, dans une mer de boue noire et gluante. A chaque instant les soldats de l'escorte sont obligés d'aider les chevaux à sortir des mauvais pas.

A la sortie de Nikopoli nous gravissons une pente raide et encaissée conduisant à un vaste plateau où campait la division turque, qui, lors de la prise de la ville par les Russes se retira sur Widdin. Bien que des mois entiers se soient écoulés depuis ce moment, le terrain a encore gardé l'empreinte circulaire, ainsi que les rigoles des tentes coniques des nizams. Partout nous apercevons cette masse de guenilles, débris de ceintures, de vestes, fragments de turbans qui jonchent l'emplacement de tout campement turc.

A gauche sont encore conservés intacts de profonds réservoirs où l'on apportait du fond de la vallée l'eau nécessaire pour l'alimentation des soldats.

A partir du village de Dzurakioï, nous côtoyons l'Osem, en passant à travers les files d'interminables convois.

Bientôt nous rencontrons les premiers campements roumains. Établis depuis septembre dernier sur les mamelons dénudés situés au Nord de Plevna, les soldats se sont ingéniés à creuser des abris souterrains pour se mettre à l'abri des rigueurs de la saison. Quelques-uns de ces gourbis sont des plus confortables avec leur toiture, dont la charpente en forme d'un V renversé, est recouverte d'une épaisse couche de terre et de feuilles de maïs. Plusieurs même ont des fenêtres garnies de vitres et sont munis de poêles.

En arrivant à Riben nous trouvons le campement qu'occupait la brigade des Cosaques du Caucase entièrement désert. Deux ou trois soldats qui sont restés à la garde des gros bagages nous apprennent que leurs camarades sont partis depuis plusieurs jours pour les Balkans, pour Sofia, nous disent-ils. Nous n'attachons pas grand cas pour le moment à ces racontars de troupiers.

A la sortie du village, nous traversons, sans même mouiller le poitrail de nos chevaux, le Vid, qui est, en cet endroit, guéable comme sur beaucoup d'autres points.

On a établi une légère passerelle en poutrelles, supportées par des fascines, pour le passage de l'infanterie. Seulement en cas d'une crue subite de la rivière, on a eu soin de transporter à Riben des pontons en fer du système autrichien pour jeter de suite un pont de bateaux.

L'aspect offert par le terrain qui s'étend au-delà du Vid est entièrement différent de celui que nous avons vu depuis Nikopoli. Aux collines et aux hauteurs escarpées a succédé une vaste plaine, couverte de taillis et de maigres broussailles, qui s'étend à perte de vue.

Il est près de cinq heures du soir, la nuit commence à tomber. La route que nous suivons longe, pendant un kilomètre de distance, le cours sinueux du Vid. Sur la rive droite s'élèvent les hauteurs entourant Plevna et où brillent les feux des bivouacs turcs.

À chaque instant retentissent de nombreux coups de feu que nos patrouilles d'infanterie et de cavalerie échangent de la rive gauche avec les avant-postes ennemis. Un hussard qui nous rejoint nous annonce que ce matin la brigade de Cosaques a quitté Gorny-Netropol, où elle a été remplacée par son régiment. Décidément il y a du nouveau, avec tous ces mouvements en avant.

À huit heures du soir nous arrivons au village de Netropol où vient d'arriver un régiment d'infanterie roumaine. Les maisons sont abandonnées ; tous les habitants ont fui: seuls, les chiens qui pullulent dans tous ces villages bulgares sont restés, et tellement affamés, qu'à un moment étant entrés dans la cour d'une ferme pour chercher un peu de foin nécessaire à nos pauvres chevaux, nous sommes assiégés par une meute hurlante, qui nous force à dégainer afin de nous en dégager.

À dix heures du soir, nous arrivons enfin à Gorny-Netropol, après avoir traversé un vaste campement d'infanterie. Là, nous trouvons les gourbis en foin, qui, la veille, servaient à nos Cosaques, occupés par les hussards de Marioupol (n° 4 de cette arme). Heureusement nous y rencontrons également quelques Cosaques qui viennent d'arriver, les uns de Turn-Magurelle, les autres de Schipka.

Un de ces derniers nous raconte que dimanche dernier les Turcs ont donné l'assaut à nos positions de Saint-Nicolas, simultanément par tous les côtés et qu'ils ont été forcés de se retirer, laissant plusieurs milliers des leurs sur le terrain. Les pertes russes ont été assez fortes, les troupes ayant eu à souffrir surtout d'une batterie de mortiers établie à mi-côte de la montée, au-dessus du village de Schipka.

Bientôt, grâce à nos braves Cosaques, nous avons trouvé un toit pour nous abriter, avec un bon feu, du foin et de l'avoine pour nos chevaux et nous nous endormons malgré la violente canonnade qui retentit autour de Plevna et dont nous voyons la lueur des canons apparaître comme autant de traits de flammes sur les sommets des collines.

Le régiment des grenadiers de la garde traverse le champ de bataille de Gorny-Doubnik.

CHAPITRE II

Gorny-Doubnik. Yablonitza.

Dolny-Doubnik. Préparatifs de départ. Le champ de bataille de Gorny-Doubnik. Prise de la petite redoute par les grenadiers. La grande redoute. Les tombes. Les pertes. Télisch. Les chasseurs de la garde. Massacres. Marche de nuit. Passage de la Panega. Les sapeurs de la garde. Lukovitza. Défilé de hussards, de lanciers et d'infanterie. Petreven. Au camp des Préobrajenski. Le colonel prince Obalinski. Un souvenir de Canrobert. Le plus ancien régiment de la garde. Une compagnie de géants. Un dîner de campagne. Cruautés bulgares. Yablonitza. Le général Gourko et son état-major. La fête des hussards. Illumination des camps. La prière du soir.

Campement de Radomirce, 16 novembre.

Ce matin nous quittons le village de Gorny-Netropol afin de retrouver le 26ᵉ Cosaques, qui, aujourd'hui, doit camper à Gorny-Doubnik.

Vers midi, nous arrivons à Dolny-Doubnik, poste avancé des troupes d'Osman-Pacha sur la route de Sofia, et que celles-ci ont évacué sans combat le 1er novembre dernier, à la suite du brillant combat de Télisch, se retirant ainsi de l'autre côté du Vid.

Dolny-Doubnik est un grand et beau village, entouré par une série de redoutes en terre, reliées entre elles par une forte ligne de tranchées. La population, qui était entièrement musulmane, s'est retirée avec les nizams dans Plevna.

Le minaret de la mosquée est décapité et veuf de sa toiture en forme d'éteignoir que surmontaient le croissant et les trois boules traditionnels.

Le général Gourko avait établi son quartier général dans ce village depuis le 1er novembre, et vient de le quitter il y a seulement quelques heures. Partout nous voyons des préparatifs de départ ; on plie les tentes, on charge les voitures. Des Cosaques amènent à la prévôté des déserteurs turcs et des espions bulgares. Le village est en ce moment occupé par des troupes qu'à leur collet jaune, orné d'une grenade rouge, je reconnais pour appartenir à une division de grenadiers.

A la sortie du village nous prenons la route de Sofia, large et magnifique chaussée bien empierrée, aussi belle sans contredit que nos grandes routes départementales.

Dans les champs à droite et à gauche, nous voyons les parcs d'artillerie de la garde, attelés de magnifiques chevaux et prêts à partir. Sur la route défile un immense convoi de vivres composé de charrettes louées en Bessarabie et Petite-Russie, dont les conducteurs, avec leurs pittoresques guenilles, leurs chapeaux défoncés, leurs longs cheveux et la barbe en broussaille semblent sortis du burin de Callot.

En avant de Gorny-Doubnik, les chemins qui bordent la chaussée sont parsemés de trous à loups; de tranchées; je vois même une batterie dont les parapets sont dissimulés par des bottes de maïs. C'est là que la garde impériale a attaqué, le 24 octobre dernier, ces formidables ouvrages; les grenadiers à gauche, au centre sur la chaussée le régiment de Moscou, à droite deux bataillons d'Ismaïloff et la brigade de chasseurs.

En arrivant au sommet de la colline, je vois à gauche de la route une petite redoute bouleversée par nos obus.

L'action commença sur ce point. Vers dix heures du matin, le régiment des grenadiers de la garde se lança à l'assaut de cette redoute. Malgré la violente et meurtrière fusillade que les Turcs dirigeaient sur eux de cet ouvrage et de la redoute principale, les grenadiers se portèrent en avant avec un irrésistible élan et pénétrèrent dans la redoute aux cris de hourrah ! Ce brillant résultat avait à peine demandé quelques minutes, mais près de huit cents tuniques vertes à parements bleu de ciel jonchaient les abords de l'ouvrage. Le chef du régiment, le général Lubotwitzski, atteint de trois blessures, resta jusqu'à la fin de l'action intrépidement campé sur son cheval dont la selle était rouge du sang de son maître.

Aussi en cet endroit sont élevés de nombreux tumulus, surmontés de la croix grecque à trois branches, Là, dorment du dernier sommeil, près de deux mille vaillants soldats de la garde impériale.

A droite de la route et contre un ancien karaül (corps de garde) est construite la grande redoute avec **bastions**, fossés, réduits.

C'est là que, cernés de tous côtés, 3,500 Turcs tombèrent sous les baïonnettes de la garde. En outre un pacha, 53 officiers et 2,235 soldats furent faits prisonniers.

Tout l'intérieur de cette redoute est littéralement pavé de tombes ottomanes.

De son côté, la garde impériale russe subit des pertes cruelles. 117 officiers furent tués ou blessés, dont un général et 3 colonels tués, 2 généraux et 14 colonels blessés. Il y eut 3,195 hommes tués, blessés ou disparus.

Pendant toute la durée de l'action, les soldats russes attaquèrent constamment à la baïonnette.

A peine fut-il brûlé une cartouche et demie par homme.

Nous descendons en arrière de ces positions une pente rapide où défilent les bagages de la cavalerie de la garde, et, après une marche de huit à dix kilomètres, nous arrivons sur la hauteur où s'élève la vaste enceinte de forme circulaire défendant les abords de Télisch.

Là, le 24 octobre, dans une première attaque, sublime, mais insensée, qui rappelle la charge de notre pauvre 35ᵉ de ligne à Chevilly le 30 septembre 1870, le régiment des chasseurs de la garde fut brisé par une véritable trombe de fer, et perdit 900 hommes, dont 7 officiers tués et 19 blessés. Près de 300 malheureux blessés abandonnés sur le terrain, furent massacrés et horriblement mutilés par les Turcs.

Le 28 octobre, une formidable batterie russe de 80 bouches à feu foudroyait la position et les Turcs terrifiés se rendaient bientôt au nombre de 3,000 hommes, ayant à leur tête Hakki-Pacha.

Au-dessous de ces retranchements, dans un pli de terrain, se dresse le village de Télisch, aujourd'hui entièrement désert et inhabité. Toutes les maisons sont dégarnies de leurs portes, fenêtres, boiseries et parquets, en un mot de tout ce qui a pu servir à alimenter les feux de bivouac. Ne blâmons pas trop les soldats ; il fait bien froid en ce moment-ci, et nous-mêmes, bien que vêtus de choubes fourrées en peau d'agneau, recouverts de bourkas, de bachelicks et chaussés par-dessus nos culottes de bas roumains en grosse laine multicolore qui montent au-dessus du genou, nous nous arrêtons avec empressement pour nous chauffer auprès d'un vaste brasier, autour duquel sont assis des hussards et des dragons de la garde.

Quand nous quittons Télisch, la nuit commence à tomber. Au loin, dans la campagne, brûlent plusieurs fermes turques; des Cosaques reviennent d'une reconnaissance, poussant devant eux des bœufs, des moutons et une superbe paire de buffles qu'ils ont enlevés dans les montagnes.

Nous marchons lentement, nous assoupissant, malgré nous, sur nos selles, au bruit monotone des sabots de nos chevaux.

Vers sept heures, en descendant une longue côte, nous apercevons au loin, dans la plaine, des milliers et des milliers de feux de bivouac.

C'est le campement de la 1re division de la garde et d'une partie de la cavalerie. La 2e division, la brigade de chasseurs et le reste de la cavalerie ont déjà pris les devants.

Quant à nous, nous jouons décidément de malheur : les Cosaques sont partis cet après-midi, se dirigeant sur Bulgarski-Izvor, qui est situé au pied des Balkans, à gauche de la route de Sofia. Mais bah! nous finirons bien par les rattraper, et nous nous rendons pour passer la nuit à l'endroit où campent les bagages de notre brigade. Là, les Cosaques nous dressent une tente conique prise aux Turcs, en juillet dernier, dans les environs de Yenizara, et, grâce à une lampe chauffée à l'esprit de vin que nous plaçons par terre, nous nous endormons sous notre abri de toile aussi chaudement que dans la meilleure chambre.

Campement sur la rivière Yablonitza, 17 novembre

Dès l'aube, le camp est levé ; à sept heures la 1re division de la garde se met en marche, suivie bientôt par la cavalerie.

Le général Gourko, qui a passé la nuit à ce campement, part sur les huit heures. Quant à nous, qui avons fait 62 kilomètres l'avant-veille et 48 la veille, nous sommes éreintés et dormons la grasse matinée, nous fiant sur nos excellents petits chevaux du Don, pour rattraper et même dépasser cette longue colonne de troupes. A midi seulement, nous nous mettons en route.

A la sortie du camp nous traversons la rivière Panega sur un pont de pierres en dos d'âne, sans parapet et que l'on vient de réparer, car cette fois-ci les Turcs font sauter tous les ponts, brisent les poteaux télégraphiques de distance en distance et en arrachent les fils ; peine bien inutile, car, aussitôt arrivent les sapeurs de la garde, troupe d'élite s'il en fut : les ponts sont aussitôt rétablis à l'aide de poutrelles volantes, les poteaux du télégraphe relevés et les fils où ils existent raccordés avec ceux de notre télégraphe de campagne.

Le long de la route je rencontre un poste turc où les hommes s'étaient retranchés de la façon la plus ingénieuse. Un karaül qui s'élevait en cet endroit avait été démoli jusqu'à la hauteur de 1^m,50 au-dessus du sol. Contre les pans qui restaient debout on avait extérieurement amoncelé une épaisse couche de terre, creusé autour un fossé et formé ainsi un réduit des plus solides.

Le premier village que nous rencontrons s'appelle Lukovitza. A l'entrée, les Turcs ont construit deux lignes de tranchées entourant deux hans (auberges) aux murailles recouvertes d'une couche du plus beau rouge sang de bœuf.

Dès les premières maisons, nous retrouvons les bagages des hussards arrêtés auprès des ruines d'un petit pont de pierres que l'on travaille activement à réparer en refaisant une carcasse voûtée en poutres que l'on recouvrira de paille et de terre. Déjà nos infatigables sapeurs ont remis en état le pont, long de plus de cent mètres, jeté sur la Panega qui traverse le village.

Lukovitza est presque entièrement désert : les habitants turcs ont fui vers Sofia ; quant aux Bulgares, les hommes ont été réquisitionnés avec leurs bœufs et leurs charrettes pour transporter les bagages des musulmans. Les jeunes filles et les jeunes femmes ont été, paraît-il, enlevées par les Tcherkesses et les Bachi-Bouzoucks, pour être vendues à Andrinople et Constantinople. Quelques rares Bulgares, qui ont pu s'échapper, sont revenus au village et pillent consciencieusement les maisons des Turcs, dans les meilleures desquelles ils se sont établis ainsi que leurs familles.

Sur la hauteur dominant le village, on aperçoit encore les gourbis en chaume d'un poste d'observation turc qui commandait au loin la route de Plevna.

En quelque temps de trot nous rattrapons le régiment des hussards rouges de la garde qui traverse en ce moment à gué la Panega.

Quel ravissant tableau bien fait pour tenter le pinceau d'un Detaille ou d'un Neuville que ce passage de rivière, avec ces uniformes si pittoresques ; les soldats coiffés de la casquette écarlate, enveloppés d'une large capote gris clair sur laquelle sont croisés les bouts du bachelick et les blanches buffleteries de la giberne et du sabre à poignée de cuivre étincelant ; toutes ces longues lances dont les flammes rouges et jaunes flottent au gré du vent, et ces pelotons de beaux chevaux gris pommelé à la longue crinière, aux extrémités fines et nerveuses qui piétinent et se cabrent sous la violence du courant, en faisant jaillir l'eau en écume rosée.

Les officiers ont déposé leurs manteaux sur le pommeau de leurs selles, et sont vêtus d'un dolman rouge écarlate tout couvert de tresses et de broderies d'or. Le pantalon collant est de couleur noire orné d'un large galon d'or et le devant de la botte à la Souwaroff est orné d'un macaron en cuivre ciselé.

En avant marchent les lanciers de Péterhoff, la taille serrée dans leur courte tunique bleue à liserés blancs, autour de laquelle s'enroule la fourragère aux couleurs nationales, et montés sur des chevaux alezans, car chaque régiment de cavalerie de la garde a la robe de ses chevaux d'une couleur distincte et différente.

Nous dépassons ensuite quatre batteries à pied et une batterie à cheval toutes magnifiquement attelées et le régiment des chasseurs de la garde dont les files bien éclaircies montrent quelle part terrible il a prise à l'attaque de Télisch. Les soldats coiffés de la casquette plate, portent roulées sur leur capote, la toile de tente et la tunique, ainsi que deux petites musettes en toile. Tous les sacs de la garde ont été laissés à Bogot.

Un peu plus loin, le régiment d'Imaïlowski fait halte dans le village de Pétreven. Ce village ressemble à tous les villages turcs que nous avons traversés et que nous traverserons encore, avec son minaret blanchi à la chaux, ses maisons à toits plats et débordants, à fenêtres étroites et grillées, et ses jardins entourés de palissades sur lesquelles est planté un crâne de buffle, je ne sais dans quel motif de superstition.

Vers quatre heures de l'après-midi nous arrivons à Bloznitza, après avoir traversé de ravissants paysages d'automne, bordés par des rochers granitiques percés de profondes cavités. Un peu au-dessus du village et dans une vallée arrosée par la Yablonitza, le régiment de Préobrajenski qui fait tête de colonne, s'est arrêté dans les champs, à droite de la chaussée, pour établir son campement. Le régiment de Sémianowski, qui forme brigade avec lui, s'est également établi de l'autre côté de la route.

En un clin d'œil les tentes sont dressées, les lignes de sentinelles établies avec la plus grande régularité. Des corvées de soldats montent à une colline escarpée où les Turcs avaient construit une redoute dont ils font rouler les fascines et les gabions au fond de la vallée afin d'alimenter leurs feux de bivouacs.

Mon ami de Martinoff qui a de nombreuses connaissances dans le régiment de Préobrajenski décide que nous passerons la nuit à leur campement. Moi-même j'ai justement une lettre que le brave colonel Ozeroff, qui commandait le détachement de la garde au passage du Danube, où il fut si grièvement blessé, m'a remis pour son frère Serge, lieutenant dans ce régiment.

Grâce à cette lettre, nous devenons de suite bous

amis et je suis présenté au colonel, prince Obalinski, commandant le régiment, et au corps d'officiers. Tous appartiennent à la plus haute aristocratie russe, sont des gens du meilleur monde et parlent admirablement le français.

Le prince Obalinski a fait toute sa carrière militaire dans ce même régiment et a suivi, l'année dernière, en qualité d'attaché militaire, les manœuvres de nos 3ᵉ et 4ᵉ corps d'armée aux environs de Dreux. Il a été reçu de la façon la plus cordiale par le maréchal Canrobert, pour lequel il professe une profonde admiration. Il m'a raconté à son sujet une anecdote des plus typiques et je crois inédite. Tout le monde connaît la manie de Canrobert de porter les cheveux très longs et débordants par-dessus le collet brodé de son uniforme. A ces manœuvres le maréchal de Mac-Mahon essaya de lui démontrer que ce port de cheveux n'était pas tout à fait militaire.

— Couper mes cheveux! jamais! s'écria le brave maréchal, aussi entêté que Bessières avec son fameux catogan, jamais! ils appartiennent à l'histoire!

Le régiment de Préobrajenski, qui a été fondé par Pierre le Grand, est le plus ancien régiment de toute l'armée russe. Ses soldats, exceptionnellement choisis, sont les plus grands de toute l'infanterie de la garde. Dans la 1ʳᵉ compagnie du 1ᵉʳ bataillon, dite compagnie de l'Empereur, le sous-officier du flanc droit mesure plus de deux mètres et les soldats sont dans les mêmes proportions.

Comme tous les régiments de la garde, celui de Préobrajenski se compose de quatre bataillons à quatre compagnies chacun. Un mot à propos de M. Sax-Reutern, commandant de la compagnie de l'Empereur. Ancien officier démissionnaire, il occupait, quand éclata la guerre, la place de procureur impérial à Grodno. Aussitôt, il n'hésita pas à donner sa démission et sollicita de rentrer dans son ancien régiment, où il fut immédiatement replacé avec son grade primitif.

En temps de paix, le régiment occupe à Saint-Pétersbourg une caserne contiguë au Palais d'hiver auquel elle communique par un passage particulier. Devant la porte qui s'ouvre ainsi dans le Palais, le plus ancien sous-officier du régiment place, chaque nuit, son lit de camp en travers et reçoit pour ce service une paie spéciale.

Le soir, le colonel m'invite à partager le dîner que prend en commun tout le corps d'officiers, dîner de campagne, où l'on mange assis en rond sur des tambours et éclairés par des falots que portent des soldats.

Quant à la table, elle consiste en une toile de tente étendue à terre au milieu de nous, et sur laquelle on dépose le pain et les hors-d'œuvre qui précèdent tout dîner russe.

Apprenant que le campement du général Rauch est contigu au nôtre, je vais de suite voir ce brave officier que j'ai connu lors de la première expédition des Balkans, où il commandait les pionniers qui frayèrent le passage dans le défilé de Hankioï à la colonne du généra Gourko.

En rentrant à notre bivouac, je trouve les officiers empressés autour d'une malheureuse femme turque, que les Bulgares ont assommée dans la journée à une demi-lieue de distance de l'endroit où nous sommes et que nos brancardiers sont allés recueillir. Tout son corps n'est qu'une plaie, et l'infortunée meurt pendant la nuit sans avoir repris connaissance.

Bien que les Bulgares prétendent que cette femme ait excité ses correligionnaires à assassiner plusieurs chrétiens et qu'elle ait elle-même incendié une maison, nous nous retirons dans nos tentes vivement impressionnés par ce triste spectacle.

Yablonitza, 18 novembre.

Ce matin, au point du jour, les tambours et les clairons des Préobrajenski, battant et sonnant la diane, nous réveillent; en un clin d'œil nous sommes sur pied. Déjà les tentes sont pliées, les ordonnances achèvent de charger les bagages de leurs officiers; les rangs se forment rapidement et les bataillons, défilant sur la chaussée, se perdent dans le brouillard qui couvre encore le fond de la vallée.

A midi, nous arrivons à Yablonitza, où le général Gourko a établi son quartier général depuis la veille au soir. Là j'ai le plaisir de rencontrer une foule de braves officiers avec lesquels j'avais déjà fait ample connaissance lors de l'expédition de Kézanlik.

Tout l'état-major que j'avais vu au-delà des Balkans est là, au grand complet : MM. Soukanoff, des hussards de la garde ; Bourago, des dragons; Scalon, des lanciers; le prince Tzerteleff, des Cosaques du Kouban, et tant d'autres dont le nom m'échappe. Je rencontre également le prince Léon Tchakowskoï, de la chancellerie du grand-duc Nicolas; M. Ivanoff, correspondant du *Nouveau-Temps* de Saint-Pétersbourg; le peintre Vereschagine, tout à fait remis de sa blessure qu'il a reçue aux îles Parapan, et portant à la boutonnière la croix de Saint-Georges d'officier qu'il a vaillamment gagnée à Khiva.

Partout je suis accueilli avec la plus vive cordialité. On ne peut se figurer quel plaisir nous éprouvons à nous trouver encore réunis tous ensemble sous les ordres du brave général Gourko et marchant de nouveau en avant pour traverser les Balkans une deuxième fois.

Dans l'après-midi je sors du village afin de retrouver mes amis de Préobrajenski, dont le régiment est campé ainsi que toute la 1re division de la garde, sur la colline dominant Yablonitza.

Un peu plus loin, les hussards de la garde et les lanciers de Peterhoff ont établi leur bivouac. C'est justement aujourd'hui la fête des hussards. Aussi dans leur campement n'entend-on que des hurrahs, des chants joyeux et les accords éclatants de la fanfare du régiment.

L'aspect de notre camp est des plus pittoresques; mais où le spectacle devient le plus splendide, c'est à la tombée de la nuit. Toutes les collines entourant Yablonitza s'illuminent de milliers de feux. On se croirait devant les rampes de l'ancien Trocadero, lors des fêtes du 15 août.

A partir d'aujourd'hui on a permis de chanter dans les campements, et les soldats qui savent que demain est jour de repos et qu'ils n'auront pas à marcher, s'en donnent à cœur joie.

Nous restons longtemps dehors, assis sur des tambours, par un magnifique clair de lune, à écouter les cris de veille que les sentinelles se jettent de l'une à l'autre, et les chœurs des soldats célébrant par leurs chants religieux l'office du soir. Mais un froid sec de 5 à 6 degrés au-dessous de zéro qui tombe sur nos épaules nous force à rentrer sous nos tentes, dans le centre desquelles on creuse un trou en terre, rempli de braises ardentes qui nous conservent toute la nuit une température des plus chaudes et des plus agréables.

Campement des 21ᵉ et 26ᵉ régiments de Cosaques à Bulgarski-Izvor.

CHAPITRE III

Bulgarski-Izvor. — Teteven

Les postes de la garde. Tombes turques. Le camp de Bulgarski-Izvor. Le colonel Froloff. Le capitaine de Sabline. Bulgares et Cosaques. Le camp du 26ᵉ Cosaques. Tenues fantaisistes. En route pour Teteven. Les hauteurs de Goulema-Predeil. Les postes de la poste. Le Vid blanc. Blockhaus d'observation. Teteven. Les rues. Les maisons. Intérieur bulgare. Une alerte de nuit. L'arsenal de notre hôte. Reconnaissance sur Ribaritza. Nos guides. Nouvelle alerte. Départ. Trio de chutes.

Bulgarski-Izvor, 19 novembre.

Il a gelé à blanc la nuit dernière. A notre réveil, nous trouvons tout, arbres, tentes, faisceaux d'armes, etc., poudrés à frimas. Mais bientôt le soleil se lève au-dessus des collines et dissipe le froid qui commençait à nous engourdir.

Vers une heure de l'après-midi, de Martinoff et moi nous prenons congé de nos hôtes si hospitaliers et nous nous mettons en route pour le village de Bulgarski-Izvor, où la brigade de Cosaques du Don du général Kournakoff (21e et 26e régiments) vient d'arriver depuis le matin.

En sortant de Yablonitza je puis constater avec quelle vigilance le service de campagne est fait et entendu par les troupes de la garde. Une longue ligne de petits postes avancés, reliés entre eux par des sentinelles, s'étend en avant du village du côté d'Orkanié. Aucun Bulgare ne peut franchir cette ligne. Ceux qui viennent de l'intérieur sont impitoyablement renvoyés en arrière ; quant à ceux qui arrivent du côté de l'ennemi, ils sont immédiatement conduits, sous escorte, au quartier général pour y être soigneusement interrogés.

Contre un karaül situé à deux kilomètres du village et où est établi un poste de soldats du régiment de chasseurs sous les ordres d'un sergent, un officier d'état-major lève un plan de la contrée à l'aide de la boussole et de la planchette.

La route en cet endroit est magnifique. De distance en distance, sur les bords des champs environnants, je remarque des petits monticules de terre fraîchement remuée, entourés de cailloux. Ce sont les tombes de soldats turcs, blessés dans les derniers engagements et qui durant le trajet ont succombé. L'une de ces tombes est ornée d'une pierre plantée en terre de la même façon que nos menhirs bretons. C'est sans doute la sépulture d'un officier.

Bientôt nous rencontrons les bagages d'un régiment de

la 3ᵉ division d'infanterie de ligne qui s'engagent dans un chemin étroit et défoncé, situé à gauche de la grande chaussée et qui conduit, après un parcours de deux kilomètres, dans une gorge étroite où est bâti le village de Bulgarski-Izvor.

Nous traversons un petit ruisseau, que les fantassins franchissent en s'aidant des gros cailloux qui en forment le lit, négligeant de se servir d'un pont formé d'un tronc d'arbre, à peine équarri, et sur lequel il faut être un véritable équilibriste pour pouvoir s'engager sans crainte.

A l'entrée du village campe notre brigade de Cosaques du Don avec sa batterie légère composée de huit pièces de 4; plus loin les Cosaques de Kouban et de Vladi-Kavkas, dont les rangs sont réduits de moitié par les balles ennemies; puis des dragons bleus. Un régiment d'infanterie de la 3ᵉ division s'établit en face de nous, de l'autre côté du ruisseau.

Dès notre arrivée au camp des Cosaques, nous nous présentons au colonel Froloff, qui vient de remplacer notre ancien chef, le colonel Krasnoff.

Le colonel Froloff, qui nous accueille avec la plus franche cordialité, est un jeune officier d'une trentaine d'années, petit et trapu, dont le visage, encadré d'une barbe noire, respire la plus grande énergie. Au commencement de la campagne il se trouvait à l'armée du grand-duc héritier en qualité de lieutenant-colonel au régiment de Cosaques de la garde de l'Attaman.

Outre le capitaine de Martinoff, M. de Sabline, capitaine des Tartares de la Crimée, est également attaché à l'état-major ordinaire du régiment. Rien de plus typique que son costume semi-militaire, semi-fantaisiste, approprié aux rigueurs de la température. Sur son uniforme bleu, galonné argent, est jetée une longue houppelande en poils de mouton dont la peau blanche, tournée extérieurement, est tout ornée de galons et de dessins en cuir noir. Comme coiffure il porte un petit bonnet rond en astrakan dont le fond est en drap écarlate et recouvert d'une coiffe en toile cirée.

Ce soir-là, notre campement reçoit la visite de nombreux Bulgares, qui sont bien les plus rusés coquins que je connaisse; mais ils ont affaire à plus forte partie qu'eux avec nos braves Cosaques du Don. Ces indigènes, voyant les éclaireurs rentrer avec des troupeaux enlevés aux Turcs dans les montagnes, viennent les réclamer au colonel, en s'en prétendant les propriétaires. Bien entendu, on les envoie se promener.

— Donnez-nous-en seulement la moitié, disent-ils d'un air lamentable, et gardez l'autre, nous serons trop contents! — Paroles qui montrent bien jusqu'à quel point leur propriété est réelle et légitime.

A ce sujet le colonel Froloff me raconte une bien jolie anecdote. Il y a quelque temps, un Bulgare vint le trouver tout en pleurs, disant qu'un des Cosaques lui avait volé son cheval.

— Pourrais-tu me le désigner? dit le colonel.

— Certainement, répondit notre Bulgare, qui montra comme lui appartenant un cheval né sur les bords du Don et qui servait déjà dans le régiment depuis quatre années. Inutile de vous dire quelle volée de coups de nagaïka (fouet que le Cosaque porte en bandoulière) fut la récompense de ce voleur plus effronté qu'adroit.

Bulgarski-Izvor, 20 novembre.

Ce matin, trois sotnias de notre brigade nous ont quitté

pour aller s'établir en postes d'observation à huit kilomètres en avant. Dans l'après-midi notre campement s'augmente par l'arrivée du régiment des grenadiers de la garde avec sa batterie et du second régiment de la brigade d'infanterie de la 3ᵉ division, qui nous est adjointe.

Rien de plus pittoresque que l'aspect de notre campement avec cette fourmilière de soldats s'agitant en tous sens, les uns allant à l'eau, au bois, d'autres descendant de la montagne avec d'énormes bottes de foin : partout l'on n'entend que le bruit prolongé des haches et des serpes qui fendent le bois, et Dieu sait s'il en faut pour un campement de plus de 10,000 hommes.

Mais où notre camp est le plus typique, c'est à l'endroit où sont campés les Cosaques du Don. Ceux-ci, qui ont tout à fait le même caractère et des allures absolument identiques à celles de nos zouaves et de nos chasseurs d'Afrique, ont revêtu les costumes les plus fantaisistes et les plus hétéroclites. L'un porte une veste de nizam galonnée de rouge. L'autre a bravement endossé le pantalon bleu d'un redif. Celui-ci se prélasse dans une large houppelande bulgare en laine blanche ; cet autre s'est affublé d'une redingote noire, achetée sans doute à quelque fripier ambulant.

Bien que cette tenue semble un peu étrange au premier abord, n'oublions pas que, de même que le spahis, le Cosaque est propriétaire de son cheval et fournit lui même tout son habillement et équipement jusqu'au sabre. L'État lui donne seulement la carabine Berdan.

Toujours industrieux et dénichant toutes sortes de choses là où les soldats des autres armes ne sauraient rien trouver, les Cosaques ont déjà entassé dans leur camp d'énormes meules de foin. Leurs petits chevaux poilus et infatigables sont attachés à l'entrave contre leurs gourbis en terre et en tiges desséchées de maïs au-devant desquels les lances sont plantées la pointe en terre. De distance en distance sont dressées des tentes coniques, enlevées aux Turcs, qui abritent les officiers.

Le soir nous apprenons que nos avant-postes ont échangé quelques coups de feu avec les Turcs qu'on a enfin rencontrés et tâtés.

Teteven, 21 novembre.

Il ne reste plus maintenant ici que la brigade de Cosaques; au point du jour toutes les autres troupes ont décampé sans bruit. Les nombreux gourbis en paille qui se dressaient de tous côtés sont absolument déserts; partout le silence et la solitude. Des Bulgares se glissent sur l'emplacement des bivouacs pour recueillir quelques débris jetés par les soldats.

Les troupes qui se trouvaient ici forment le corps d'avant-garde de l'armée de Gourko, corps dont nous faisons nous-mêmes partie et que commande le général Dandeville.

Vers midi, le colonel Froloff propose de pousser une excursion sur le gros bourg de Teteven, situé à notre gauche, au milieu des Balkans, et qui, le mois dernier, a été enlevé par le colonel Orloff du 30ᵉ Cosaques du Don. Aussitôt nous partons, le colonel, M. de Sabline, capitaine aux Tartares de Crimée, de Martinoff et moi, escortés par six Cosaques dont deux tiennent en main deux chevaux de bâts chargés de couvertures et de provisions, car il faut tout emporter avec soi dans ce maudit pays.

En sortant du camp nous traversons le village de Bulgarski-Izvor, qui, resserré dans une étroite vallée en forme de long boyau, s'étend sur une longueur de près d'une verste (1,012 mètres).

Nous prenons ensuite la route de Teteven, étroit sentier à peine tracé sous bois, et, sur ce terrain informe et montueux, nous faisons près de sept kilomètres au trot.

Arrivés sur la hauteur de Goulema-Predeil, qui forme le sommet de la passe de Teteven, nous nous arrêtons un instant afin de laisser souffler nos chevaux et nous en profitons pour admirer le splendide panorama qui se déroule devant nos yeux. C'est une succession de sombres montagnes tout hérissées de forêts, de formidables entassements granitiques, et au fond, dominant le tout, les pics de Stara-Planina sur lesquels roulent en ce moment de gros nuages gris et dont les pentes, couvertes de neige, prennent sous les rayons du soleil des tons nacrés du plus ravissant effet.

Nous descendons dans la vallée au milieu de sites plus beaux par leur nature sauvage que ceux de la Suisse, et où, au moins, on a la chance de ne pas rencontrer l'inévitable touriste anglais au plaid à carreaux roulé en bandoulière et accompagné de la non moins inévitable miss, chaussée de gros souliers ferrés et ornée de lunettes et d'un voile vert.

Des piquets de quatre ou six Cosaques sont établis à cinq kilomètres de distance les uns des autres et forment *postes de la poste*. Rien de plus simple que leur fonctionnement. Quand on apporte une lettre à un de ces postes, un des Cosaques, qui tient constamment son cheval tout préparé, se met immédiatement en selle et, suivant l'importance de la dépêche, la transmet au poste le plus voisin et ainsi de suite. L'allure est toujours écrite sur l'enveloppe et est réglée par un de ces trois mots : Pas, Trot ou Galop.

Nous débouchons dans la vallée du Vid un peu au-dessous du confluent du Vid Blanc et du Vid Noir. Le pont jeté en cet endroit ayant été détruit par les Turcs, nous passons la rivière à gué contre un moulin qui fait entendre son tic-tac monotone, sans se préoccuper des événements militaires qui se déroulent dans les environs.

En route nous rencontrons beaucoup de Bulgares qui rentrent à Teteven, après avoir travaillé aux champs, ne préférant pas s'attarder en pleine obscurité dans la campagne où rôdent les pillards Arnautes et Tcherkesses.

A l'entrée de Teteven, sur un petit monticule où s'élève une croix bulgare en granit, un poste d'infanterie se tient en observation dans un réduit en pierres entassés les unes sur les autres, et abrité sous deux grandes baraques en planches qui étaient destinées aux Turcs, mais servent actuellement aux Russes. « *Sic vos, non vobis.* »

Teteven est un gros bourg de plusieurs milliers d'habitants, qui s'élève dans une riante vallée au pied de hauts rochers dont il est séparé par les eaux limpides du Vid Blanc.

Chose rare en Bulgarie, surtout dans la partie située au-delà des Balkans, les rues sont propres, les maisons des plus coquettes avec leurs toits recouverts en feuilles de calcaire, rappelant les chalets de l'Oberland, leurs miradors et leurs façades blanchies à la chaux, ornées de dessins bleus ou rouges.

Dès notre arrivée nous sommes reçus par le pope et un des notables bulgares qui nous emmènent dans la demeure de ce dernier, dont les rampes des balcons et des escaliers sont entièrement couverts de longs chapelets d'épis de maïs. En outre, sur de longues perches sont exposées d'étroites lanières de viande de mouton qui doivent ainsi se dessécher au grand air pour former des conserves d'hiver.

La chambre d'honneur où l'on nous conduit est entièrement lambrissée en bois finement travaillé. Tout autour règne un vaste divan circulaire recouvert de coussins et de tapis de Pirot.

Dans un coin au-dessous de la niche, où une lampe brûle devant une sainte image peinte à la manière naïve des premiers maîtres byzantins, est placé un coffre à large serrure et orné de grosses roses rouges sur fond vert.

Aussitôt notre arrivée, on place au milieu de la chambre un immense brasier sur lequel le pope jette de l'encens pour nous faire honneur et l'on apporte un plateau en bois de la grandeur d'une table ordinaire chargé d'œufs frais, de poulets, de vin et de rakiou (eau-de-vie blanche du pays).

On pourrait croire que Teteven est un agréable séjour; que l'on se détrompe, c'est un nid à alarmes continuelles.

Ce soir, à peine finissions-nous de dîner que nous entendons battre la générale; dans les rues les troupes s'assemblent aussitôt. Un bataillon de la 3ᵉ division, appartenant au détachement de Lovtcha et une demi-sotnia du 26ᵉ Cosaques, qui forment la garnison de Teteven, se dirigent vers l'endroit par où l'on prétend que s'avancent les Turcs.

Dans les rues les Bulgares s'assemblent, quelques-uns armés de yatagans, de longs fusils à pierre et de quelques krinkas (fusils russes), mais, en somme, peu résolus ; les femmes nous entourent en pleurant et criant.

Il y a seulement quinze jours que les Turcs se sont retirés devant les troupes venant de Lovtcha et on ne tient nullement à les voir revenir une seconde fois.

Après avoir longtemps battu les environs de Teteven, tout finit enfin par s'expliquer. Un volontaire bulgare placé en sentinelle ayant involontairement fait partir son fusil, a prétendu, pour excuser sa maladresse, qu'il avait tiré sur des Turcs.

Nous rentrons furieux.

Arrivés à notre maison nous trouvons notre hôte qui nous attendait et avait retrouvé sa belle humeur. Il était même devenu un foudre de guerre et nous fit à toute force descendre à la cave pour admirer son arsenal, qui se composait de trois fusils Sniders turcs ; mais dans quel état ! L'un avait le chien brisé, l'autre la culasse forcée qui ne pouvait se fermer, tandis que celle du dernier ne s'ouvrait pas du tout.

Bulgarski-Izvor, 22 novembre.

Ce matin, à sept heures, notre Cosaque nous réveille en nous apportant le thé fumant qu'il a fait chauffer dans notre brasier que l'on a garni de nouvelles braises.

Nous poussons les volets en bois de la chambre. Le jour est magnifique et le soleil levant dissipe peu à peu les nuages blanchâtres qui couvraient les montagnes.

Outre nos deux Cosaques, un peloton de seize hommes de la demi-sotnia cantonnée ici, nous attend dans la rue, pied à terre, la bride passée au bras droit. Bientôt nous sommes en selle, prêts à partir.

— Bonjour, mes enfants, dit le colonel, en passant sur

le front du petit détachement. Le major d'infanterie nous conduit jusqu'à son poste le plus avancé, situé à un kilomètre de Teteven et nous souhaite bonne promenade.

Aujourd'hui, le but de notre excursion est de pousser au Sud, jusqu'au village de Ribaritza occupé par nos postes avancés et situé à une quinzaine de kilomètres de Teteven.

Nous suivons la vallée du Vid Blanc, escortés par notre hôte et le pope qui ont voulu absolument nous servir de guides. Rien de plus drôle que nos deux compagnons de route. Le premier, gros et gras, a enfourché un tout petit cheval sur lequel il chemine fièrement, en portant à l'épaule son lourd fusil de munition armé d'une longue baïonnette. Quant au pope il est littéralement juché sur un immense bât en bois qui le force à s'asseoir pour ainsi dire sur le cou de sa monture.

Cette vallée, où le Vid coule dans un lit granitique, est assez fertile. Toutes les prairies sont garnies de nombreuses meules de foin et les arbres fruitiers ont leurs jeunes pousses entourées de feuilles de maïs pour les protéger contre les rigueurs de la saison. Sur les flancs des collines paissent de nombreux troupeaux de bœufs et de moutons. Tout, enfin, respire la paix et la tranquillité dans ce petit coin des Balkans.

Malheureusement, le sol de la route que nous suivons est entièrement formé d'atroces cailloux qui déferrent presque tous les chevaux de notre détachement, ce qui nous force à rétrograder sur Teteven où nous sommes de retour vers deux heures de l'après-midi.

A notre arrivée, nouvelle alerte. Tous les habitants sont réunis dans les rues et regardent les montagnes dominant le bourg en criant : « Les Turcs sont là ! »

— Cette fois il y a un peu de vrai dans leur panique. Ce matin, deux Tcherkesses ont enlevé un troupeau de moutons presque à l'entrée de Teteven et l'on a vu quelques petites bandes de cinq à six Bachi-Bouzouks rôder sur les rives du Vid Noir.

Il n'y a pas trop grand mal, comme on le voit, et l'on se borne à envoyer quelques Cosaques renforcer la garnison du petit blockhaus situé à mi-côté des hauteurs dominant le village.

Nous voudrions bien rester pour voir comment finira cette échauffourée, mais le colonel doit rejoindre son régiment aujourd'hui même.

Après avoir déjeuné et admiré la façon toute primitive de notre hôte de découper les poulets, en les déchirant avec les doigts, nous filons au grand trot dans la direction de Bulgarski-Izvor.

En sortant de Teteven, mon cheval butte dans une grosse pierre et s'abat, tandis que moi-même, décrivant une magnifique parabole, je passe par-dessus sa tête et vais tomber dans un champ d'oignons. Je me relève sans le moindre mal, mais humilié de voir nos Cosaques rire aux éclats.

Heureusement, quelques instants après, deux d'entre eux roulent à terre avec leurs montures, et c'est à mon tour de me frotter les mains avec une douce satisfaction.

Malgré ces légers incidents, nous marchons bon train et les vingt kilomètres qui nous séparent de notre campement sont franchis avant la nuit. Durant tout ce trajet nous avons entendu le canon retentir avec force dans la direction d'Orkanié. Comme il nous faudra partir dès le point du jour pour le théâtre de l'action, nous nous roulons dans nos bourkas et nous endormons profondément.

Prise d'Etropol par le régiment de Preobrajenski (24 novembre).

CHAPITRE IV

Pravetz. — Etropol.

Attaque de Pravetz. Positions russes et turques. Attaque des chasseurs de la famille impériale. Charge du régiment de Moscou. Déroute des Turcs. Une mer de nuages. Défense de Teteven. Ossikovo. Les prisonniers turcs. Marche d'artillerie. La vallée de Pravetz. Bivouac en plein air. La gelée. La vallée de l'Isker. Cadavres turcs. Etropol. Les Préobrajenski. Prise du nid de l'aigle. Notre campement. Les vitres de la mosquée. Ingéniosités des Cosaques. Les ruisseaux. Les mosquées. La tour de l'horloge. Le *Te Deum*. Prise de trois canons par les dragons bleus. La neige. Les glissades. Bachi-Bouzouks prisonniers. Évacuation d'Orkanié. Reconnaissance du capitaine de Sabline.

Ossikovo, 23 novembre.

Aujourd'hui un premier succès décisif vient de marquer notre seconde campagne des Balkans. La formidable ligne de retranchements, qui barrait la route de Sofia au-devant du village de Pravetz, vient de tomber entre nos mains aux prix de pertes insignifiantes.

Hier déjà, en occupant des hauteurs dominant les positions turques, et après une assez vive canonnade, on avait forcé, par une série de manœuvres savantes et hardies, l'ennemi à abandonner une première ligne retranchée, et à se retirer sur une série de montagnes escarpées et presque à pic en avant de Pravetz.

Cette position était tellement formidable, qu'on décida qu'il était impossible de l'attaquer de front et que le général Rauch, commandant la 1re division de la garde, devait la tourner par le flanc droit.

Dans cette première journée, on n'était parvenu à hisser l'artillerie sur les pics qu'au prix d'efforts presque surhumains. A chaque pièce était affectée une compagnie entière qui, parfois, ne suffisait pas; alors on était obligé d'appeler tout un bataillon pour faire monter canon, caisson et avant-train.

Aujourd'hui, à sept heures du matin, nous quittons notre campement et nous arrivons à huit heures sur le théâtre de l'action au moment où les troupes commencent à occuper les hauteurs correspondant au front de l'ennemi et l'artillerie à prendre position.

Les Russes occupent les positions suivantes: à droite de la route de Sofia, sur un mamelon, s'établissent deux batteries, une de 9 et l'autre de 4, dont les caissons vont s'abriter auprès des voitures d'ambulance sur la chaussée même. Au haut de la côte, les tirailleurs de Finlande sont couchés à plat ventre.

A gauche, sur une première hauteur, le général Gourko prend position auprès d'une batterie de 4, derrière laquelle se tient couché le régiment d'Ismaïlowski. — Sur un second mamelon situé dans la même direction, mais plus éloigné, une batterie légère de l'artillerie cosaque s'établit sous la protection du régiment de Moscou.

La position turque, des plus formidables, a ses pentes entièrement couvertes de taillis; les quatre mamelons qui la couronnent se détachent sur le fond sombre des montagnes d'Orkanié. Les deux mamelons de droite sont presque à pic et hérissés de sapins. Sur le suivant, est établie une lunette en forme de fer à cheval et sur le dernier, une redoute reliée par un réseau de tranchées à une deuxième redoute plus avancée.

L'action s'engage à huit heures du matin par un combat d'artillerie auquel les Turcs répondent avec deux canons de montagne. De notre côté, les tirailleurs de Finlande, rampant comme des chats, descendent dans la vallée et, se glissant dans les broussailles, engagent le feu contre les tranchées turques afin de donner le change à l'ennemi sur l'attaque véritable.

Jusqu'à quatre heures vingt-cinq minutes du soir, on se canonne et on se tiraille ainsi, quand tout à coup des feux apparaissent sur la crête de droite. C'est la colonne du général Rauch, qui, forte de deux bataillons de Semianowski et de deux compagnies des chasseurs de la famille impériale, vient, après une marche de trente-sept heures, de surprendre les Turcs.

L'artillerie russe tire alors par salves précipitées et couvre d'obus à balles les ouvrages ennemis.

Bientôt on aperçoit des uniformes verts à brandebourgs violets et des bonnets fourrés couronner les parapets d'un ouvrage turc et l'on entend retentir des hurrahs prolongés.

Ce sont les deux compagnies de chasseurs qui viennent d'enlever la lunette dite du Fer à Cheval.

Le général Gourko ordonne alors au régiment de Moscou de descendre dans les ravins et d'aller attaquer de front les hauteurs turques afin de seconder cette attaque.

Depuis le matin on traînait péniblement deux énormes canons de 9, afin de les hisser jusque sur la crête où se tenait le général Gourko, et qui dominait complètement les positions ennemies. Ces pièces arrivent à cet instant, et à peine installées, grâce à leur tir à longue portée, criblent de shrapnels les réserves turques qui s'avancent pour reprendre la lunette du Fer à Cheval.

Devant ce feu meurtrier, les Turcs hésitent, reculent, et enfin s'enfuient dans le plus affreux désordre, la baïonnette dans les reins.

Tout à coup on entend retentir au loin un coup de canon, et l'on voit un nuage blanc s'élever sur les sombres montagnes qui nous font face tout au loin. C'est sans doute le canon de la redoute d'Orkanié qui tire afin d'assurer la retraite de l'ennemi.

A ce moment, les nuages descendent dans les bas-fonds des vallées et forment comme un lac d'où les pics des montagnes ressortent, comme autant d'îles, et tandis que l'on entend crépiter la fusillade au-dessous de soi, on continue à s'envoyer des obus de hauteur à hauteur au-dessus de cette mer blanchâtre et moutonnée.

Nos pertes se montent seulement à une soixantaine de tués ou blessés. Celles des Turcs doivent être beaucoup plus sensibles, car, au moment de la retraite, bon nombre de rédifs, en dégringolant des rochers, se sont jetés dans les bas-fonds où ils ont été canardés par les tirailleurs de Finlande; d'autres également en voulant pousser droit devant eux sont allés tomber sous les baïonnettes du régiment de Moscou.

En rentrant à Ossikovo, nous apprenons par un Cosaque qui arrive de Téteven, que cet après-midi, une compagnie de nizams est apparue sur le sommet des montagnes que dominent ce bourg de l'autre côté du Vid Blanc et a causé une vive panique en tirant de haut en bas sur les maisons. Les habitants se sont alors tous enfuis se réfugier dans la partie du village la plus éloignée du feu des nizams. Pendant ce temps, les deux pelotons du 26ᵉ Cosaques, en garnison à Teteven, ont mis pied à terre, et forts d'une quarantaine d'hommes, sous la conduite du sous-lieutenant Platonoff, sont montés dans les montagnes, d'où ils ont chassé les Turcs en un instant.

Dans les montagnes de l'Isker, 24 novembre.

Ce matin on amène devant le quartier du général Gourko les prisonniers turcs faits la veille par les troupes du général Rauch. Ils sont au nombre de quarante-six, dont quatre officiers. Couverts de capotes jaunâtres et effrangées, de tuniques en lambeaux, tous ces mustaphis et rédifs ne présentent plus le même aspect martial que nous offraient à Schipka et à Eski-Zara les nizams et les soldats de la garde impériale.

Les officiers eux-mêmes ne payent pas par la mine, sauf un chef de régiment, grec d'origine, au véritable type hellène et vêtu d'une capote bleue toute couverte de lisérés rouges.

Assis par terre sur deux files, ces prisonniers ne paraissent nullement mécontents de leur sort, et fument tout en échangeant quelques mots avec les Cosaques du Kouban qui les gardent, fièrement drapés dans leurs bourkas, le bachelick jeté en travers de leur bonnet en peau d'agneau, à fond rouge galonné argent.

A midi, nous partons pour Pravetz, escortant le général Kournakoff, commandant la brigade de Cosaques, excellent officier et brave homme s'il en fut, et dont la capote grise porte le ruban jaune à filets noirs de l'ordre de Saint-Georges. Nous arrivons bientôt dans une large et profonde vallée, où les troupes ont campé la veille et qui, aujourd'hui, est entièrement déserte.

Partout fument encore des feux de bivouac; des hussards et des Cosaques du Caucase achèvent de plier de grandes tentes coniques et d'atteler leurs chevaux aux voitures de bagages de leurs régiments.

Dans un coin, un malheureux cheval abandonné meurt sur sa litière et relève péniblement la tête en entendant s'éloigner au loin ses camarades.

Bientôt nous rencontrons l'artillerie de la garde qui, traînée et poussée à grands renforts de bras et de chevaux, s'engage sur les premières pentes du défilé. En avant, le régiment des chasseurs de la garde défile sur un pont turc dont l'entrée est ornée d'un portique agrémenté de flèches et de croissants en bois découpé.

Parvenus au sommet de cette côte, nous descendons dans le défilé que défendaient hier les positions turques.

Vers quatre heures, nous arrivons au village de Pravetz, situé dans une large vallée dont le fond est déjà obscurci par la fumée des feux de bivouac des nombreuses troupes qui viennent d'y prendre position.

Quant à nous, nous prenons à gauche et essayons de gagner Lupen dans la vallée de l'Isker, par où, depuis trois jours, s'avancent les troupes du détachement du général Dandeville (régiments des grenadiers de la garde et de Préobrajenski, brigade de la 3ᵉ division d'infanterie, brigades des Cosaques du Don, des Cosaques du Caucase et des dragons bleus.

En sortant de la vallée, nous traversons un ancien campement turc, dont le sol est couvert de tentes en lambeaux et de piquets rompus. Au centre, s'élève encore la petite table toute tachée de sang où les cuisiniers égorgeaient les moutons destinés à confectionner le pilaff.

Mais la nuit arrive rapidement ; il nous est impossible de suivre le sentier à peine tracé où nous cheminons en ce moment. Nous décidons de passer la nuit en plein air, et notre petite troupe s'établit sur une pente boisée autour d'un vaste brasier.

Nos Cosaques ont bientôt trouvé du foin et de l'avoine pour les chevaux et nous apportent triomphalement du vin dans un grand vase en terre dorée des Dardanelles qu'ils ont ramassé dans le campement turc.

Nous nous endormons, rangés en rond, les pieds devant notre brasier ardent, que nos hommes doivent alimenter constamment durant toute la nuit.

Etropol, 25 novembre.

Il a gelé à pierre fendre la nuit dernière, mais nous n'en avons rien senti, grâce à nos épais manteaux circassiens.

Ce matin, à notre réveil, nous voyons toutes les montagnes couvertes de teintes rosées sous les rayons du soleil levant. A nos pieds défilent déjà les chasseurs de la garde ; l'artillerie s'avance péniblement dans cet étroit sentier aidée par les sapeurs de la garde qui élargissent les rampes.

Au haut du plateau, le général Rauch, enveloppé dans sa capote à larges pattes d'argent, le col fourré d'astrakan relevé au-dessus oreilles, se promène en battant la semelle en attendant que sa colonne se soit rassemblée sur ce point. Ce brave général nous annonce qu'Etropol a été pris hier soir à six heures par le régiment de Préobrajenski.

Nous nous dirigeons immédiatement sur cette ville, dont nous ne sommes éloignés que par une dizaine de kilomètres, et nous entrons dans la vallée de l'Isker encore toute couverte de gelée blanche.

Il fait un beau froid sec, et les sabots de nos chevaux résonnent joyeusement sur la terre durcie et gelée.

Hier, on a dû se battre dans cette vallée, car à droite de la route nous trouvons bientôt, dans un champ de maïs, les cadavres de trois rédifs et d'un Arnaute percés de coups de baïonnette. Les maraudeurs bulgares les ont déjà dépouillés de leurs uniformes, les laissant seulement en pantalon et en chemise. Partout autour d'eux, sont jetés de menus objets, fez et ceintures en lambeaux, briquets, boîtes à tabac; par places, la terre est imbibée de larges plaques d'un brun rougeâtre.

Un peu plus loin, nous rencontrons le cadavre d'un rédif encore vêtu de sa tunique; ce malheureux gît le nez en terre, la tête appuyée sur un plat rempli de cartouches de Martini.

Sur toute la longueur de la route, les ponts en bois traversant les marais ont été détruits en partie, et dans le fond de la vallée nous apercevons les blancs minarets d'Etropol, ville d'une quinzaine de mille habitants dont les deux tiers sont Turcs.

Nous entrons en ville par la rue principale, qui est

bordée de petites boutiques turques que pillent les Bulgares.

Le milieu de cette rue est converti en un épais bourbier liquide, où nos chevaux pataugent à qui mieux mieux.

Contre la principale mosquée, je rencontre le bivouac du 1er bataillon de Préobrajenski avec le colonel prince Obalinski.

Le régiment qui, hier, a fait toute la besogne n'a perdu qu'une vingtaine d'hommes, tués ou blessés. Aucun officier n'a été atteint. Un de mes bons amis, M. le capitaine Sax-Reurern, s'est hier couvert de gloire en enlevant, à la tête des volontaires du régiment, au nombre de quatre cents hommes, une forte redoute turque dominant au loin Etropol et la vallée qui est située sur une hauteur que les habitants du pays appellent le Nid-de-l'Aigle.

A six heures du soir, le régiment entrait en ville au son des cloches de l'église et était reçu à l'entrée par les popes avec les bannières et les saintes images.

En défilant dans la grande rue, un officier turc, réfugié dans une maison, tua à bout portant, d'un coup de revolver, un soldat de Préobrajenski dont les camarades le clouèrent à la muraille à coups de baïonnette. Arrivé contre la grande mosquée, le colonel Obalinski fit arrêter son régiment formé en colonne. On présenta les armes, tambours et clairons battirent aux champs, la musique joua l'hymne impérial et les soldats poussèrent trois hourrahs.

A une heure de l'après-midi arrive le général Gourko qui vient transférer à Etropol son quartier général.

A peine sommes-nous arrivés, que le général Kournakoff reçoit l'ordre de concentrer ici sa brigade de Cosaques qui était restée au campement de Bulgarski-Izvor.

Prévoyant que nous devrons séjourner plusieurs jours à Etropol, nous pénétrons dans le quartier turc en quête d'une maison pour nous y installer. Ce quartier, entièrement désert et abandonné, a été pillé la nuit dernière par les Bulgares, et présente l'aspect de la plus lamentable dévastation; partout les portes ont été enfoncées, les fenêtres brisées. Dans l'intérieur des bâtiments, les meubles ont été enlevés; il ne reste plus que des tas de vêtements en lambeaux et des monceaux de laine arrachée de l'intérieur des divans, dont les pillards se sont contentés d'emporter l'étoffe.

Grâce au capitaine de Martinoff, nous sommes bientôt installés dans une des maisons les plus confortables de ce quartier, laquelle, chose inappréciable, possède une salle de bains à la turque avec réservoirs d'eau chaude.

Une seule chose manquait d'abord à cette habitation, chose essentielle, s'il en fut, surtout en hiver; c'étaient les fenêtres qui faisaient entièrement défaut et étaient remplacées par de simples châssis garnis de feuilles de papier comme on en voyait jadis dans nos vieilles échoppes de l'ancien Paris.

Mais quand on a des Cosaques avec soi, on n'est jamais embarrassé, et quelques heures après notre installation, nos fenêtres étaient garnies de vitres splendides, grâce aux vitraux que nos hommes étaient allés décrocher dans la grande mosquée et ajuster à notre habitation.

Du reste, pour vous donner une idée de la prévoyance et de l'ingéniosité des Cosaques, il suffira de dire, qu'à peine arrivés à Etropol, nos chevaux broyaient l'avoine à pleins rateliers, et que, dans la soirée, les officiers d'ordonnance du général Gourko en étaient encore à se demander où et comment pourraient manger leurs montures.

Dans l'après-midi, je parcours, en compagnie de plusieurs officiers, les rues de la ville où nos soldats se livrent à une chasse acharnée dans les poulaillers. Les maisons d'Etropol, presque entièrement habitées par des Turcs, sont petites, sans aucun caractère, et bâties sur un terrain marécageux ; elles sont excessivement humides.

Dans la plupart des rues, des ruisseaux remplacent la chaussée et les piétons doivent cheminer sur des grosses pierres placées de distance en distance, qui, la nuit surtout, les exposent à prendre des bains de pied des plus désagréables.

Vu ses dix mille habitants turcs, Etropol possède trois mosquées : les deux premières avec un minaret en bois et des plus simples ; la dernière, que nous appelons ici la grande mosquée, est assez coquettement bâtie. Son minaret, blanchi à la chaux, est extérieurement orné de fresques rouges et bleues ; autour de la plateforme d'où les muzzins annonçaient l'heure de la prière, sont encore suspendues les lanternes en verre qu'on a l'habitude d'allumer les jours de fête. Les murailles de cette mosquée sont entièrement couvertes de dessins en couleurs enjolivés d'or et d'argent, et exécutés par les cadis et leurs élèves. Toutes ces images, tracées avec un art des plus primitifs, représentent un plan idéal de la grande mosquée de la Mecque et du tombeau de Mahomet.

Depuis les derniers événements, cette mosquée avait été convertie en poudrière et renfermait encore, lors de notre arrivée, bon nombre de caisses à cartouches et d'obus de montagne qui ont nécessité la présence d'un factionnaire pour empêcher les Bulgares d'y toucher et de causer ainsi de graves accidents. Contre cette mosquée se trouve la tour de l'horloge, de forme massive et carrée, surmontée d'un clocheton en zinc recouvrant une grosse cloche et portant sur sa surface principale un large cadran, où les heures sont peintes en rouge et en chiffres turcs, ayant la forme d'un clou.

En revenant de ma promenade, j'entends le canon retentir au loin dans les montagnes, dans la direction d'Araba-Konak, où se concentrent les Turcs. Le régiment de Cosaques du Caucase de Vladi-Kavkas, une brigade d'infanterie de la 3ᵉ division ainsi qu'une batterie de l'artillerie légère des Cosaques du Don se portent vers cette direction pour soutenir la brigade de dragons du général Krasnoff et le régiment de Moscou qui sont en marche depuis ce matin.

A huit heures et demie du soir arrive notre brigade de Cosaques, qui a déployé, pour effectuer cette marche dans les montagnes, la plus grande activité, l'ordre de marcher en avant étant seulement parti aujourd'hui même d'Etropol à midi et demie, et cette ville étant éloignée de Bulgarski-Izvor par une distance de quinze kilomètres dans des sentiers affreux et à peine tracés.

Etropol, 26 novembre.

Ce matin, le général Gourko, suivi de son état-major, s'est rendu à l'église chrétienne d'Etropol pour assister à un *Te Deum* en actions de grâce des premiers succès de son armée. Cette église, ainsi que toutes celles appartenant au culte ortodoxe, est ruisselante de dorures et décorée de panneaux en bois sculpté, sur lesquels on a peint ces naïves images de sainteté de l'école byzantine.

Je remarque une chaire à prêcher en bois sculpté et découpé à jour qui, par son fini et la délicatesse de son travail, figurerait dignement au musée de Cluny.

Un des officiers de l'état-major m'apprend un hardi coup de main exécuté par le régiment de dragons d'Ekaterinoslaw, autrement dit les dragons bleus. Hier matin, un détachement de ce régiment filait dans la montagne poursuivant les Turcs, quand, à dix kilomètres d'Etropol, il tomba à l'improviste sur une demi-batterie de pièces Krupp en acier. A la vue des casquettes bleues des dragons, les artilleurs effrayés dételèrent leurs chevaux des pièces et s'enfuirent au plus vite, abandonnant sur place canons et avant-trains remplis d'obus.

A l'issue du *Te Deum* le temps se couvre et bientôt une pluie torrentielle et glaciale, mêlée de neige, commence à tomber. Bientôt les ruisseaux qui forment ici la chaussée des rues, débordent dans les cours des habitations. Impossible de circuler sans avoir de l'eau jusqu'à mi-jambe. J'avoue que cette réminiscence de la chasse aux marais ne sourit à aucun d'entre nous.

Dans les quelques rares boutiques restées ouvertes et qu'assiège une foule de soldats, je remarque des officiers assistant aux achats et veillant à ce que les marchands ne volent par leurs hommes.

Vers trois heures de l'après-midi, la neige commence à tomber à gros flocons et couvre bientôt les arbres et les maisons avec son blanc linceul. Rien de plus triste que ce paysage d'hiver et que ce ciel sombre sur le gris duquel les flèches des minarets se découpent comme d'immenses torches funéraires.

Etropol, 27 novembre.

Durant la nuit, la neige a cessé de tomber et le temps s'étant remis subitement au beau, est survenue aussitôt une forte gelée qui a congelé l'épais bourbier où nous pataugions ces jours derniers.

Hier, Etropol avec ses ruisseaux remplissant les rues, nous rappelait Venise ; aujourd'hui, nous croyons cheminer sur les canaux glacés d'une ville hollandaise ; le temps est aux glissades, et nous ne cheminons qu'à petits pas, appuyés sur d'immenses bâtons ferrés.

Dans l'après-midi, on amène au quartier-général les canons pris avant-hier par les dragons. Cette demi-batterie se compose de trois pièces en acier du calibre 7, sortant des fabriques d'Essen et portant le date de 1877. L'affût et l'avant-train sont peints en couleur gris-fer. A ces canons manquent les culasses que les Turcs ont dévissées et emportées avec eux. Mais le mal est facile à réparer ; il suffit d'envoyer à l'usine Krupp le numéro de fabrication de la pièce, pour recevoir aussitôt autant de culasses de réchange que l'on désire avoir.

Aujourd'hui, nos reconnaissances de cavalerie ont fait prisonniers deux Bachi-Bouzouks de race tzigane et originaires des environs de Sofia. Ces deux malheureux irréguliers, couverts de minces vêtements en laine blanchâtre et grelottant de froid, sont conduits au général Gourko, auquel ils racontent que les Turcs, en se retirant sur les hauteurs situées en arrière d'Orkanié, ont totalement évacué cette ville, déjà abandonnée par toute sa population, aussi bien bulgare que turque, qui s'attendait à un prochain bombardement.

A dix heures du soir, le capitaine de Sabline, reçoit

l'ordre de partir immédiatement avec quatre-vingts hommes de notre régiment, afin d'aller reconnaître une des passes de la montagne. Nous le plaignons de tout notre cœur, car il n'est pas gai de sortir d'une chambre chauffée à blanc, pour aller passer la nuit sur les hauteurs neigeuses des Balkans, avec une température d'une quinzaine de degrés au-dessous de zéro.

Et dire que l'on chante dans la *Dame Blanche:* « Ah! quel plaisir d'être soldat! » Pour goûter cette poésie, il est urgent, je crois, de fouler l'asphalte de nos grands boulevards, et non les sentiers rocailleux des Balkans.

Etropol, 28 novembre.

Le beau temps continue toujours, et tout porte à croire que les opérations militaires, interrompues un instant par la neige, vont reprendre de nouveau.

En effet, dans la matinée le général Gourko fait demander le général Kournakoff; celui-ci, après avoir conféré pendant plus de deux heures avec le commandant en chef, envoie chercher à son retour les deux colonels de sa brigade de Cosaques. Bientôt le colonel Froloff nous annonce que demain, à onze heures du matin, la brigade de Cosaques du Don, avec deux sotnias de Cosaques du Kouban, et le régiment de grenadiers de la garde, doit quitter Etropol, et se diriger par la montagne sur la ville de Slatitza, située de l'autre côté des grands Balkans, dans la vallée de Kézanlik et qu'occupent les Turcs.

Demain soir, notre colonne campera sur le sommet de la passe, et après-demain, au matin, attaquera la position ennemie.

Cette perspective de passer la nuit dans la neige, exposés

à un froid glacial, nous fait passer un frisson dans le dos, mais j'en prends vite mon parti, car c'est, sans aucun doute, à notre détachement qu'appartiendra l'honneur de passer le premier les grands Balkans, et ayant déjà assisté en juillet dernier au passage du défilé de Hankioï, je tiens d'autant plus à être à la prise de la passe de Slatitza.

A cinq heures du soir, le capitaine de Sabline, de retour de sa reconnaissance, nous rejoint tout brisé de fatigue. Il nous raconte que parti hier au soir, à dix heures, avec ses quatre-vingts Cosaques, il rejoignit à onze heures et demi les deux sotnias, commandées par le lieutenant-colonel baron Schtakelberg, qui campaient dans la montagne en avant d'Etropol. Ce matin, les deux troupes réunies quittèrent leur bivouac au jour levant et se mirent en marche.

Le but de cette reconnaissance était de découvrir un passage entre la passe d'Araba-Konak à droite et celle de Slatitza à gauche. La reconnaissance s'engagea sur les pentes du mont Bouna, qui a plus de 1,300 pieds de haut, et du sommet duquel on descend sur le village de Bounovo, situé dans la vallée des petits Balkans.

L'objectif était de tourner une redoute turque, située en avant des villages de Bounovo et de Strigli, et de reconnaître la route à suivre pour bombarder cette position du flanc droit.

Pendant trois heures et demie, les Cosaques gravirent la montagne, en suivant un petit sentier à peine tracé au milieu des bois épais qui couvrent le versant nord des Balkans, et rempli d'une couche de neige d'une épaisseur de cinquante centimètres, où les chevaux enfonçaient jusqu'au poitrail. Ce sentier, qui mesure une longueur de neuf kilomètres, est seulement praticable pour les piétons et les chevaux, et non pour l'artillerie et les chariots, car on ne peut y passer qu'un à un, et en plusieurs endroits la pente offre un angle de plus de 45 degrés.

Quand la tête de la colonne déboucha sur la hauteur et s'engagea sur le versant non boisé, descendant sur le village de Bounovo, elle fut aperçue par les Turcs qui s'y tenaient retranchés. Ceux-ci, voyant trois Cosaques marcher en avant, suivis seulement par un peloton de huit autres cavaliers, les crurent seuls, et une chaîne de tirailleurs se porta sur eux, afin de les envelopper et de les faire prisonniers. Voyant cela, le capitaine de Sabline fit mettre pied à terre à quarante de ses Cosaques, et les fit se coucher en tirailleurs sur la lisière de la forêt, avec ordre de laisser approcher les Turcs et de ne faire feu qu'à bout portant. Ceux-ci étaient déjà arrivés à onze cents mètres de distance, quand plusieurs d'entre eux remarquant sans doute certains mouvements au travers des arbres firent feu. Aussitôt les Cosaques se levèrent et firent une décharge générale sur les Turcs qui s'enfuirent à toutes jambes, emportant quelques-uns de leurs camarades plus ou moins grièvement atteints.

Le but de cette expédition, qui était de reconnaître la route conduisant au village de Bounovo, étant suffisamment rempli, les deux officiers, MM. de Sabline et Schtakelberg ne jugèrent pas à propos de pousser plus avant et, après une halte de deux heures sur le sommet de la montagne, redescendirent dans la direction d'Etropol, où, à cinq heures du soir, arrivait le détachement du capitaine de Sabline.

Le vieux blockhaus turc dans la passe de Slatitza.

CHAPITRE V

La passe de Slatitza.

Les Balkans en été et en hiver. Le supplice d'un écrivain. Départ d'Etropol. Dans les fondrières. Un escalier granitique. Paysages d'hiver. En avant la cavalerie ! Quinze degrés au-dessous de zéro. Au sommet de la passe. La descente. Le vieux blockhaus. La pluie. Attaque des Turcs. Les positions ennemies. Slatitza. Le camp retranché. Pirlop. Une heureuse chance. Tranchées construites sous le feu. Attaque repoussée par les Cosaques du Kouban. Envoi de canons d'Etropol.

Du sommet de la passe de Slatitza (grands Balkans), 29 novembre.

De tous les nombreux journalistes admis à suivre les mouvements de l'armée russe, je suis le seul, je crois, à avoir eu la bonne fortune d'assister aux deux expéditions du général Gourko à travers les grands Balkans, mais, hélas! depuis juillet dernier quel changement et quelle différence de température!

A cette époque, où une chaleur torride régnait dans toute la Bulgarie du Nord, depuis Sistova jusqu'à Gabrova, l'on ne pouvait respirer librement qu'une fois parvenu dans les défilés des Balkans. Alors, c'était pour moi un véritable plaisir que d'écrire mes correspondances, assis sur un quartier de rocher, tout au sommet de ces hauts plateaux où régnait l'air frais et pur des montagnes.

Aujourd'hui, au milieu de cette passe couverte de neige, où souffle un vent glacial avec quinze degrés de froid au-dessous de zéro, le lecteur ne se doutera jamais de quelle constance acharnée je dois faire preuve pour écrire, car m'étant assis contre l'une des meurtrières du vieux blockhaus turc qui nous sert de refuge, afin d'avoir un peu de lumière, je suis obligé, après chaque cinq ou six lignes, de déposer ma plume et de réchauffer mes doigts gelés à une vase rempli de braise ardente qu'un de nos Cosaques a eu la précaution de déposer auprès de moi.

On ne pourra jamais savoir quel supplice de Tantale j'éprouve en ce moment en voyant mes compagnons enveloppés d'épaisses fourrures et étendus auprès de la cheminée du blockhaus où flambe un véritable brasier.

Quelle tentation j'éprouve de tout lâcher, plume et papier, et d'aller me joindre à eux; mais en ce moment il me semble aussi entendre une voix qui me crie sans relache tout comme au Juif errant :

« Tu n'es pas venu ici pour faire le Cosaque amateur, mais bien pour intéresser tes lecteurs aux mouvements de l'armée russe ; gèle, aie les doigts engourdis, mais n'importe, écris, écris toujours. »

Aussi, ami lecteur, après cette verte remontrance je reprends la plume pour vous raconter notre odyssée d'aujourd'hui à travers les sentiers neigeux des Balkans.

L'heure du départ était fixée pour aujourd'hui à onze heures du matin. Vers midi, le colonel Froloff, du 26ᵉ Cosaques, les capitaines de Martinoff et de Sabline, ainsi que moi nous sommes en selle, et, suivis d'une escorte de Cosaques, nous filons au grand trot, afin de rejoindre la colonne qui a près d'une heure d'avance sur nous, mais que nous rattraperons rapidement vu sa marche lente et embarrassée par l'infanterie qui s'avance en avant pour frayer le chemin.

A la sortie d'Etropol nous suivons pendant près de cinq kilomètres une vallée assez large, entièrement couverte de neige. Il fait aujourd'hui un temps sombre et pluvieux, qui, tout en amenant avec lui un commencement de dégel épargnant à nos chevaux bien des glissades, nous réserve d'autres désagréments. Le sol de la vallée est sillonné de nombreux ruisseaux à moitié glacés et que la neige a recouverts de son blanc manteau ; aussi, dans beaucoup d'endroits, nos chevaux enfoncent jusqu'à mi-jambe dans un bourbier liquide que nous ne soupçonnons pas et d'où nous les tirons très péniblement.

Arrivés près d'un petit ruisseau, appelé, je crois, Drago par les gens du pays, la vallée se resserre et forme une gorge étroite où nous nous enfonçons au travers d'un épais taillis dont les arbres couverts de neige nous frôlent au passage tout en nous couvrant d'une poussière fine et glacée.

Bientôt nous rattrapons la colonne, qui s'arrête à chaque instant comme nous l'avions prévu. Comme je l'ai déjà dit, voilà la deuxième fois que je traverse les Balkans, mais quelle différence dans la température et dans le paysage. A Hankioï, nous marchions en pleine été, traversant tantôt de vertes vallées, tantôt gravissant des pentes couvertes de masses de verdures et où notre artillerie légère, attelée de six chevaux, pouvait toujours passer.

Maintenant nous gravissons, à la file indienne, un étroit sentier de chèvres, impraticable pour l'artillerie, et formé de blocs de rochers entièrement dépourvus de terre végétale, sur lesquels nos chevaux glissent et se déferrent à chaque pas.

Plus nous montons, plus la température s'élève et devient âpre et glaciale. Bien qu'à moitié gelé et engourdi par ce froid digne de la Sibérie, je ne puis m'empêcher d'admirer ce grandiose paysage d'hiver, et ce sentier que nous suivons, composé de fragments de rochers entassés les uns sur les autres et formant un véritable escalier granitique que nos chevaux gravissent péniblement. A droite et à gauche les pentes des montagnes avec leurs grands arbres séculaires dépouillés de leurs feuilles, sont couvertes par places de larges plaques de neige, et, tout au fond de la gorge, un petit ruisseau bondit de pierre en pierre, en formant cascades.

Pour animer cette nature sauvage, mettez-y les uniformes jaunâtres des Cosaques du Don, les caftans multicolores, les bonnets fourrés, les manteaux en poils de chèvre des Cosaques du Kouban, ainsi que les capotes grises et les casquettes plates à galon bleu des grenadiers de la garde et vous aurez une scène digne du pinceau de nos meilleurs peintres de genre.

Après huit kilomètres de marche dans cet affreux sentier, nous descendons au fond d'une étroite vallée, où les Turcs ont construit, au commencement du siècle, un blockhaus, qui servait de poste à un piquet de zaptiés (gendarmes), chargés de demander les firmans des voyageurs traversant les Balkans.

En cet endroit fait halte le régiment de grenadiers ; les soldats appuyés sur leurs fusils, ont conservé les rangs et les officiers enveloppés dans de larges capotes grises au col fourré en astrakan et serrées à la taille par le ceinturon en cuir blanc, se promènent devant le front des compagnies. Dans le lointain pétillent quelques coups de fusil, au-delà d'une rampe escarpée de près de deux kilomètres de longueur.

Ordre est aussitôt donné à la cavalerie de se porter en avant ; l'infanterie qui commençait à gravir cette route, se jette des deux côtés des talus et nous défilons à toute vitesse au milieu d'elle, cramponnés à la crinière de nos chevaux pour nous tenir en équilibre sur cette pente escarpée, qui, en certains endroits, mesure un angle de 45 degrés.

A la nuit tombante, nous arrivons sur un étroit plateau, qui forme en cet endroit le sommet de la passe. En face de nous et à nos pieds, de gros nuages couvrent la vallée où se trouvent Slatitza et les positions turques. Dans cet épais brouillard nous entendons retentir les coups de fusils qu'échangent les tirailleurs des grenadiers avec les Bachi-Bouzouks.

Un vent glacé souffle du nord sur le plateau où nous sommes et où règne un froid de 15 degrés au-dessous de zéro. De tous côtés s'allument les feux de bivouac de l'infanterie ; les Cosaques s'occupent à couvrir de leurs manteaux leurs chevaux qui, épuisés et à bout de forces par suite de la rapide ascension qu'ils viennent d'opérer, soufflent à pleins naseaux et tremblent de tous leurs membres, tandis que de leur robe mouillée de sueur s'échappe une épaisse vapeur au contact de l'air glacial qui nous environne.

La cavalerie n'ayant rien à faire sur cette hauteur escarpée où vient de s'établir le régiment de grenadiers, ordre lui est donné de redescendre au fond de la vallée et de s'établir autour du blockhaus où le général Kournakoff doit passer la nuit.

Notre descente, ou pour mieux dire notre interminable glissade s'opère en pleine obscurité et est agrémentée de nombreuses chutes, heureusement sans gravité et qui font rire aux éclats les Cosaques, comme de vrais enfants. Sur ces hauteurs escarpées la neige s'est solidifiée et durcie sous l'action du froid et forme une surface glissante, qui nous oblige à mettre pied à terre et de tenir nos chevaux en main.

Enfin, nous arrivons au pied de cette pente, qui ressemble à une véritable montagne russe et nous entrons dans le blockhaus que les Bulgares n'ont pas eu, heureusement, le temps d'incendier et où nous pourrons au moins nous abriter contre le froid et le vent glacial qui s'engouffre en rafales furieuses dans la vallée.

Ce blockhaus, de forme carrée et construit en grosses pierres, est surmonté d'un toit plat et recouvert de tuiles rouges dont le pignon est formé par un oiseau grossièrement sculpté en bois. Le rez-de-chaussée, percé d'étroites meurtrières, est occupé par les soldats, qui y ont déjà allumé un grand feu dont la fumée s'échappe par toutes les ouvertures à défaut de cheminée. Nous montons par une échelle à l'étage supérieur, muni d'une galerie courant autour des quatre façades et muni sur chaque côté de cinq volets épais en bois de chêne, s'ouvrant comme les sabords d'un vaisseau et suffisant pour mettre les hommes à l'abri de la fusillade des assaillants.

Au centre de cet étage se trouvent deux chambres, où plutôt deux taudis noirs et enfumés, mais possédant une cheminée et dont le plafond et les cloisons par suite du temps et de la fumée ont revêtu une teinte du plus bel ébène. Ce bouge, qui en temps ordinaire nous aurait fait pousser des cris d'horreur, nous paraît le plus enviable des séjours, après les 15 degrés de froid que nous venons de subir sur le sommet des montagnes. Les Cosaques nous apportent quelques planches pour étendre sur les lattes en clairevoie qui servent de plancher et les recouvrent de paille, sur laquelle nous nous endormons bientôt profondément.

Du blockhaus turc, 30 novembre.

Ce matin, au point du jour, le général Kournakoff part avec le général Lubotwitzski, commandant le régiment des grenadiers, afin de reconnaître les positions ennemies. Nos soldats ont bravement supporté la nuit effroyable qu'ils ont eu à subir en plein air. Aucun malade chez les Cosaques du Don et du Kouban. Les grenadiers ont eu seulement cinq ou six malades que l'on apporte à l'ambulance, qui s'est installée au rez-de-chaussée de notre blockhaus.

Vers midi, le général Kournakoff revient de sa reconnaissance et raconte que les Turcs occupent la vallée de Slatitza au nombre de 5 à 6,000 hommes, dont 400 cavaliers, que les Bulgares nous disent être des Zeïbecks de la petite Asie ou Anatolie, et ont avec eux une batterie de montagne. En voyant déboucher hier nos têtes de colonne sur les hauteurs, ils se sont retirés sur les dernières pentes des Balkans, où ils élèvent des retranchements qu'occupent 7 à 800 fantassins et 4 canons.

Il aurait fallu les attaquer dès hier, ou bien attendre l'arrivée d'une batterie de montagne que le général a fait demander à Etropol. En tout cas, l'attaque n'aura pas lieu aujourd'hui, aussi restons-nous toute cette journée chaudement calfeutrés dans notre réduit qui ne reçoit un peu de jour que par le large tuyau de la cheminée et où on est obligé de tenir constamment une bougie allumée afin d'obtenir quelque clarté.

Du blockhaus turc, 1er décembre.

Aujourd'hui doit avoir lieu l'attaque, aussi sommes-nous sur pied bien avant le jour et une fois le thé pris, nous nous mettons en marche à travers un brouillard épais et glacial. Nos chevaux gravissent la montée qui mène à nos positions avec beaucoup d'ardeur, grâce à la journée de repos qu'ils ont prise hier et grâce surtout aux Cosaques qui sont allés dénicher de l'avoine et du foin à des distances impossibles; je crois même qu'au besoin ils en auraient fait pousser sur les rochers.

Décidément nous jouons de malheur. Aujourd'hui les hauteurs et la vallée sont couverts de gros nuages gris, qui bientôt se résolvent en une pluie torrentielle. Ce déluge nous force de redescendre au blockhaus, trempés et mouillés jusqu'aux os.

Grâce à un coup de main de la cavalerie, nous n'aurons pas plus à redouter la faim pour nous-mêmes que pour nos chevaux. Un détachement de Cosaques vient d'enlever ce matin cent soixante moutons aux Turcs et les ramène à notre campement. Rien de plus curieux que de voir ces hardis cavaliers faisant l'office de bergers et courir perchés sur leurs chevaux autour de la razzia, qu'ils conduisent en se servant du bois de leurs lances en guise de gaule.

Du blockhaus turc, 2 décembre.

Ce matin, le ciel plus clément, s'est remis au beau, et tout fait présager qu'aujourd'hui, nous aurons une belle journée d'hiver.

Vers midi, entendant éclater une vive fusillade à notre droite, nous partons à toute bride. Arrivés en haut de la grande montée où se trouve le campement du commandant du régiment des grenadiers, nous apprenons que les Turcs essayent de tourner nos positions sur la droite. Nous nous engageons dans cette direction, en suivant un sentier à peine tracé au travers d'un épais taillis dont les branches des arbres nous fouettent le visage et les mains et déchirent nos vêtements.

Après une demi-heure de cette marche désagréable, nous débouchons sur une série de hauteurs légèrement inclinées vers le Sud et qu'occupent nos troupes.

Le ciel, grâce aux ondées de la veille, est d'une pureté et d'une transparence admirables. Aussi pouvons-nous apercevoir dans tous leurs détails nos positions, ainsi que celles des Turcs. Sur les dernières pentes de la montagne, ceux-ci ont construit une redoute qui doit être armée de canons, car j'aperçois avec mes jumelles plusieurs embrasures. Cette position est dominée par une série de trois ouvrages construits par nos grenadiers, mais, hélas! l'artillerie nous fait totalement défaut et nous n'avons que des fusils pour répondre aux obus ennemis.

Plus à gauche, les Turcs se sont retranchés derrière des

monticules granitiques et ouvrent une fusillade des plus vives sur les abris d'où les soldats russes répondent couchés à plat ventre. La fusillade ennemie nous couvre d'une véritable grêle de balles, les soldats turcs tirant sur nos positions de bas en haut, même sans apercevoir personne.

Aussi nos pertes sont-elles insignifiantes et pour toute la journée se réduisent à un grenadier, frappé mortellement par une balle au front. Un lieutenant de ce régiment l'échappe belle; en observant les mouvements de l'ennemi, il reçoit une balle qui lui déchire tout le fond de sa casquette, sans effleurer seulement son cuir chevelu.

Dans la vallée, au-delà des positions ennemies, nous apercevons du haut de nos rochers, comme jadis les Hébreux contemplaient du désert la Terre promise, les blanches maisons et les sveltes minarets de Slatitza. En arrière et à droite se dessinent les retranchements d'un grand camp où fument de nombreux feux de bivouac et garni de centaines de tentes coniques.

Au loin et au pied des montagnes des petits Balkans, j'aperçois un grand village, qu'on me dit se nommer Pirlop, et d'où sort un long convoi de chariots se dirigeant sur Slatitza.

Aussitôt arrivé sur nos positions, le général Kournakoff se dirige avec les deux sotnias de Cosaques du Kouban sur notre extrême droite où les Turcs dessinent leur mouvement tournant et où les grenadiers construisent en toute hâte des épaulements de terre gazonnée, afin de se retrancher pour ouvrir le feu.

Quelques Turcs ont déjà escaladé une pente escarpée qui conduit au village de Tchelopetz et tirent sur le général et son escorte, qui se sont portés en avant de nos lignes. Les balles commencent à égratigner la terre autour de nous et font entendre leur désagréable musique. Comme le général, avec son grand cheval blanc, leur sert d'excellent point de mire, nous l'obligeons à reculer et à se mettre à l'abri derrière le monticule que fortifient en ce moment les grenadiers.

Pendant ce temps, la colonne turque, composée de deux compagnies que précèdent une cinquantaine de cavaliers, s'est engagée dans un profond ravin situé entre leur redoute et nos retranchements et s'avance avec beaucoup de hardiesse presque entièrement à couvert du feu de nos grenadiers par suite de la pente escarpée de ce ravin. La redoute ennemie essaye d'appuyer ce mouvement en tirant plusieurs coups de ses canons de montagne, qui ne produisent d'autre effet que de faire voler quelques pierres en éclats.

Le général Kournakoff fait alors mettre pied à terre à une trentaine de Cosaques du Korban, qui se couchent à plat ventre à l'extrémité du plateau par où doivent déboucher les Turcs et les accueillent par un feu plongeant dont chaque balle porte à coup sûr. Un bin-bachi (major), qui les précédait, roule à bas de son cheval. Celui-ci effrayé s'enfuit au galop vers nos positions où il est pris par les Cosaques. Bientôt une vingtaine de Turcs tués ou blessés jonchent le fond du ravin et la colonne ennemie bat précipitamment en retraite.

Peu après cette attaque, nous apercevons tout à coup une file de cavaliers ennemis courant sur la crête d'une montagne escarpée située à notre extrême droite. Ces Bachi-Bouzouks, dont la silhouette se découpe sur le ciel, sont au nombre d'une cinquantaine et viennent se rassembler à l'extrémité de ce rocher autour d'un des leurs tenant une longue lance surmontée d'une espèce de boule avec une queue de cheval qui leur sert de drapeau et de point de ralliement.

Il nous est impossible de les déloger sans canon de cette position escarpée, mais, en somme, leur présence n'est nullement dangereuse pour nous sur cette cime la plus haute de la chaîne et couverte de neige, d'où l'on plonge sur nos positions et sur le chemin descendant au blockhaus; d'ailleurs, le froid glacial qui règne sur les hauteurs, les aura bientôt chassés de cette position, et nous retournons à notre campement sans nous inquiéter davantage.

A la nuit arrive au blockhaus, le colonel Froloff, du 26ᵉ Cosaques, qui est allé dans la journée conférer à Etropol avec le général Gourko et nous annonce que celui-ci nous envoie deux pièces de 4, qui doivent partir ce matin à trois heures. Ordre est donné à une compagnie de grenadiers et à une centaine de Cosaques de partir aussitôt pour Etropol, afin d'aider à transporter ces canons et leurs avant-trains, qu'on doit démonter pour les porter à bras dans le défilé conduisant à nos positions.

Prise de Tchelopetz par la 2ᵉ sotnia du 21ᵉ Cosaques du Don (3 décembre).

CHAPITRE VI

Prise de Tchelopetz.

Le deuxième passage des grands Balkans Évacuation des ouvrages ennemis. Les drapeaux des grenadiers. Un retranchement turc. Notre observatoire. La vallée de Slatitza. Panique des Bachi-Bouzouks. Mouvements des Turcs. La fusillade. Incendie de Tchelopetz. Attaque des Cosaques. Au galop dan la montagne. Occupation de Tchelopetz. Retraite des Turcs. Un vin traître. Au bivouac. Les victimes. Dévastation de l'église. Le pillage. Un brillant coup de main. L'officier Zeïbeck. Son costume. Attaque de Tchelopetz. Les Cosaques en tirailleurs. Les cartouchières turques. Attaques ennemies repoussées. Mouvements de l'armée russe.

Tchelopetz, au-delà des grands Balkans, 4 décembre.

Hier, après un court engagement avec les Turcs, le détachement du général Kournakoff a eu l'honneur de traverser le premier la chaîne des grands Balkans et d'occuper le village de Tchelopetz, au pied de la montagne, et c'est aux braves Cosaques du Don et du Kouban qu'appartient la gloire de ce brillant fait d'armes.

Au matin, une estafette du général Lubotwitzki, des grenadiers de la garde, arrive à notre blockhaus et annonce au général Kournakoff que les Turcs ont, au point du jour, évacué les positions qu'ils occupaient sur les dernières pentes de la montagne, et qu'ils se sont retirés à Slatitza et dans leur camp retranché.

Quand nous arrivons sur les hauteurs, tous les emplacements occupés hier par l'infanterie sont déserts et celle-ci se porte en avant de tous côtés. Il ne reste plus qu'une compagnie d'arrière-garde servant d'escorte d'honneur aux quatre drapeaux du régiment des grenadiers. Ces étendards, surmontés de l'aigle à deux têtes aux ailes déployées, en bronze doré, et décorés de la croix de Saint-Georges, en récompense des brillants faits d'armes du régiment, sont portés enroulés dans leur gaîne de toile cirée sur l'épaule de vieux sous-officiers tout couverts de médailles et de chevrons.

Le général Kournakoff, suivi des officiers supérieurs de son détachement, se dirige vers un mamelon hérissé de blocs de marbre et situé à notre gauche sur l'extrémité d'un étroit plateau. Ce matin encore ce mamelon servait de poste avancé aux Turcs, et est garni d'un épaulement en fragments de pierres derrière lequel le sol est jonché de culots de cartouches Martini, de caisses à cartouches doublées en fer-blanc et d'épis de maïs, dont l'ennemi forme en ce moment sa principale nourriture.

Ce point élevé est un merveilleux observatoire, d'où l'on découvre un magnifique panorama.

Au fond, les masses sombres et boisées des montagnes des petits Balkans servant de fond de tableau à la vallée de Slatitza, toute couverte de champs labourés, de vignes, et à travers laquelle serpente la petite rivière Klisekievska, dont le cours va se perdre dans les montagnes en suivant le défilé conduisant à Petritchevo.

A gauche, dans la plaine, la petite ville de Slatitza avec ses blanches maisons entourées de jardins, ses quatre mosquées et sa tour d'horloge dont nous entendons sonner les heures, le camp turc et le village de Pirlop.

Devant nous court la large chaussée de Sofia avec sa ligne télégraphique, qui disparaît à droite derrière le village de Mirkovo. Enfin, à nos pieds et à moitié cachés dans les derniers plis de la montagne, les villages de Tchelopetz à droite, et de Klisekioï à gauche, par lequel débouche dans la vallée le chemin venant d'Etropol et passant par le blockhaus turc où nous avons campé ces quatre jours derniers. Un peu en arrière notre infanterie occupe les anciens retranchements turcs, et quelques Cosaques, tenant leurs chevaux par la bride, glissent dans Klisekioï.

Vers une heure de l'après-midi, toute la cavalerie turque, au nombre d'environ quatre cents Bachi-Bouzouks, sort de Slatitza et se dirige au grand trot vers Tchelopetz, en suivant la chaussée de Sofia, accompagnée par plusieurs compagnies d'infanterie qui marchent dispersées en tirailleurs dans les terres labourées.

Voilà un bien grand appareil militaire pour occuper un village entièrement désert.

Parvenus aux premières maisons, les Bachi-Bouzouks, s'imaginant apercevoir la capote de quelques Cosaques, sont pris d'une terreur panique et, tournant bride, s'enfuient au triple galop. Nous apercevons distinctement, avec nos jumelles, leurs chefs qui courent après les fuyards et parviennent enfin à les rallier et à les ramener en avant.

Les Bachi-Bouzouks s'avancent en hésitant et au petit pas, puis étant sûrs qu'ils n'ont aucun Russe devant eux, s'élancent au galop de charge dans un petit chemin conduisant au centre du village, en criant : « Allah! Illah Allah! »

Peu après, une force d'infanterie que l'on peut évaluer à deux ou trois *tabors* (bataillons) sort également de Slatitza et s'engage sur la chaussée de Sofia. Après avoir dépassé le petit pont jeté sur la Klisekievska, cette infanterie fait halte et se range en bataille en face de nous.

Bientôt un tabor se détache de cette colonne, passe à gué la rivière et, se dispersant en tirailleurs, s'approche au pas de course de Klisekioï. Nous voyons les fez rouges et les vestes bleues des rédifs et des mustaphis se glisser en faisant feu derrière les plis de terrain, et venir s'embusquer derrière un petit mur d'enclos en pierres sèches, situé à cinq cents mètres du village, et d'où jaillissent de nombreux flocons de fumée. Deux compagnies russes établies au-dessus de Klisekioï, leur répondent, et sur ce pont s'engage un violent combat de tirailleurs.

Afin d'appuyer cette attaque, deux pièces de montagne prennent position à deux cents mètres en avant de la route de Sofia, dans les terres labourées, et criblent d'une vingtaine d'obus le village de Klisekioï qui n'en peut mais, et d'où nos quelques Cosaques se sont retirés en voyant approcher la colonne ennemie.

Pendant ce temps nous voyons tout à coup une épaisse colonne de fumée noirâtre s'élever en tourbillonnant d'une des maisons du quartier bulgare de Tchelopetz. Ce sont les Bachi-Bouzouks qui, las de piller, s'amusent à incendier. Bientôt huit ou dix incendies s'allument de tous côtés et le village offre l'aspect d'un gigantesque brasier surmonté d'un épais nuage de fumée qui obscurcit toute cette partie de la vallée.

Le général Kournakoff ordonne alors d'occuper ce village. Aussitôt une sotnia du 21ᵉ Cosaques, sous les ordres du colonel Mandrikine, met pied à terre et dégringole le long des pentes dominant Tchelopetz, en ligne de tirailleurs. A cette vue, les Bachi-Bouzouks s'enfuient à toute bride; mais les quelques compagnies qui les ont accompagnés se mettent en devoir de résister.

Deux sotnias de Cosaques du Kouban sont alors envoyées, sous les ordres du capitaine de Martinoff, afin de soutenir la sotnia de Cosaques du Don. Je pars avec cette cavalerie à travers des chemins impossibles, tantôt traversant au galop des pentes de 45 degrés, tantôt montant ou descendant au milieu des pierres qui s'éboulent sous les pieds des chevaux; à un moment donné nous sommes forcés de mettre pied à terre pour franchir une large coupure où nos montures peuvent à peine se tenir d'aplomb. Le cheval d'un sous-officier manque pied, glisse et roule au fond du ravin d'où l'on est obligé de le retirer avec des cordes.

A un kilomètre de Tchelopetz nous trouvons enfin un sentier sur lequel nous filons au grand trot; mais quand nous arrivons au village tout est terminé; les Cosaques du Don, combattant en tirailleurs dans les ruelles, ont repoussé l'infanterie turque, qui a laissé plusieurs des siens sur le carreau. De notre côté trois Cosaques ont été blessés, mais très légèrement. Un rédif arabe a été fait prisonnier, mais comme on le conduisait au général, il a essayé de s'enfuir et de terrasser le Cosaque qui l'accompagnait ce qui a obligé celui-ci à le tuer sur place.

A peine maîtres du village, les Cosaques en occupent toutes les issues, établissent autour une ligne de vedettes et coupent le télégraphe qui mettait en communication les troupes de Schipka avec celles de Sofia et d'Orkanié.

Vers quatre heures et demie, la colonne turque, qui avait pris position sur la chaussée, entre Slatitza et Tchelopetz, se met en mouvement; le bataillon qui avait attaqué Klisekioï, la rejoint; nous entendons sonner les clairons de l'infanterie, battre les timbales des Bachi-Bouzouks, et bientôt toutes ces troupes se retirent sur Slatitza et de là dans le camp retranché, dont les feux de bivouac commencent à étinceler au milieu de la brume qui descend dans la vallée.

A la nuit, les Bulgares qui habitaient Tchelopetz et qui s'étaient réfugiés dans les montagnes, en descendent, voyant leur village occupé par les troupes russes. Comme leurs demeures ont été saccagées et pillées par les Bachi-Bouzouks, ils s'en vengent en se jettant à leur tour sur le quartier turc, et bientôt ce village entier offre l'aspect de la plus effroyable dévastation.

Bien que la loi de Mahomet défende à ses disciples de boire le vin, elle ne leur interdit pas d'en faire le commerce. A Tchelopetz, les pentes rocailleuses des montagnes sont couvertes de vignobles exploités par les Turcs, et les caves de ceux-ci sont remplies de barriques de vin que les Bulgares défoncent et mettent au pillage. Mais ce petit vin, bien qu'inoffensif en apparence, est traître en diable, et bientôt la population bulgare de Tchelopetz est dans un état d'ébriété qui ne laisse rien à désirer, et nous force de mettre des sentinelles à la porte des celliers afin d'empêcher les soldats de partager ce pernicieux exemple.

Après avoir organisé la défense du village, le colonel Mandrikine, en chef prudent et expérimenté, s'assure d'un chemin de retraite en cas de surprise, et s'installe avec sa réserve dans une grande ferme située à la sortie de Tchelopetz à l'entrée du sentier conduisant aux hauteurs occupées par l'infanterie russe. Les officiers occupent les quelques chambres de la ferme.

Comme la nuit est belle, les hommes bivouaquent dans la cour, au centre de laquelle est planté en terre l'étendard des Cosaques du Koûban, et allument de véritables brasiers où flambent des troncs d'arbres entiers. A dix heures du soir seulement arrivent deux compagnies d'infanterie, sous les ordres du colonel Antonoff, du régiment des grenadiers, afin de renforcer la cavalerie.

Tchelopetz, 4 décembre.

Dès huit heures du matin, malgré les fatigues de la veille, je suis sur pied parcourant les rues du village, dont toutes les maisons ont été pillées, les portes enfoncées. A l'intérieur les meubles et les ustensiles de cuisine ont été brisés, le linge et les vêtements jetés pêle-mêle à terre et foulés aux pieds par les pillards.

De distance en distance, je rencontre des monceaux de décombres fumants autour desquels pleurent et se lamentent des Bulgares.

Au détour d'une ruelle, le cadavre d'un rédif tué la veille est étendu dans la boue, à moitié dépouillé de ses vêtements; quelques pas plus loin, gît également le cadavre d'une jeune femme bulgare, assassinée par les

Bachi-Bouzouks, et sur le visage de laquelle on a étendu le mouchoir de soie qui lui servait de coiffure. Juste au moment où je passais, la mère et les parentes de la victime arrivent avec un brancard afin de la transporter au cimetière, et s'agenouillent autour du cadavre en poussant de longs gémissements et en frappant la terre de leur front.

L'église bulgare n'a pas été respectée davantage par les Bachi-Bouzouks, qui en ont forcé la serrure à coups de grosses pierres et de madriers, et ont brisé avec leurs sabres les lustres en cristal, les images et les emblèmes religieux en bois peint et doré. Partout dans l'église on marche sur des fragments de verre, de bois, et de papiers arrachés des livres saints. Cette église a été revêtue extérieurement de fresques naïves où un artiste bulgare s'est efforcé de reproduire les récompenses qui attendent les fidèles dans le ciel et les châtiments réservés aux méchants dans les enfers.

Contre la porte d'entrée se trouve une vieille fontaine en pierre sculptée, assez curieuse de forme et portant l'antique blason des rois slaves.

Le cimetière chrétien est situé autour de l'église et sur la plupart des tombes je remarque déposées une cruche remplie d'eau avec une écuelle, afin que les morts puissent venir se désaltérer pendant la nuit; coutume touchante et naïve que j'ai déjà observée l'année dernière dans les cimetières du sud de la Serbie.

Si les Bachi-Bouzouks ont saccagé l'église, les Bulgares n'ont pas respecté davantage la mosquée, dont les images, représentant des versets du Koran, ont été déchirées, les flambeaux et la chaire du muzzin brisés, et le minaret à moitié démoli.

Vers neuf heures, nos vedettes signalent un certain mouvement dans le camp turc situé en arrière de Slatitza, d'où une forte colonne d'infanterie descend dans la plaine. A ce moment les Cosaques du Kouban amènent au colonel Mandrikine, commandant la position, un officier et un sous-officier de la cavalerie zeïbecke, qu'ils viennent de faire prisonniers avec une audace qui mérite d'être racontée.

Ce matin, vers huit heures, les Cosaques de Kouban, embusqués derrière les premières maisons du village, virent s'avancer par la route de Sofia, un peloton de cavalerie zeïbecke, précédant d'une centaine de mètres un groupe de trois cavaliers. Arrivés à hauteur de Tchelopetz, ceux-ci, qui ignoraient l'occupation du village par les Russes, restèrent un peu en arrière afin de laisser souffler leurs chevaux.

Les Cosaques laissent tranquillement défiler devant eux le peloton de cavalerie turque sans se montrer, et à peine celui-ci passé, cinq ou six Cosaques, conduits par un tout jeune sous-lieutenant, déjà décoré de la croix de Saint-Georges en argent, M. Stezenskoj, se jettent à bride abattue sur les trois retardataires. Ceux-ci prenant nos Cosaques pour des Tcherkesses, à cause de leur uniforme, les laissent d'abord tranquillement s'approcher ; mais reconnaissant bientôt leur erreur, prennent la fuite à travers les champs, et malheureusement pour eux s'engagent dans un marais où leurs chevaux s'embourbent et ne peuvent avancer.

Bientôt les Cosaques les entourent : un des officiers et le sous-officier jettent leurs armes à terre et se rendent prisonniers.

L'autre officier, homme d'une stature superbe et monté

sur un magnifique cheval gris, refuse de se rendre et décharge ses longs pistolets damasquinés sur les Cosaques qui répondent et lui tuent son cheval.

Bien que démonté il se relève, et d'une main tenant son yatagan, il tire de l'autre main un papier de sa ceinture et se met à le lacérer avec les dents. Désespérant de le faire prisonnier et le temps pressant, car le peloton de cavalerie a fait demi-tour et tire sur eux de l'autre côté du marais, les Cosaques sont obligés de le tuer sur place afin de lui arracher de sa main crispée les fragments de son message, et plaçant au milieu d'eux leurs deux prisonniers, regagnent les avant-postes au triple galop.

Ces deux prisonniers sont, comme je l'ai déjà dit, amenés au colonel Mandrikine, qui les fait interroger par un soldat de la légion bulgare parlant le turc; malheureusement ces deux zeïbecks parlent la langue arabe et comprennent seulement quelques mots de turc.

Aussi les envoie-t-on de suite au général Gourko, avec les fragments de la dépêche qu'ils apportaient à Slatitza. Tout fait supposer que ce message, envoyé de Sofia, était des plus importants, car les Cosaques nous racontent que durant la poursuite l'officier fait prisonnier, avait arraché les broderies de sa veste et le long gland d'or de son fez qui lui pendait sur l'épaule, afin d'être considéré comme un simple soldat sans importance.

C'est un homme d'une quarantaine d'années, aux traits durs et énergiques, à la moustache épaisse taillée en brosse.

Son costume est des plus typiques. Comme coiffure il porte un fez rouge en feutre dur et très élevé de forme, assujetti autour du front par un étroit foulard en cachemire. Son vêtement consiste en une courte veste venant à peine au milieu de la poitrine, aux larges manches ouvertes et maintenues par des lacets en or; cette veste est en drap bleu de ciel tout couvert de soutaches et de galons en soie noire. La ceinture en cuir où étaient passés son yatagan et ses pistolets, est bouclée par-dessus une large ceinture en soie rouge et jaune.

Mais la partie la plus curieuse de son costume est sans contredit ses pantalons, qui hauts à peine d'une quinzaine de centimètres sont également en drap bleu de ciel et ne montent qu'à moitié des cuisses, d'où ils sont rattachés à la ceinture par une ganse rouge, et s'arrêtent au-dessus du genou laissant toute la partie supérieure du mollet à nu, ses courtes bottes en cuir ne montant qu'à mi-jambe.

Quant au sous-officier, son vêtement, composé d'une veste et de moletières en laine blanche ainsi que d'un pantalon marron le tout volé sans doute aux Bulgares, n'offre aucun intérêt.

A dix heures précises, des coups de feu d'abord séparés, puis bientôt rapprochés et nourris éclatent en avant du village. On prend les armes, chacun court à son poste de combat, les grenadiers derrière leurs créneaux et dans leurs tranchées, les Cosaques en tirailleurs en avant dans la plaine.

A cinq cents mètres des premières maisons de Tchelopetz, les Cosaques du Kouban forment une première ligne de tirailleurs, séparés les uns des autres par une distance de vingt mètres, et font feu, agenouillés derrière leurs chevaux, sur les Zeïbecks et les Tcherkesses, qui se glissent d'arbres en arbres. Derrière ce rideau flottant de cavalerie irrégulière s'avancent plusieurs colonnes d'infanterie.

Derrière nos Cosaques du Kouban se tient une deuxième ligne de Cosaques du Don, en soutien, les hommes à pied, et les chevaux abrités derrière un petit bouquet d'arbres.

Le colonel Mandrikine parcourt au petit pas de son cheval la première ligne de tirailleurs, organisant la défense du village, tâche dans laquelle il est admirablement secondé par son collègue le colonel Froloff, du 26ᵉ Cosaques, jeune officier du plus grand avenir, et portant sur sa poitrine la plaque en argent que reçoivent les rares officiers qui ont subi tous les examens du cours supérieur de l'état-major à Saint-Pétersbourg.

En outre, le terrain entourant le village est plat, découvert, dépourvu de haies, de fossés, et se prête admirablement à la défense. En arrière de notre cavalerie, les grenadiers se tiennent agenouillés derrière de petits murs de clôture et des trous à loup que les soldats ont creusé durant la nuit. Dans un réduit, formant angle, est embusquée une demi-compagnie.

A onze heures, la fusillade des Turcs, qui se tenaient très éloignés de nos lignes, se ralentit et cesse presque entièrement. Je profite de ce court répit pour rentrer avec plusieurs officiers à notre campement, afin de déjeuner, car nous n'avons rien pris depuis hier matin ; malheureusement nous ne pouvons guère nous restaurer, car à onze heures un quart la fusillade recommence avec la plus extrême violence.

Cette fois les Turcs dessinent franchement leur mouvement et nous attaquent au nombre de trois bataillons, un à droite, un à gauche et le troisième au centre, les hommes formant plusieurs chaînes de tirailleurs que précèdent deux cents Zéïbecks et Tcherkesses montés sur leurs petits chevaux.

Tous ces Turcs s'avancent avec la plus grande audace et essayent de déborder notre droite. Les Cosaques, abrités derrière leurs chevaux et tirant avec le plus grand calme et une extrême précision, abattent quantité d'ennemis.

Du point où je suis, je vois de nombreux chevaux turcs rouler à terre, et leurs cavaliers se sauver à toutes jambes. Un officier zéïbeck qui s'avançait en avant des siens, en criant Allah! reçoit une balle qui l'abat de sa monture; aussitôt un des soldats le fait hisser sur l'arçon de sa selle et l'emporte au galop.

Malheureusement ce jour-là nous n'avions que deux cents Cosaques du Kouban et du Don, et deux cents grenadiers, en tout quatre cents hommes à opposer à plus de deux mille Turcs qui nous attaquaient. Aussi nos tirailleurs sont-ils obligés de se replier et de rentrer dans le village ; ce qu'ils ne font que lentement, au petit pas, et se retournant à chaque instant pour faire feu.

Contre moi passe un Cosaque du Don, blessé à la main droite et tenant par la bride son cheval qui le suit en boitant péniblement, une balle l'ayant atteint à une des jambes de derrière d'où s'écoule un long filet de sang formant trace.

Le feu des Turcs roule comme un véritable ouragan ; leurs soldats, tenant le fusil appuyé sur la hanche, chargent et déchargent leur arme sans discontinuer et sans seulement se donner la peine d'épauler et d'ajuster.

Un fait qui donnera une idée de la façon dont les Turcs peuvent tirer toute une journée sans s'arrêter, c'est que sur tous les cadavres des nizams et des rédifs tués aujourd'hui, outre la provision de quatre-vingts cartouches qu'ils portaient dans leurs sacs en toile, on a trouvé une longue cartouchière en toile serrée tout autour de la taille et contenant plus d'une centaine de cartouches.

Aussi cet après-midi les balles turques tombaient-elles en sifflant sur le village, comme un véritable essaim d'abeilles, égratignant les façades des maisons et ricochant sur les pavés des rues.

Enhardi par notre retraite, l'ennemi se rapproche de plus en plus et veut attaquer le village par le centre; mais là, il est reçu par la demi-compagnie de grenadiers, qui, embusquée derrière son réduit, l'accueille presque à bout portant par un feu de peloton qui retentit comme un roulement de tambour et le fait battre précipitamment en retraite.

Repoussés à notre droite et au centre, les Turcs tentent un dernier effort à notre gauche. Un de leurs bataillons essaye de se glisser dans cette direction en longeant le pied des montagnes.

Le colonel Mandrikine s'aperçoit de ce mouvement et faisant mettre pied à terre à une vingtaine de Cosaques de la sotnia de réserve, les envoie avec quelques Bulgares s'embusquer à plat ventre derrière les rochers d'où ils fusillent la tête de colonne du bataillon turc, qu'une compagnie de grenadiers descendant en ce moment de la montagne canarde en flanc.

Repoussés sur tous les points, les Turcs se replient peu à peu. A une heure de l'après-midi leur feu se ralentit, pour cesser entièrement une demi-heure après.

Les troupes russes ont été admirables dans cette défense qui a été des plus vives. Les Cosaques ont brûlé en moyenne quatre-vingts cartouches par homme, les grenadiers cinquante. Nos pertes sont légères et se montent seulement à sept blessés : deux Cosaques du Don, trois Cosaques du Kouban et deux grenadiers. Un de ces derniers, décoré de la croix de Saint-Georges, et qu'on apporte à notre campement, a la colonne vertébrale brisée par une balle, et meurt quelques instants après son arrivée à l'ambulance.

A deux heures on sonne la retraite, et les troupes, après avoir poursuivi les Turcs, reprennent leurs premières positions à cinq cents mètres en avant du village. L'ennemi s'est retiré dans son camp retranché et sur trois petits mamelons situés au fond de la vallée, sur les premiers contreforts des petits Balkans, où il commence à élever de suite des retranchements.

A ce moment arrive au village le général Kournakoff, accompagné du général Lubotwitzski, commandant le régiment des grenadiers, et du major roumain Barcanesco, qui vient d'Etropol. Celui-ci me raconte qu'il a rencontré dans la montagne, à cinq cents mètres environ du blockhaus turc, les deux canons qu'envoie le général Gourko et qui arrivent lentement et péniblement. Toutefois on espère qu'ils seront placés et mis en batterie cette nuit sur nos positions.

En outre nous apprenons des nouvelles des différentes colonnes qui opèrent en même temps que la nôtre à travers les grands Balkans.

La colonne de Teteven s'avance dans la direction de Ribovitza à notre gauche; à droite, la colonne qui marchait contre Buonovo s'est arrêtée, faute de chemin suffisant pour son artillerie; hier les Turcs ont attaqué le régiment de Moscou, et essayé d'enlever sa batterie, tentative dans laquelle ils ont été repoussés en perdant beaucoup de monde; d'un autre côté, ils ont évacué précipitamment Araba-Konak, abandonnant un magnifique équipage de pont, dont les pontons sont en fer et que

Chevket-Pacha avait sans doute emmené avec lui, afin, le cas échéant, assurer la retraite d'Osman-Pacha et de la garnison de Plevna sur le Vid et l'Isker.

Enfin à droite, les troupes du général Rauch, s'avancent lentement, mais sont toujours sur les montagnes. De tous ces mouvements il résulte que c'est à notre colonne que revient l'honneur d'avoir passé pour la deuxième fois les grands Balkans.

Vers trois heures, deux Cosaques amènent au général Kournakoff un soldat arnaute qu'ils ont fait prisonnier dans la montagne en arrière de Tchelopetz. Cet Arnaute, petit de taille et trapu, est armé d'un fusil Winchester à répétition, avec une réserve de seize coups dans la crosse et a revêtu, par-dessus son uniforme de rédif, des vêtements bulgares en laine blanche. Il parle à peine le turc et dit à l'interprète qu'il vient de Movikovo et qu'il s'est engagé dans les montagnes afin d'acheter du tabac. Drôle d'excuse et qui rappelle certain vaudeville où un galant trouvé par un mari dans une armoire, répond qu'il attendait l'omnibus.

Tout cet après-midi, aussitôt leur attaque sur Tchelopetz repoussés, les Turcs ont mis leur artillerie de montagne en batterie devant Slatitza et envoyé une vingtaine d'obus sur la montagne située à gauche de l'entrée du défilé qui vient d'Etropol et sur laquelle il n'y avait pas un seul Russe.

A la nuit, le général Lubotwitzski, accompagné du major Barcanesco, qui doit retourner à Etropol, remonte sur les hauteurs rejoindre son régiment. Le général Kournakoff reste dans le village, au poste d'honneur, que l'on s'attend à voir attaquer demain par toutes les forces ennemies, vu sa position importante. La garnison russe est petite en nombre, mais comme je l'ai déjà dit le terrain se prête admirablement à la défense et les soldats sont tous gens d'élite et éprouvés. Aussi attend-t-on la journée de demain avec la plus grande confiance et la plus parfaite sécurité.

Engagement du 9 décembre en avant de Tchelopetz.

CHAPITRE VII

Tchelopetz.

Sur les hauteurs. Arrivée de deux canons cosaques. Difficultés de transport. Nos avant-postes de cavalerie. La Sibérie et l'Italie. Coup de main du lieutenant Svidine à Kolonari. Mustaphis prisonniers. Le poste de la route de Sofia. Bachi-Bouzouk prisonnier. L'espionne bulgare. Prouesses de notre artillerie. Un champ de bataille. Fausses attaques. Un déjeuner interrompu. La neige. Disette de tabac. Une lampe improvisée. Le pope de Mirkovo. Reconnaissance de Mirkovo. Au trot dans la neige. Turcs faits prisonniers. Le retour. La razzia. Le général Brock. Un menu militaire. Départ des Cosaques du Kouban. Combats d'Elena.

Tchelopetz, 5 décembre.

Ce matin, au point du jour, je monte à cheval et pars de Tchelopetz avec le capitaine de Martinoff, qui doit aller porter au commandant des grenadiers les instructions du général Kournakoff. Celui-ci, après la forte reconnaissance que les Turcs ont exécutée hier, afin de tâter et de pouvoir évaluer les forces russes occupant le village, s'attend à y être sérieusement attaqué aujourd'hui. Aussi, a-t-il fait descendre de la montagne, cette nuit, une forte colonne de renfort, et donné l'ordre au général Lubotwitzski de se tenir prêt à l'appuyer avec les deux canons qui ont dû arriver et son régiment de grenadiers.

En sortant de Tchelopetz, nous prenons, le capitaine de Martinoff et moi, un chemin qui longe le pied des montagnes et monte ensuite sur les hauteurs, en contournant le mamelon où s'élevait la redoute occupée par les Turcs.

Toute la partie de la vallée s'étendant à droite de cette route, est occupée par nos grand'gardes, et nous voyons, de distance en distance, les quatre ou cinq Cosaques composant chaque poste, accroupis autour des feux de bivouac, où ils sèchent leurs vêtements encore tout imprégnés de la rosée de la nuit.

Nous montons dans les montagnes, par un sentier presque à pic et encaissé dans les rochers, d'où, au besoin, nos tirailleurs pourraient faire feu comme abrités par autant de tranchées naturelles.

Après avoir traversé plusieurs campements d'infanterie, nous arrivons au sommet des hauteurs, où nous rencontrons les deux pièces de 4 de l'artillerie légère des Cosaques qui viennent d'arriver et qu'on traîne à bras, derrière un rideau de grenadiers, afin de les mettre en position.

L'officier qui les commande nous raconte toutes les difficultés que l'on a eues à surmonter, et les véritables tours de force qu'on a dû exécuter pendant deux jours, afin d'amener jusqu'ici ces canons par le sentier de chèvres qui vient d'Etropol.

Au départ, les pièces et les avant-trains furent démontés, les affûts et les caissons portés sur l'épaule, les roues poussées devant soi. Mais le plus difficile était de transporter les pièces qui, de nos jours, avec leur syst`me des plus compliqués, sont de vrais ouvrages d'horlogerie, et qu'un rien peut fausser ou endommager.

Aussi, fut-on obligé de lier solidement chaque canon avec des cordages, au milieu d'un immense tronc d'arbre d'une longueur démesurée, que trente-deux grenadiers, seize en avant et seize en arrière, portaient sur l'épaule, assujetti au moyen de bretelles et de cordes. Quant aux munitions, elles étaient transportées par une centaine de Cosaques, qui conduisaient par la bride leurs chevaux, chargés chacun de deux obus déposés dans les sacoches en toile de la selle.

On descend ces deux pièces drapées dans des couvertures, afin que leur bronze ne brille pas au soleil, sur un petit mamelon dominant le village de Klisekioï et l'entrée du chemin conduisant à Slatitza.

Là, une compagnie de grenadiers construit rapidement un épaulement en terre gazonnée, afin de mettre les pièces et les servants à l'abri du feu des Turcs. L'officier qui commande cette section d'artillerie, nous déclare que de la position où ses canons sont placés, il peut balayer partout la plaine à tir plongeant; aussi attendons-nous avec impatience que les Turcs, dont les colonnes paraissent se mettre en mouvement dans le camp retranché, débouchent de Slatitza pour marcher sur Tchelopetz.

Vers midi, une vingtaine de cavaliers zeïbecks, reconnaissables à leurs vêtements bleu de ciel, sortent de la ville, et, espacés en tirailleurs, s'avancent jusqu'aux premières maisons de Klisekioï. Quoique le village ne soit pas occupé, ils n'osent y pénétrer, et se contentent de décharger leurs carabines tout en caracolant, afin sans doute de nous donner une idée de leurs talents équestres.

A ce moment, un escadron sort de Slatitza, afin de les appuyer; mais tous font bientôt volte-face, et se replient au galop jusqu'aux premières maisons de la ville, où nous voyons entrer un bataillon de rédifs arrivant par le chemin qui conduit à Teteven.

Comme je l'ai déjà dit, nos avant-postes se sont très avancés dans la vallée, et les Cosaques du Kouban vont, par groupes de deux ou quatre hommes, donner la chasse au bétail turc et l'enlever aux portes de Slatitza, au nez et à la barbe des cavaliers zeïbecks, qui n'osent bouger.

Aucun Turc ne se montrant, nous quittons sans regret les hauteurs enveloppées aujourd'hui de nuages épais, et chargés d'une humidité glaciale, et nous descendons dans la vallée, inondée des rayons du soleil.

— Vous nous laissez en Sibérie, pour aller en Italie, nous dit en riant un jeune officier de grenadiers, occupant un des postes les plus élevés de la montagne, qui est tout hérissée de retranchements, et que les Turcs auraient fort à faire, je crois, pour pouvoir enlever.

Nous reprenons la route déjà suivie ce matin, et que des corvées de grenadiers, travaillent en ce moment à améliorer.

Nous arrivons, à la tombée de la nuit, dans le village de Tchelopetz, où tout a été des plus calmes pendant la journée, à part cinq ou six coups de fusils, tirés vers quatre heures par quelques rôdeurs turcs.

6 décembre. — Les avant-postes de Cosaques du Kouban, commandés par le lieutenant en second M. Svidine, viennent de se signaler aujourd'hui par plusieurs coups d'audace, en enlevant un certain nombre de soldats turcs, venant de Sofia, et qui ignorent l'occupation de Tchelopetz par les Russes.

Dès neuf heures du matin, on amène au général Kournakoff, deux fantassins turcs, à l'uniforme en assez bon état, que recouvrent des capotes jaunâtres à capuchon. De chaque côté de leur vareuse bleue, à lisières rouges, sont appliquées des cartouchières semblables à celles des Tcherkesses, et pouvant recevoir une dizaine de cartouches de chaque côté de la poitrine.

Ces deux Turcs paraissent âgés d'une quarantaine d'années, et appartiennent à la classe de réserve des Mustaphis, comme nous l'apprennent les papiers qu'ils portent dans une boîte en fer-blanc, de forme plate et carrée, suspendue au cou par des cordons en laine rouge, ornés de verroteries bleues et jaunes. Dans le fond de leur sac en toile, nous trouvons quelques minces galettes en farine de maïs, cuites sous la cendre, des oignons et des piments.

Leur chaussure consiste seulement en quelques chiffons de drap et de laine, tout déchirés, et imbibés de fange et boue. L'un d'eux, qui est coiffé de trois fez en drap rouge, et d'un fez en laine blanche, mis l'un par-dessus l'autre, est un Arabe des environs d'Alep. Il est marié, et nous trouvons sur lui un récépissé d'un mandat d'argent qu'il a envoyé de la poste de Constantinople à sa femme.

Peu après, les mêmes Cosaques du Kouban nous amènent encore deux rédifs tout grelottants de froid, dans leur tunique bleue à boutons de cuivre, et qui venaient de l'hôpital de Sofia pour rejoindre leur régiment, lequel occupe Slatitza.

Le sentiment du devoir et du patriotisme ne semble

pas beaucoup inné chez ces deux Turcs, car l'un d'eux, originaire d'Anatolie, et qui porte un petit tatouage bleu de chaque côté des tempes, raconte qu'ils sont venus de Sofia avec un détachement d'une dizaine de nizams commandé par un capitaine.

Arrivés à Kolonari, village situé à une lieue de distance, en face de Tchelopetz, dans les pentes des petits Balkans, ce détachement a fait halte dans une maison, et le capitaine, qui était chargé par le pacha de Sofia d'examiner notre position et les hauteurs environnantes a dit à nos deux prisonniers de continuer leur chemin :

— Il n'y a personne dans ce village, ajoute le nizam, et on peut facilement les faire prisonniers!

Le général ordonne aussitôt aux Cosaques d'aller à ce village et d'emmener le prisonnier, qui est aussitôt hissé et attaché sur un cheval placé au milieu de Russes. Ceux-ci, au nombre d'une dizaine, sous les ordres du lieutenant Svidine, arrivent en une demi-heure au village.

Là, le prisonnier, que deux Cosaques tiennent couché en joue, appelle ses camarades. Ceux-ci sortent de la maison où ils se sont logés, et grâce à leur costume, prenant les Cosaques pour des Tcherkesses, s'avancent sans défiance.

Malheureusement un des nôtres, en les voyant, profère un énergique juron en russe. Aussitôt les Turcs courent se réfugier dans la maison, d'où ils font feu sur le détachement.

Les Cosaques, mettant alors pied à terre, pénètrent dans la demeure et tuent cinq Turcs. Cinq autres jettent bas leurs fusils, et se rendent prisonniers. Les deux derniers rédifs et leur capitaine parviennent à s'échapper et à gagner les pentes boisées qui s'élèvent au-dessus du village.

Les Russes les poursuivent, et à leur dernière décharge, l'officier turc, grièvement blessé, roule de la hauteur et tombe au fond d'un ravin.

Les Cosaques reviennent alors à Tchelopetz, ramenant avec eux cinq prisonniers et douze fusils Martini ; ils ont seulement eu, dans ce rapide coup de main, un des leurs légèrement blessé à la jambe, et un cheval tué.

Ce même jour, les artilleurs cosaques, aidés d'une corvée de soixante-dix travailleurs bulgares, descendent leurs canons de deux cents mètres plus bas sur la hauteur dominant le village de Klisekioï et construisent de solides épaulements en terre.

Demain notre détachement doit attaquer Slatitza et de là chasser les Turcs de leur grand camp, défendu seulement par quelques petits épaulements sans forces, ni banquettes.

7 décembre. — Décidément nous jouons de malheur ; cette nuit on communique au général Kournakoff, commandant notre détachement, un ordre envoyé par le grand-duc Nicolas au général Gourko, où il est ordonné à celui-ci de se tenir pour le moment sur la défensive et de suspendre son mouvement en avant pour quelques jours.

Le général Gourko vient de transporter son quartier général d'Etropol à Orkanié et commence l'inspection des positions enlevées par ses troupes et qu'il fait garnir de retranchements.

8 décembre. — Ce matin, on nous annonce que deux compagnies d'infanterie turque, deux escadrons de Zeïbecks et Tcherkesses défilent devant le front de nos positions et cherchent à tourner notre droite en gagnant les montagnes. Nous montons aussitôt à cheval et nous nous rendons à la ligne de logements occupés par une compagnie de grenadiers, qui défend les abords du village en avant de la route de Sofia.

Le spectacle en cet endroit est des plus tristes; les quelques auberges et magasins bulgares qui s'élevaient le long de la chaussée ont été pillés, brûlés ensuite par les Bachi-Bouzouks et ne présentent plus que des monceaux de briques, de plâtras noircis, de poutres carbonisées, sous lesquels le feu couve encore, et d'où s'échappent des tourbillons d'une fumée épaisse et noirâtre. Les poteaux du télégraphe ont été renversés et jetés à terre, les fils arrachés et brisés; un petit pont en bois, construit sur le ruisseau qui traverse Tchelopetz, a été détruit et l'on est obligé de passer à gué.

Arrivés à cet endroit, nous reconnaissons que nous avons été dérangés par une fausse nouvelle. Tout est calme; les quelques vedettes turques n'ont pas bougé sur les collines qui nous font face au fond de la vallée et nos avant-postes occupent toujours tranquillement les mamelons, qui s'élèvent pour ainsi dire au pied des positions ennemies.

A ce moment, les Cosaques d'une de ces grand'gardes ramènent prisonnier un Bachi-Bouzouk qu'ils ont pris au moment où il passait devant nos postes essayant de gagner la route de Sofia, en compagnie d'un officier qui a pu s'échapper, grâce à la vitesse de son cheval.

Ce Bachi-Bouzouk est un homme de haute taille habillé à la bulgare, en laine brune, galonnée de noir. La seule partie caractéristique de son costume est son turban, très élevé, en cachemire rouge et blanc, tout garni de franges de soie; son cheval que tient en main un des Cosaques, est de couleur blanche, petit et nerveux de formes; la selle large et évasée est couverte d'une toison de mouton teinte en bleu. La têtière est garnie de glands et de franges en laine rouge.

Ce matin, on vient d'arrêter dans le village, une femme bulgare, espionne des Turcs et habitante de cette localité, Cette malheureuse, plus à plaindre qu'à blâmer, avait été emmenée avec plusieurs autres habitants par les Bachi-Bouzouks, quand ceux-ci évacuèrent Tchelopetz, le 3 décembre dernier.

Hier, le Caïmacan, ou gouverneur civil de Slatitza, où elle était retenue prisonnière, lui ordonna de se rendre à Tchelopetz, de voir combien de Russes occupaient ce village, et de revenir le lui dire ensuite, lui annonçant qu'il faisait retenir son jeune enfant comme otage de sa fidélité.

Le soir, elle se présentait aux avant-postes russes, en disant qu'elle venait de s'échapper des mains des Turcs; on la laissa aussitôt passer et pénétrer dans le village, où elle ne put s'empêcher de raconter aux habitants sa véritable situation et pourquoi elle était revenue.

Les Bulgares avertirent aussitôt les Russes de ce qui se passait, et le général Kournakoff, tout en déplorant cette mesure, a ordonné de retenir cette femme en sûreté, afin qu'elle ne pût faire connaître à l'ennemi le petit nombre de soldats qui occupent le village.

Cet après-midi, notre artillerie vient de révéler sa présence aux Turcs d'une manière des plus désagréables et de leur infliger une leçon des plus salutaires.

Le général Kournakoff avait permis à la batterie d'ouvrir aujourd'hui le feu contre l'ennemi, si son effet était jugé nécessaire et je m'étais rendu aussitôt à cette position, en compagnie du colonel Froloff, du 26ᵉ Cosaques, qui devait donner l'ordre de commencer le feu.

Vers deux heures, nous apercevons une colonne ennemie sortant du camp retranché et se dirigeant vers Slatitza, d'où elle doit sans doute déboucher afin de venir tirailler avec nos avant-postes. Jugez de la joie des artilleurs cosaques qui, appartenant à la 19ᵉ batterie du Don, sont arrivés depuis quelques semaines seulement en Bulgarie, quand ils entendent le commandement :
« Chargez ! »

Ils vont donc enfin recevoir le baptême du feu et essayer leurs pièces sur l'ennemi.

Bientôt la colonne turque sort de Slatitza et s'engage sur la route de Sofia. Quand elle est à hauteur de notre batterie, un premier obus lui fut envoyé à une distance de deux mille six cents mètres.

A cette détonation inattendue, le bataillon s'arrête subitement, et au sifflement du projectile tous les rédifs s'aplatissent à terre bien que l'obus éclate à une cinquantaine de mètres en avant de leur front.

Presque aussitôt un second fait explosion derrière eux à une distance à peu près égale de la première. Cette fois c'en est trop et le bataillon entier s'éparpille dans les champs et regagne aussitôt Slatitza, salué par les hourrahs joyeux des Cosaques et des grenadiers.

Quelques minutes après, un troisième obus est lancé contre un peloton de Zeïbecks, qui paradait à une distance de plus de trois mille mètres, se croyant à l'abri de nos coups et éclate en plein tas, atteignant plusieurs hommes et chevaux qui restent abandonnés sur place pendant que le reste de la bande prend la fuite dans le plus grand désordre.

Après avoir lancé ces trois projectiles, plutôt pour mesurer les distances en vue d'une attaque sérieuse, qu'afin d'attaquer véritablement l'ennemi, la batterie cesse son feu et je descends au village de Klisekioï, que nos troupes occupent sérieusement depuis le matin afin de regagner de là par la plaine notre campement de Tchelopetz.

En revenant, je rencontre les vedettes cosaques établies à une distance de douze cents mètres au moins en avant du village et formant un long cordon relié de distance en distance par des petits postes de quatre hommes.

A l'une de ces grand'gardes, établie contre un petit tumulus, ancien tombeau du temps de la domination bulgare, je trouve le colonel Mandrikine, du 21e Cosaques, commandant la position de Tchelopetz, qui, toujours sur pied, visite constamment ses positions avec la plus grande vigilance, donnant ainsi aux troupes l'exemple du devoir.

En retournant à notre campement, en compagnie de cet officier supérieur, nous traversons une suite de champs, tout piétinés par les pas des colonnes turques lors de l'attaque du 4 décembre.

Le sol est jonché de culots en cuivre de cartouches Martini et Winchester, et de lambeaux de vêtements tout maculés de sang. De loin en loin, des vautours au cou décharné et des bandes de chiens dévorent les cadavres de chevaux turcs tués dans cet engagement et que les Bulgares ont dépouillés de leur peau.

Vers quatre heures du soir, une nouvelle compagnie des grenadiers descend des hauteurs dans le village et va prendre position dans les logements élevés au delà de la route de Sofia, afin de renforcer les troupes occupant déjà ces ouvrages, sur lesquels portera certainement le plus grand effort de l'ennemi lors de la prochaine attaque.

Effectivement, à ce moment, une centaine de cavaliers et de fantassins turcs apparaissent sur une des hauteurs faisant face à ces retranchements, sur lesquels ils descendent ensuite au pas de course, espacés en tirailleurs et vont occuper un fossé d'où ils ouvrent le feu sur nous à une distance d'au moins quinze cents mètres poussant de grands cris, mais n'osant toutefois s'approcher d'avantage des Russes. Ceux-ci ne ripostent pas et observent la plus grande tranquillité.

Au bout d'un quart d'heure de cette fusillade, que, vu sa distance, on peut qualifier d'insensée, les Turcs, intimidés sans doute par notre profond silence et ne pouvant nous forcer à déployer nos forces afin d'en connaître le nombre, regagnent les hauteurs, nous ayant parfaitement éclairés sur le point de leur prochaine attaque.

9 décembre. — Décidément, je me range de l'avis du capitaine de Martinoff qui prétend que les Turcs sont bien la race la plus désagréable qu'on puisse rencontrer, vu qu'avec eux on n'est jamais sûr de rien.

Vers une heure de l'après-midi, nous allions tranquillement commencer notre déjeuner, rien ne faisant présager une attaque, lorsque tout à coup quelques coups de feu retentissent dans la même direction que la veille, et bientôt nous voyons une masse de cavaliers descendre les pentes à pleine carrière déchargeant à toute volée les douze coups de leurs carabines Winchester et se jeter au-delà de notre droite dans la vallée.

De toutes les hauteurs débouchent de nouveaux pelotons de cavalerie ; les crêtes de ces mamelons se garnissent d'infanterie ; et sur un petit monticule s'établissent deux canons de montagne, qui envoient sur nos logements une dizaine d'obus dont la plupart s'enfoncent dans la terre sans éclater.

Deux pelotons de Cosaques du Kouban avec le fanion de leur sotnia, sortent de Tchelopetz et prennent position dans la plaine à gauche du village, formés sur deux lignes de tirailleurs, pendant qu'une section de grenadiers se jette en avant d'eux dans une ligne de tranchée prête à ouvrir le feu sur la cavalerie ennemie. Celle-ci, sachant que nos obus peuvent désormais balayer la plaine, se contente de caracoler à une distance des plus respectueuses sans tirer le moindre coup de fusil.

L'artillerie ennemie nous envoie encore plusieurs obus. L'un d'eux éclate auprès du général Kournakoff, qui, placé en première ligne, observe les mouvements de l'ennemi ; un second fait explosion au milieu des Cosaques de Kouban sans atteindre personne. Chevaux et cavaliers ne bronchent pas à la détonation du projectile, qui les couvre de terre ; on les dirait coulés en bronze.

Partout les Russes se taisent, sans reposter, attendant que les Turcs soient à bonne portée pour ouvrir le feu, mais bientôt l'artillerie de ceux-ci voyant son peu d'effet se tait, les pièces sont démontées, chargées à dos de mulet et regagnent le camp retranché, tandis que de son côté la cavalerie disparaît derrière les hauteurs.

A deux heures nous sommes de retour au logis ; mais, hélas ! en notre absence, le potage s'est refroidi, la viande grillée, et du fond de nos estomacs affamés, nous maudissons sincèrement ces trouble-fête et leur inutile alerte.

Ici, les avis sont partagés sur le véritable but de l'attaque d'aujourd'hui ; les uns prétendent que les Turcs voulaient masquer l'arrivée d'un convoi venant de Sofia, en attirant notre attention sur un certain point ; d'autres croient que la garnison de Slatitza veut se retirer sur Sofia, et défile par petits groupes afin que nous ne nous apercevions pas de son mouvement pour l'attaquer dans sa retraite.

Le colonel Froloff, sans chercher de si grandes combinaisons, pense que les Turcs veulent seulement tâter la position de Tchelopetz et s'assurer en vue d'une prochaine attaque, du nombre de forces qui l'occupent, d'autant plus que les Bulgares viennent d'annoncer que les ennemis ont reçu un renfort de quatre tabors (bataillons) ; deux venant de Tatar-Bazardjik, les deux autres revenant du défilé de Teteren, où ils étaient opposés à la colonne russe s'avançant dans cette direction, et qui vient de se replier sur le Vid Blanc.

Tchelopetz (au-delà des Balkans), 10 décembre.

Décidement l'hiver, jaloux de la tiède température dont nous jouissons depuis notre descente dans la vallée de Slatitza, tient à nous faire sentir sa présence.

La neige qui nous avait accompagnés d'Etropol dans les Balkans, vient de nous faire visite pour la seconde fois. Ce matin, à notre réveil, les maisons de Tchelopetz, la vallée et toutes les montagnes étaient poudrées à frimas.

Sur les mamelons occupés par les Turcs, fument tristement quelques maigres feux de bivouac ; les Cosaques, accoutumés aux rudes caresses de l'hiver, et, d'ailleurs, enveloppés de chaudes pelisses en peau de mouton, rient aux éclats, en pensant à la drôle de figure que doivent faire, sur les pentes glacées des petits Balkans, tous ces rédifs et mustaphis anatoliens, arabes, et surtout les cavaliers zeïbecks, que leurs courtes vestes, descendant seulement au milieu du dos, et leurs pantalons, laissant la moitié de la jambe nue, doivent fort mal garantir des 10 degrés de froid qui règnent sur ces hauteurs glacées.

Quant à nous, bien que chaudement abrités dans les maisons du village, toutes munies d'excellents poêles à la turque, nous commençons à souffrir cruellement de l'absence de deux objets de première nécessité en compagne, le tabac et les bougies.

Nous envoyons les Cosaques opérer les recherches les plus minutieuses, afin de récolter les paquets de tabac en feuilles que les habitants suspendent autour de leurs poêles pour les faire sécher. Malheureusement, nous avons été précédés par les Bachi-Bouzouks, et nos recherches demeurent à peu près infructueuses; aussi, les quelques feuilles de tabac que nous trouvons, après plus de recherches que Colomb n'employa pour découvrir l'Amérique, une fois hachées avec la lame d'un sabre, sont-elles précieusement serrées, et nous sommes réduits à la ration congrue de quelques minces cigarettes pour toute une journée. Avouez que c'est dur pour des gens accoutumés à fumer comme de véritables locomotives.

Quant aux bougies et à l'huile, impossible d'en trouver chez une nation aussi primitive que les Bulgares. Pour les remplacer, sommes-nous forcés de nous contenter de la lueur vague et incertaine que nous procure un morceau de laine, brûlant dans une écuelle remplie de graisse, avec une odeur âcre et nauséabonde.

Aujourd'hui, vers midi, le pope de Mirkovo, village

situé à deux lieues de distance de Tchelopetz, sur la chaussée qui conduit à Sofia, se présente chez le colonel Froloff, accompagné de deux habitants bulgares. Il nous raconte que son église a été dévastée et pillée par une cinquantaine de Bachi-Bouzouks, à peine a-t-il eu le temps d'emporter quelques saintes images avec lui et de les cacher dans les montagnes.

D'ailleurs, tous les jours le village est visité par des bandes de maraudeurs turcs, qui viennent réquisitionner les habitants bulgares. Il ajoute, détail important, que dans la journée d'hier le pacha et le colonel commandant les forces occupant Slatitza, sont passés par Mirkovo, se rendant à Sofia, afin d'aller chercher des renforts qui doivent arriver par Araba-Konak.

A deux heures, arrivent huit Cosaques qui, sous la conduite du capitaine Alexieff, du 21° régiment, sont allés jusqu'aux premières maisons de Mirkovo, et racontent que le village est occupé par une quarantaine de Bachi-Bouzouks et Tcherkesses.

Quelques instants après, le colonel Froloff donne l'ordre au capitaine de Martinoff de prendre avec lui douze hommes et d'aller reconnaître ce village. On est obligé de tirer au sort les noms des Cosaques devant faire partie de l'expédition, tous voulant marcher en avant.

Le capitaine de Martinoff m'ayant proposé de l'accompagner, je me joins à sa petite troupe, forte de douze Cosaques et d'un soldat de la légion bulgare, servant d'interprète au régiment.

Nous partons à deux heures et demie. En sortant de Tchelopetz et une fois arrivés sur la chaussée de Sofia, vu le brouillard épais qui est descendu dans la vallée et le peu de jour que nous avons devant nous, nous filons au grand trot ; l'épais tapis de neige qui recouvre le sol assourdit le bruit du sabot de nos chevaux.

Pendant huit kilomètres, nous gardons sans discontinuer la même allure, bien qu'en trois endroits différents les petits ponts jetés sur la route aient été détruits par les Turcs et nous obligent de descendre dans les champs afin de regagner plus loin la chaussée.

Arrivés au pied d'une côte escarpée, où monte la route de Sofia, nous apercevons à notre droite, au pied des Balkans et à une distance de quatre kilomètres, un gros village que notre Bulgare nous dit être Mirkovo.

Nous prenons donc cette direction à travers champs, marchant un à un à la file indienne, et suivant un terrain tout coupé de fossés et de fondrières qui nous obligent à cheminer au pas, de peur d'abattre nos chevaux.

Un peu avant l'entrée du village, le capitaine de Martinoff, qui est un officier de cavalerie des plus expérimentés, laisse un Cosaque en vedette sur un petit monticule, lui ordonnant, s'il voyait une troupe ennemie, de faire feu et de le rejoindre ensuite au galop.

Cette mesure prise, notre petite troupe s'engage au grand trot dans le village, les hommes la carabine tout armée au poing et prêts à faire feu.

Arrivés à une espèce de carrefour, nous sommes entourés par une foule de deux à trois cents Bulgares, précédés par un pope portant l'Évangile sur ses bras, et qui nous disent que dans le quartier turc se tiennent une trentaine de Bachi-Bouzouks, mais que dans les maisons bulgares environnantes il y a quelques soldats réguliers cachés.

Sur ces indications, le capitaine de Martinoff fait successivement cerner cinq maisons dans lesquelles pénètrent deux Cosaques et d'où ils extrayent cinq rédifs qui étaient en train de se chauffer ou de faire tranquillement la sieste.

Ces pauvres Turcs ont l'air tout effarés de se voir aussi brusquement tombés aux mains des Cosaques. L'un d'eux est même tellement effrayé qu'il s'ensuit certain incident des plus rabelaisiens, et qui aurait bien diverti le joyeux curé de Meudon.

Les Bulgares assurant qu'il n'y a plus de Turcs dans leur quartier, les cinq prisonniers sont liés deux à deux par les bras et expédiés en avant sur la route de Tchelopetz sous la garde de deux Cosaques.

Pendant ce temps la population apporte au détachement une véritable cargaison de poulets, oies, larges pains cuits sous la cendre, œufs, et, détail important, des sacs remplis de larges feuilles d'un tabac jaune d'or et odoriférant, que l'on cultive à Mirkovo, où se trouve une fabrique de tabacs.

Ces denrées une fois chargées sur les chevaux, le détachement s'avance vers le quartier musulman situé dans la partie la plus éloignée du village, au pied des montagnes.

En entrant dans la cour d'une des premières maisons turques, on aperçoit deux Bachi-Bouzouks qui se sauvent aussitôt en escaladant un mur de clôture. Comme il fait déjà sombre et que les trente réguliers qui se sont enfuis lors de notre arrivée à Mirkovo pourraient revenir avec du renfort, le capitaine de Martinoff fait aussitôt rétrograder sa petite troupe, emmenant cinq bœufs trouvés dans la cour de cette maison et reprend la route de Tchelopetz où nous sommes de retour à six heures du soir.

Le capitaine de Martinoff fait alors interroger ses prisonniers par l'interprète du régiment et l'on apprend que ces cinq rédifs sont tout simplement des maraudeurs ayant abandonné la garnison de Slatitza, dont ils faisaient partie, préférant vagabonder dans la campagne et piller les Bulgares.

Le soir nous apprenons que le général Brock, commandant la 1re brigade de la 2e division d'infanterie de la garde, dont fait partie le régiment de grenadiers, a reçu le commandement de notre détachement. Le général Kournakoff conserve, sous les ordres de celui-ci, le commandement de sa brigade de Cosaques ainsi que des forces qui occupent Tchelopetz.

11 décembre. — Ce matin nous avons reçu la visite du général Brock, qui est venu visiter notre position avancée de Tchelopetz.

Ce brillant officier supérieur, ancien aide de camp du ministre de la guerre, est à peine âgé de trente-trois ans. Au physique, c'est un homme de haute taille portant une longue moustache blonde et une barbiche taillée en fer à cheval comme nos chasseurs à pied. Avant la guerre il commandait le régiment de la garde de Moscou, et depuis la sanglante affaire de Gorny-Doubnik il a constamment commandé dans toutes les affaires l'extrême avant-garde de l'armée de Gourko.

Dès son arrivée à Tchelopetz le général se rend à la maison d'école où loge notre état-major, vaste construction à la turque, avec la façade barbouillée en marron, rehaussé de dessins bleus ; dans la cour bivouaquent les Cosaques de l'escorte et sont parqués les bœufs et les moutons enlevés aux Turcs.

La réception du général Brock a lieu dans une pièce

du premier étage possédant pour tout mobilier un divan circulaire en bois, et un poêle en plâtre. Sur les murailles blanchies à la chaux sont suspendus les fusils Martini et les cartouchières enlevées aux Turcs dans la reconnaissance d'hier à Mirkovo.

Le général Kournakoff présente à son collègue les colonels Mandrikine et Froloff, des 21ᵉ et 26ᵉ Cosaques.

Grâce à la razzia de la veille, et surtout aux talents culinaires du cuisinier Papoff du 26ᵉ Cosaque, un artiste en son genre, que ne désavouerait pas mon ami Monselet, et, pour lequel il eût sans doute trouvé aujourd'hui un de ses meilleurs sonnets gastronomiques, le général Brock est invité à partager notre dîner, dont, à la demande générale, j'ai tracé le menu en lettres de couleurs, au centre d'un encadrement de dessins à la plume, représentant les différents engagements auxquels a pris part la brigade depuis son départ d'Etropol. Ce menu, tout militaire, je le reproduis ici, dussent tous nos vatels français en faire la grimace :

ÉTAT-MAJOR DU 26ᵉ RÉGIMENT DE COSAQUES

DINER DU 11 DÉCEMBRE A TCHELOPETZ AU-DELA DES BALKANS

MENU

Potage consommé à la grenadière aux œufs pochés de Mirkovo.

—

Entrecôtes à la Kouban aux pommes de Tchelopetz.

—

Poularde turque à la sauce blanche.

—

Oie rôtie à la Cosaque du Don.

—

Vins rouges et blancs des grands crus de Tchelopetz.

—

Café turc.

Thé russe.

On voit qu'en campagne, et surtout dans notre brigade de Cosaques on ne vit pas trop mal, surtout quand les Turcs ne viennent pas nous troubler durant l'heure de nos repas. Aujourd'hui, heureusement, la journée a été des plus tranquilles.

Quant au dessert qui n'existait pas, hélas ! nous avons pu le remplacer, en donnant comme intermède au général Brock, le spectacle, vu de nos fenêtres, d'un escadron de Bachi-Bouzouks, qui est venu caracoler pendant cinq minutes en face de nos positions, pour se retirer ensuite au triple galop.

A notre gauche retentissent quelques coups de canon de notre batterie qui refoule dans le grand camp turc une colonne d'infanterie essayant de déboucher de Slatitza.

Vers quatre heures de l'après-midi, le général Brock reçoit une dépêche du général Tchérévine commandant la brigade de Cosaques du Caucase, où il lui annonce qu'il a reçu l'ordre de remonter de suite avec sa cavalerie et son artillerie légère dans la direction de Plevna d'où l'armée turque d'Osman-Pacha tente une sortie désespérée en attaquant, au-delà du Vid, la position de Dolny-Doubnik, sur la route de Sofia que défendent deux divisions de grenadiers, et la troisième division d'infanterie de la garde.

En outre, il paraîtrait que Suleïman-Pacha, qui commande de nouveau au sud des Balkans, mais sous la direction de Réouf-Pacha, aurait, en passant par le défilé de Elena, attaqué et repoussé la division du prince Mirski (14ᵉ corps) en lui infligeant des pertes sérieuses, mais le lendemain, pris lui-même en queue par le 11ᵉ corps, il aurait été forcé de battre en retraite au plus vite

Dans la soirée un détachement de quarante Cosaques du 26ᵉ régiment, qu'on avait envoyés de nouveau en reconnaissance à Mirkovo, rentre à Tchelopetz ayant tué plusieurs rédifs et fait prisonnier un Arabe, qui nous dit que le gros des forces turques. commandées maintenant par Méhémet-Ali, est massé en arrière d'Araba-Konak sur les hauteurs dominant la route de Sofia.

Nos Cosaques sont furieux ; en revenant de Mirkovo ils ont aperçu sur la chaussée un demi-escadron de Tcherkesses qui s'est aussitôt enfui à leur approche refusant d'accepter la lutte à l'arme blanche que les Russes ui offraient.

Défense de Tchelopetz (12 décembre).

CHAPITRE VIII

Évacuation de Tchelopetz.

Attaque de Tchelopetz. Aux armes! Les marmites renversées. L'artillerie ennemie. Attaques repoussées. Charge de la cavalerie turque. Défense de la 6ᵉ sotnia. Combat de cavalerie. La déroute. Les trophées. Courage des artilleurs cosaques. Défense des grenadiers. La fusillade. A la nuit. Un courageux blessé. L'ordre de retraite. L'ascension des Balkans. Marche de nuit. Le chasseur fantôme. Une heureuse nouvelle. La capitulation de Plevna. Les feux de joie. Halte au blockhaus. Retour à Etropol. Les pillards bulgares. Départ pour Plevna.

Du blockhaus turc dans la passe de Slatitza,
(grand Balkans) 12 décembre

Après avoir passé une semaine entière à Tchelopetz dans la vallée de Slatitza, nous voici revenus de nouveau sur les sommets des grands Balkans, après avoir défendu toute la journée notre position avancée où nous n'avions que six cents hommes à opposer à plus de quatre mille Turcs et avoir monté et descendu pendant la nuit des pentes escarpées couvertes de neige et de verglas.

Ce matin, nous flanions tranquillement dans les ruelles de Tchelopetz, nous réchauffant aux rayons du soleil, qui nous faisait espérer une splendide matinée d'hiver quand tout à coup, vers neuf heures, nous entendons une fusillade assez nourrie éclater au fond de la vallée ; bientôt le canon turc se met de la partie et une grêle d'obus tombe sur le village.

Ce sont les Turcs, qui, ayant reçu pendant la nuit trois mille hommes de renforts arrivant de Schipka, attaquent à droite notre position de Tchelopetz au nombre de huit tabors (bataillons), quatre escadrons et deux canons de montagne, en tout plus de quatre mille hommes, et à gauche, forts de trois mille hommes, se jettent sur le village de Klisekioï, à l'entrée du défilé conduisant de Slatitza à Etropol.

Cette fois l'attaque est des plus sérieuses ; nous renversons tristement les marmites où se préparait le déjeuner ; la viande à moitié cuite est ficelée sur les chevaux de main, pendant que notre malheureux bouillon coule dans les ruisseaux.

Les trompettes et clairons de le cavalerie ainsi que de l'infanterie sonnent le rappel ; les soldats courent aux armes et se rendent à leurs postes de combat, en se défilant le long des murailles, car les obus tombent dru sur le village.

Les tuiles des toitures, les cheminées dégringolent avec fracas ; les murs des maisons construits en chaux et terre glaise sont bientôt percés à jour comme de véritables châteaux de cartes.

Les Turcs attaquent Tchelopetz de front, tout en essayant de tourner notre droite.

Des nuées de tirailleurs appartenant à l'infanterie et principalement à la cavalerie tiraillent sur nos tranchées, pendant que plusieurs épaisses colonnes, défilant sur la ligne de monticules nous faisant face, se massent vis-à-vis du village et font halte, attendant le moment favorable pour nous donner l'assaut.

Les canons de montagne nous criblent sans relâche, faisant heureusement bien plus de bruit que de mal.

Les tirailleurs turcs s'approchent avec la plus grande audace se dissimulant derrière les talus escarpés de la petite rivière qui traverse le village, ainsi qu'à l'abri de quelques fossés et murs de clôture bâtis en pierres sèches. De là, grâce à leurs nombreux approvisionnements de cartouches ils tirent sans relâche et pour ainsi dire au jugé.

Les soldats russes, couchés à plat ventre derrière leurs tranchées, leur répondent tranquillement, visant lentement et ne tirant qu'à coup sûr. Il y a seulement dans le village cinq compagnies de grenadiers et trois faibles sotnias de Cosaques, en tout moins de sept cents hommes pour résister à l'attaque de plus de quatre mille Turcs.

N'importe, nos soldats, tous gens d'élite et éprouvés déjà en vingt rencontres, tiendront quand même et se feront hacher sur place plutôt que de reculer d'une semelle.

Plusieurs fois, l'ennemi se forme en colonnes d'attaque et essaye d'aborder le village. Les Russes le laissent tranquillement s'avancer jusqu'à une distance de deux cents mètres de leurs régiments, et là, les accueillent par une fusillade tellement nourrie, que les troupes turques reculent chaque fois dans le plus grand désordre laissant le terrain jonché de morts et de blessés.

La plus forte tentative de l'ennemi a lieu vers deux heures et demie sur notre front; en même temps les quatre escadrons turcs descendent à pleine carrière des hauteurs : une nuée de Tcherkesses aux longs caftans rouges, noirs et blancs, et de Zeïbecks aux vêtements bleu de ciel, défilent au galop devant le village.

Tous ces irréguliers, ivres de mastic, se jettent sur la 6ᵉ sotnia du 26ᵉ Cosaques, dont les hommes, ayant mis pied à terre, sont rangés en tirailleurs à gauche de Tchelopetz.

Ce mince rideau est enfoncé; un Cosaque est massacré sur place, quatre autres, sont blessés. L'un d'eux, ayant eu son cheval tué, est emmené prisonnier par les Tcherkesses, quand, se jettant sous les jambes des chevaux, il essaye de fuir, et bien qu'ayant reçu cinq coups de sabre et un coup de carabine qui lui traverse la main droite, il parvient à rejoindre ses camarades.

Grâce à son épais paletot en peau de mouton les coups de sabre avaient été amortis et réduits seulement à de légères estafilades entamant à peine la peau.

A ce moment débouche au galop de Tchelopetz la 5ᵉ sotnia du 21ᵉ Cosaques, afin de dégager ses camarades qui sont en un moment rassemblés, en selle, et tous se jettent le sabre au poing sur les cavaliers turcs.

Après une courte mêlée à l'arme blanche, une trentaine de ceux-ci sont sabrés sans miséricorde, et les Cosaques s'emparent de nombreuses carabines à répétition, à culasses de bronze, et de magnifiques sabres circassiens dont les lames damasquinées, provenant des fabriques italiennes et polonaises des XVIᵉ et XVIIᵉ siècles, sont montées sur des poignées en or et argent, et renfermées dans des fourreaux couverts de galons et de maroquin vert, couleur du Prophète.

Intimidés par cette rude leçon, les cavaliers turcs se retirent vers Klisekioï, tout en tiraillant sur les pentes des montagnes où se tiennent des grenadiers.

Notre batterie les aperçoit et leur envoie un obus qui éclate au milieu d'eux, en soulevant un épais nuage de poussière grisâtre; bientôt arrive un second projectile qui, cette fois, tue trois cavaliers et leurs montures. Alors, toute cette masse de Zeïbecks et Tcherkesses s'enfuit au galop dans Slatitza pour ne plus réapparaître de la fin de la journée.

Dans cet engagement, la conduite des artilleurs cosaques est au-dessus de tout éloge. Les Turcs, qui attaquent Klisekioï, après s'être emparés de ce village auquel ils mettent aussitôt le feu, escaladent les pentes dominant, de l'autre côté du défilé d'Etropol, l'emplacement de notre batterie et font pleuvoir une grêle de balles sur les artilleurs.

Ceux-ci, calmes comme au polygone, continuent leur tir avec la même rectitude et dirigent leurs coups sur les troupes de renfort qui sortent du camp retranché, se dirigeant sur Slatitza.

Je remarque, entre autres, un obus qui éclate au milieu d'une colonne d'infanterie, où il doit occasionner de nombreux ravages, car celle-ci se disperse aussitôt dans toutes les directions comme une véritable fourmilière.

Vers trois heures du soir, les Turcs essayent une dernière attaque sur Tchelopetz. Cette fois, ils dépassent le village et se dirigent sur notre droite pour **gagner la** montagne et nous couper la retraite. Arrivés au pied de celle-ci, ils sont reçus à coups de fusils par la 5° sotnia du 26° Cosaques et se replient aussitôt vers le fond de la vallée.

Du côté de Klisekioï, les grenadiers font également dégringoler les Turcs des pentes qu'ils ont occupées dans la journée.

A la tombée de la nuit, l'ennemi retire ses canons de montagne d'en face Tchelopetz ; toutefois l'infanterie reste en place, allume des feux de bivouac, et ses tirailleurs continuent leur fusillade, dont on voit les étincelles jaillir comme autant de points lumineux au milieu de l'obscurité.

La faible garnison de Tchelopetz a été magnifique dans sa défense, et a perdu seulement un Cosaque tué et seize blessés, dont quatre Cosaques et douze grenadiers.

Je me rappellerai toujours un de ces derniers qui, ayant reçu un coup de feu au travers du corps, revenait tranquillement seul à l'ambulance en s'appuyant sur son fusil.

Encouragée par cette glorieuse journée, la petite garnison de Tchelopetz se préparait à résister à outrance aux nouvelles attaques des Turcs, qui devaient, sans nul doute, recommencer dès le lendemain, quand, vers dix heures du soir, le général Kournakoff reçoit l'ordre du général Brock d'évacuer immédiatement le village à la faveur de la nuit et de se retirer dans les montagnes.

Nous partons la rage au cœur ; à la sortie du village nous nous engageons dans un chemin étroit et sombre, resserré entre deux hautes murailles granitiques. Après un kilomètre de marche, les Cosaques, qui forment tête de colonne, s'arrêtent, mettent pied à terre et, quittant le sentier, commencent à escalader sur la droite les pentes presque à pic de la montagne.

J'avais déjà fait de nombreuses ascensions en Espagne, dans les montagnes de la Navarre et du Guipuscoa, ainsi qu'en Serbie, dans celles d'Yavor; je me croyais aguerri et rompu à ce genre d'exercices, et pourtant je dois convenir que je me rappellerai entre toutes l'ascension de cette nuit, où nous avons escaladé les Balkans, marchant à la file indienne, au milieu des pierres qui s'éboulaient sur nos pas, d'une main nous cramponnant à la queue du cheval qui nous précédait et de l'autre tirant notre propre monture par la bride.

Nous arrivons vers onze heures du soir sur le plateau où s'élève l'ancienne redoute turque, épuisés, rendus de fatigue.

Le froid est des plus vifs en cet endroit, et le ruisseau qui descend de cette hauteur est gelé et pend en longs stalactites de glace le long des rochers.

Bientôt nous repartons et à minuit nous arrivons sur le sommet de la passe, couvert par plus d'un mètre de neige, et où le chemin est à peine indiqué par les piquets que les soldats ont planté de distance en distance.

Quel aspect fantastique présente en ce moment notre longue colonne, dont l'immense ruban se découpe en noires silhouettes sur ce blanc tapis de neige éclairé par un pâle clair de lune et étouffant le bruit de notre marche. On croirait voir défiler le lugubre cortège du chasseur fantôme des ballades allemandes.

Pour arriver au campement du régiment de grenadiers, nous traversons un épais taillis dont les arbres, entièrement recouverts de neige gelée, présentent à la clarté de la lune les plus étonnantes cristallisations.

Une fois arrivés au bivouac, on nous annonce qu'avant-hier soir, à la suite de sa sortie désespérée, dans laquelle il a perdu 4,000 hommes, Osman-Pacha s'était rendu sans conditions avec 10 pachas, 36,000 soldats et 77 pièces de campagne en acier.

A cette heureuse nouvelle, les hauteurs retentissent de hurrahs et sont couvertes de feux de joie. Après m'être arrêté quelques instants avec l'état-major de la brigade de Cosaques auprès d'un feu de bivouac, nous descendons au blockhaus turc, où nous comptons passer la nuit. Malheureusement, la pente qui y conduit est couverte de verglas sur lequel, moins habitué à marcher que mes compagnons, je roule presque à chaque pas.

Nous arrivons enfin au blockhaus, mais dans quel état trouvons-nous notre ancienne habitation!

Les nombreuses corvées de grenadiers en ont enlevé tout le bois qu'il était possible d'emporter sans démolir la maison; aussi plus de plafonds, de planchers; les volets ont été arrachés; les cloisons défoncées.

Heureusement les cheminées sont restées en place; nous bouchons tant bien que mal les trous par où commence à entrer la neige, avec nos couvertures et des toiles de tente, et bientôt nous nous endormons profondément.

Etropol, 13 décembre.

Ce matin, vers onze heures, arrivent les deux bataillons de la 3ᵉ division d'infanterie, composant l'ancienne colonne de Teteven, qu'on nous envoie en renfort.

La brigade de Cosaques ne pouvant séjourner, sans abri et sans nourriture pour ses chevaux, sur ces hauteurs où règne 15 degrés de froid au-dessus de zéro, est renvoyée temporairement à Etropol, en attendant l'arrivée des nouveaux renforts qui nous viennent de Plevna.

Six divisions d'infanterie doivent venir renforcer l'armée de Gourko.

Nous quittons une seconde fois ces montagnes couvertes de neige et de verglas pour retrouver de nouveau de la verdure et un climat tempéré.

En chemin, nous rencontrons une bande de Bulgares, armés de fusils de tout calibre et de toutes dimensions, chassant devant eux un troupeau d'une quarantaine de têtes de bétail, qui nous fait l'effet d'avoir été volé aux Turcs. Nous nous rappelons, en effet, avoir vu quelques-uns de ces Bulgares rôder dans Tchelopetz, non pour se battre, mais pour piller.

Sur la demande du colonel Froloff, à qui appartient ce troupeau, ils répondent qu'ils le ramènent de Mirkovo ; on leur fait observer qu'il n'y a eu que les Cosaques à aller dans ce village occupé par les Turcs. Ils nous répondent alors qu'ils ont acheté ce troupeau à Tchelopetz ; nous sommes arrivés dans ce village quand il était désert, et tous les habitants en avaient emmené les bestiaux. Cette fois, pleinement édifiés, nous confisquons le troupeau et l'envoyons au régiment de grenadiers, qui commençait à manquer de vivres.

Etropol, 15 décembre.

Cet après-midi, le général Kournakoff arrive des positions, et nous annonce que les Turcs n'ont pas osé occuper le village de Tchelopetz, situé sous le feu de nos tirailleurs, mais que leurs irréguliers ont incendié une partie des maisons bulgares. Pour moi, profitant de quelques jours de répit que nous avons en ce moment, je pars demain matin au point du jour pour Plevna, afin de recueillir des détails précis sur le grand fait militaire qui vient de s'y accomplir.

Dans quelques jours, je compte être de retour à Etropol, et rejoindre mes braves amis du 26ᵉ Cosaques.

La route du pont du Vid à Plevna après la capitulation de l'armée turque.

CHAPITRE IX.

D'Etropol à Plevna.

Toujours la neige. La vallée de l'Isker. A la nage. Les ruines d'Ossikovo. La 3e division de la Garde. Dans le foin. L'artillerie dans la boue. Dolny-Doubnik. Halte dans une hutte cosaque. Encore la neige. Le champ de bataille du 10 décembre. Les prisonniers turcs. Un horrible spectacle. Trois cents hommes morts de froid. Uniformes des soldats turcs. Distribution de vivres. Les officiers prisonniers. Leurs campements improvisés. Le pont sur le Vid. Le Karaül d'Osman-Pacha. Les trophées. Un parcours dangereux. Anciens bivouacs. Les canons turcs. Chez le général Skobeleff. Son état-major. Au conak. Armes turques. Mon campement.

Du conak de Plevna, 18 décembre.

Le 16 décembre, au point du jour, après avoir dit au revoir et à bientôt à mes amis du 26ᵉ Cosaques, je quitte

Etropol emportant seulement quelques provisions, du linge de rechange dans les sacoches de mon cheval, et en compagnie de mon cosaque d'ordonnance, le fidèle et dévoué Samokine.

La nuit précédente, la neige qui nous avait laissé quelques jours de répit, a recommencé à tomber en abondance ; aussi la vallée est-elle couverte ainsi que les montagnes d'un épais et uniforme tapis de neige qui nous permet à peine de reconnaître notre chemin.

De loin en loin nous apercevons de petits monticules rougeâtres sur lesquels s'abattent des nuées de corbeaux et qui ne sont autre chose que les cadavres des chevaux des transports militaires morts de fatigue et d'épuisement.

A deux kilomètres d'Etropol, je m'engage dans la vallée de l'Isker afin de rejoindre à Ossikovo la grande chaussée de Sofia à Plevna. Grossi par la fonte des neiges, l'Isker, qui, en cet endroit, n'est ordinairement qu'un étroit ruisseau, roule aujourd'hui avec fracas ses eaux jaunâtres comme un véritable torrent.

Pas un seul habitant dans ce pays désert où s'élèvent seulement de distance en distance quelques karaüls (postes turcs) abandonnés, aux murailles noircies par les feux de bivouac des soldats de Préobrajenski, lors de la marche de ce régiment sur Etropol, en novembre dernier.

Les quelques ponts jetés sur l'Isker ont été détruits à cette époque par les Bachi-Bouzouks, ce qui nous oblige, mon Cosaque et moi, à traverser cette rivière tantôt à gué, tantôt à la nage de nos vaillants chevaux du Don qui coupent le torrent presque en droite ligne.

Vers midi, j'arrive à Ossikovo, après avoir traversé la

partie turque de ce village, incendiée le mois dernier par les Bulgares et dont il ne reste plus que quelques monceaux de décombres sur lesquels sont accroupies de nombreuses bandes de chiens abandonnés, maigres et étiques, hurlant lamentablement et grattant la neige afin de découvrir quelques tas d'immondices.

La chaussée, si plate, en si bon état le mois dernier, et où nous trottions alors si joyeusement, est maintenant toute défoncée et semée de profondes ornières qui entravent à chaque pas la marche de nos chevaux.

A la tombée de la nuit et après avoir dépassé le village de Bukova, je rencontre tout à coup une épaisse et interminable colonne d'infanterie, marchant silencieusement dans l'obscurité, les soldats, le fusil suspendu à l'épaule par la bretelle et les mains fourrées dans la capote, les officiers recouverts entièrement par de longs manteaux en caoutchouc que dépasse seulement le bout du fourreau du sabre battant contre l'étrier. Ces troupes sont coiffées de la casquette plate et armées du fusil Berdan, à quoi je reconnais la 3º division de la garde arrivant de Plevna, afin de renforcer l'armée du général Gourko.

Vers huit heures du soir, je m'arrête à Pétreven, après cette première étape de soixante-dix kilomètres, mouillé et glacé jusqu'aux os par la neige mêlée de grésil, qui n'a cessé de tomber durant toute la journée.

A peine peut-on trouver au abri dans ce village turc ruiné et désert; aussi suis-je tout heureux de rencontrer une maison dont il reste encore les quatre murs et la toiture traversée en maints endroits par la neige et le vent, dont me garantit mon Cosaque en m'enfouissant littéralement sous un épais tas de foin et de paille de maïs.

Le lendemain, au jour, je suis en route. A partir de

Luckovitza, la neige cesse de tomber et je revois enfin la couleur brune de la terre, mais aussi la chaussée est devenue un véritable bourbier épais et profond où piétinent, les traits tendus, les magnifiques attelages de l'artillerie de la garde. A la moindre pente à gravir, il faut au moins dix chevaux, et une demi-compagnie poussant aux roues afin d'enlever chaque pièce de canon et son avant-train.

A Télisch je rencontre de nouvelles et nombreuses troupes en marche dans la direction de Sofia, l'infanterie cheminant dans les champs des deux côtés de la chaussée, couverte par l'artillerie et les transports militaires.

Désirant parcourir pendant le jour le terrain qui s'étend entre Dolny-Doubnik et Plevna, je fais halte à ce premier village, où mon Cosaque me conduit à un poste du 9ᵉ régiment du Don.

Ces braves soldats qui se sont creusés en terre, à une profondeur de près de deux mètres, un chaud réduit recouvert par un toit en chaume, me disposent près du feu, dont la fumée s'échappe par une étroite ouverture pratiquée au plafond, une épaisse litière de foin sur laquelle je m'endors bientôt profondément, enveloppé dans mon manteau en poils de chèvres et la tête appuyée sur le coussin en cuir de ma selle de Cosaque.

Ce matin, en m'éveillant, j'éprouve une véritable déception ; il a neigé abondamment depuis la tombée de la nuit dernière et il neige encore à gros flocons, aussi ne voit-on plus rien, le ciel et la terre étant confondus dans la même teinte blanchâtre.

Un vent glacial nous fouette la neige en plein visage ; malgré mon bachelick je suis aveuglé par cette froide poussière, et mes moustaches sont bientôt changées en deux glaçons épais et effilés.

A un kilomètre au-delà de Dolny-Doubnik, quelques lignes noirâtres, qui se découpent de chaque côté de la route sur le fond blanc de l'immense plaine que nous traversons, m'indiquent l'emplacement des ouvrages occupés par les deux divisions de grenadiers durant le siège de Plevna, et que les Turcs ont assaillis si vaillamment dans leur sortie désespérée du 10 décembre dernier.

Dans les champs de maïs, qui s'étendent au-delà de ces positions, on s'est rudement battu à la baïonnette ce jour-là.

La terre est encore couverte des épaves de la lutte, fusils brisés, sacs éventrés, cartouchières vides, fragments de roues, d'affûts, le tout à moitié recouvert par la neige. De distance en distance celle-ci est légèrement tombée et a pris une teinte rougeâtre là où gisent de nombreux cadavres turcs que l'on n'a pas eu encore le temps d'enlever.

A un kilomètre de distance du pont jeté sur le Vid, j'aperçois à gauche de la chaussée de nombreuses colonnes campées dans la plaine.

Ce sont les Turcs prisonniers, me dit un soldat qui passe. Aussitôt je me dirige de ce côté, et j'ai bientôt sous les yeux un horrible et lamentable spectacle que je n'oublierai jamais.

Le 10 décembre, au soir, après avoir mis bas les armes à la sortie de Plevna, la garnison turque défila par le pont jeté sur le Vid. A cette époque la température était des plus douces pour la saison, aussi les Turcs furent-ils parqués dans la vaste plaine qui s'étend au-delà du Vid, sous sa surveillance de la 2º division de grenadiers.

On comprendra sans peine que ces trente à trente-cinq

mille prisonniers ne pouvaient être évacués en une seule journée à travers le pays dépourvu de chemins de fer et de routes. Quelle que fût la rapidité que l'on mît à conduire journellement de nombreuses colonnes de prisonniers à Nikopoli et à Sistova pour les diriger de là sur la Roumanie et la Russie, il en restait encore près de la moitié à ce premier campement, quand hier soir la neige s'est mise à tomber si abondamment. Aussi que l'on juge dans quelle triste situation se sont trouvés ces malheureux Turcs couverts seulement de minces capotes au milieu de cette vaste plaine sans abri et dépourvue de bois.

Ce matin, quand j'arrive à cet endroit, la scène est horrible.

De distance en distance la terre est couverte de neige fondue et indique les emplacements où les prisonniers ont dormi durant la nuit. Là, gisent immobiles et glacés, de nombreux Turcs, à moitié ensevelis sous la neige, les membres raidis par cette température de près de 12 degrés au-dessous de zéro, morts de froid, et, détail horrible, entièrement nus, leurs camarades leur ayant enlevé leurs vêtements afin de se réchauffer.

Il en est mort plus de trois cents cette nuit, m'apprend un officier.

Près de ces cadavres, une foule compacte de malades et de mourants est encore couchée sur cette terre froide et mouillée. Tous ces malheureux, accoutumés au chaud climat de l'Asie et de l'Arabie, et couverts seulement d'une veste légère et d'une mince capote à capuchon, se sont pelotonnés et pour ainsi dire couchés les uns sur les autres, afin de se réchauffer mutuellement.

Un nizam arabe au teint bistré, aux grands yeux noirs, coiffé d'un turban en soie rouge, se meurt silencieusement, étendu sur sa capote. De cette triste agglomération partent de sourds gémissements et des cris désespérés, où domine surtout le mot « Allah! Allah! »

De toutes parts circulent de nombreuses voitures d'ambulances pour recueillir les malades et des chariots où l'on charge les morts.

Les prisonniers valides piétinent dans la neige afin de se donner du mouvement et de se réchauffer un peu. Tous grelottent sous leurs capotes jaunâtres en lambeaux les pieds dépourvus de chaussures et enveloppés seulement de quelques haillons; quelques-uns, plus heureux, ont conservé leurs toiles de tente dans lesquelles ils se sont enveloppés; tous ont enroulé autour de leur fez des turbans en étoffes de toutes couleurs.

Bien que mourant de faim et de froid et couverts de loques sans nom, ces prisonniers, tous de haute taille, n'en ont pas moins conservé une fière et martiale attitude. On voit bien qu'on a devant soi l'élite de l'armée turque, et, malgré les cruautés qu'ils ont commises, on se sent plein de respect pour ces vaillants soldats qui se sont défendus pendant de longs mois avec une énergie si désespérée.

Tous sont des nizams et appartiennent presque entièrement à l'infanterie, comme l'indique leur uniforme bleu galonné de rouge. Je reconnais également des chasseurs à pied à leurs galons verts, et quelques soldats de la garde impériale à leurs galons jaunes.

Les artilleurs, ainsi que deux à trois cents lanciers, les seuls cavaliers faisant partie de l'armée d'Osman-Pacha, portent une courte tunique à trois rangs de boutons argentés et garnie de tresses noires.

A la température glaciale qui accable tous ces prisonniers, sont venues se joindre les tortures de la faim. Quand Osman-Pacha essaya de se faire jour à travers les Russes, ses soldats emportaient seulement avec eux des vivres pour trois jours. Aussi, une fois prisonniers, les Turcs purent-ils se nourrir eux-mêmes durant ce temps-là ; mais ces trois jours écoulés, les Russes, qui ne s'attendaient pas à recevoir ainsi près de quarante mille prisonniers, se trouvèrent pris au dépourvu, et pendant quelque temps les prisonniers furent presque entièrement privés de nourriture.

Enfin on parvint à découvrir quelques magasins de farine dans Plevna, de nombreux convois d'approvisionnements arrivèrent de Sistova, de Nicopoli, et des distributions régulières et quotidiennes eurent lieu.

J'ai assisté aujourd'hui à une de ces distributions. Les prisonniers défilent un à un entre une haie de grenadiers devant de gros tas de pain, et un sergent russe remet à chaque homme la moitié d'un pain de quatre livres pour sa ration journalière. Un chaous turc (sergent) se tient auprès de son collègue russe, ayant à la main un long bâton avec lequel il maintient les impatients et coupe court aux réclamations.

Disons en passant que la conduite des grenadiers chargés de la garde des prisonniers est admirable de zèle et de dévouement. Dans les jours où les vivres ont fait défaut, on a vu ces braves soldats partager leur pain et leur tabac avec les Turcs qui, quelques jours auparavant avaient tué et blessé près de deux mille hommes de leurs deux divisions.

Ainsi, j'ai vu aujourd'hui des grenadiers rapporter de plusieurs kilomètres de distance un peu de bois afin de faire du feu pour leurs prisonniers. Quelle différence entre cette noble conduite et les massacres turcs de Schipka.

Un peu plus loin et à droite est établi le campement des officiers turcs dont le nombre s'élevait à plus de deux mille lors de la capitulation. Seuls, les dix pachas et l'état-major d'Osman-Pacha ont été conduits à Bogot.

Aujourd'hui il en reste encore deux à trois cents à évacuer.

Quand j'arrive à leur bivouac, un officier d'ordonnance russe fait l'appel des officiers turcs devant partir dans la journée.

Un colonel de nizams, parlant fort bien français, l'assiste dans ces fonctions. C'est un homme robuste et de haute taille, d'une cinquantaine d'années, à l'épaisse moustache grisonnante taillée en brosse. Sur son fez rouge est attaché un large foulard en cachemire blanc. Il est vêtu d'une vareuse bleu foncé dont les pattes sont bordées par un large galon d'or, et de pantalons bulgares en laine blanche.

Comme il est chargé de la police de ses officiers, on lui a rendu son sabre, dont la poignée est ornée d'une étoile et d'un croissant, indices de sa dignité de bey ou officier supérieur.

Tous ces officiers ont endossé de larges manteaux en caoutchouc à capuchon et pèlerine ou des capotes en drap marron, bordées de passe-poils rouges et couvertes de boutons dorés à l'effigie des armes du sultan.

Quelques-uns, venus durant l'été et n'ayant pas emporté de manteaux, ont acheté à Plevna des pardessus en drap jaunâtre, couleur favorite des gandins bulgares, et à cols en velours noir. Ces vêtements civils ont été ensuite garnis de boutons d'uniforme et rappellent les tenues plus que fantaisistes de notre garde nationale parisienne.

Sous leurs manteaux, presque tous portent la tunique à longue jupe plissée à la taille, comme celle de nos officiers de zouaves et de turcos. Quelques-uns ont endossé des vestes en drap bleu de ciel.

Sous une capote j'aperçois un collet vert à trois étoiles d'or rappelant l'uniforme autrichien. Est-ce un officier étranger? Pourtant on me dit que tous les officiers prisonniers sont Turcs sans exception. Les quelques Anglais et Polonais qui se trouvaient à l'armée d'Osman-Pacha ont pu, avant cette dernière sortie, s'évader de Plevna déguisés en paysans bulgares.

. Détail curieux, je vois de nombreux officiers turcs buvant tranquillement du cognac, malgré les lois de leur religion. Il est vrai qu'il fait un froid à fendre les pierres, et que, dans le Koran, Mahomet défend le vin et non le cognac qui n'était pas encore inventé à cette époque.

A côté de ces frondeurs, d'autres officiers accomplissent leurs devoirs religieux, agenouillés dans la neige, la face tournée vers l'Orient.

Rien, de plus curieux que ce campement improvisé. Seul, le colonel de nizams chargé de la garde du camp, possède une véritable tente en toile verte; les autres officiers ont été obligés de s'abriter sous des tapis, des couvertures, des lambeaux de tentes coniques, tendus sur des cordes.

Je remarque deux cercles en fer de roues de canon dressés debout, de façon à former les supports d'une tente en tapis de Perse.

Les ordonnances de ces officiers ont été laissés à leurs

maîtres, ainsi que de nombreux chevaux harnachés à la turque et portant les bagages.

Vers deux heures de l'après-midi, j'arrive au pont bâti sur la rivière le Vid qui est entièrement gelée. Ce pont, de construction assez solide, se compose d'un tablier en grosses poutres avec garde-fou, posé sur onze piles en briques formant neuf arches.

Sur la hauteur qui s'élève en cet endroit sur la rive droite du Vid, les Turcs avaient construit une forte redoute pour défendre les approches de ce point de communication si important.

Aujourd'hui le drapeau russe flotte sur cet ouvrage, et les sentinelles placées à l'entrée du pont font rétrograder tous les Bulgares non munis d'une autorisation, qui veulent prendre la route de Plevna.

Au-delà du Vid, la chaussée va en montant le long des flancs de la ligne de collines qui s'élèvent à l'ouest de Plevna. A cinq cents mètres du pont à droite de la route, est bâtie une petite maisonnette en briques servant de karaül (corps de garde) et où Osman-Pacha s'était fait transporter le 10 décembre dernier, après avoir été blessé.

En cet endroit, la garnison turque a déposé les armes ; aussi des deux côtés de la chaussée ne voit-on que des monceaux de fusils Martini et Sniders, de cartouchières, ceinturons, porte-baïonnette. De distance en distance s'élèvent de véritables pyramides de caisses en fer-blanc, remplies de cartouches, d'obus de calibre 7 et 9.

Dans les fossés de la route sont jetés des toiles de tentes coniques, des piquets de supports, des caissons de munitions brisés, de fragments de roues, d'affûts.

Au milieu d'un champ j'aperçois un affût de canon Krupp monté sur ses roues, mais veuf de sa pièce, que les

Turcs ont sans doute enterrée avant la capitulation, ou bien jetée dans le Vid ; on prétend que près d'une vingtaine de pièces ont ainsi disparu, et que le lit de la petite rivière Grivitcha, qui passe au nord de Plevna, est remplie de fusils jetés par les Turcs.

Le sol de la chaussée que nous suivons est littéralement semé de cartouches en cuivre jetés à terre par les Turcs, lors de la capitulation et que des soldats sont occupés à ramasser dans de grands sacs en toile.

Près de ces tas d'armes abandonnées, des sentinelles sont placées de distance en distance, afin d'empêcher les Bulgares et les maraudeurs de venir piller ces fusils, que des corvées de grenadiers transportent dans l'intérieur de la ville.

Un peu avant l'entrée de Plevna, la route longe à droite une suite de collines où sont plantés des poteaux, munis de trois fils télégraphiques, qui unissaient les nombreuses redoutes au quartier général d'Osman-Pacha, et à gauche la vallée de la Grivitza, où campaient de nombreuses troupes turques pendant le siège.

En cet endroit le terrain est couvert des carcasses des nombreux bestiaux abattus pour l'alimentation de l'armée d'Oşman-Pacha. Les quelques maisons bulgares bâties dans cette partie de la vallée ont été démolies par les nizams, afin de se procurer du bois de chauffage, qui manquait totalement dans Plevna.

Le long de la route je remarque un épais bois de chênes, dont les arbres ont été abattus et dont il ne reste plus que les troncs, s'élèvant à peine au-dessus du niveau du sol.

En venant de Dolny-Doubnik, on entre dans Plevna en franchissant, sur un pont à moitié démoli, un petit ruisseau qui se joint à la Grivitza.

Près de là, il y a eu, sans doute, la nuit dernière un campement de prisonniers turcs, car sur le sol, noirci de place en place par plusieurs feux de bivouac, sont étendus les cadavres de cinq à six nizams, qui n'ont pu résister à la rigueur de la température. Je vois même un Arabe, à la tête crêpue, aux joues bronzées, couturées de cicatrices, abandonné mourant et privé de tout secours.

Au-delà du ruisseau et le long des murs de vastes magasins d'approvisionnements entièrement vides, sont rangés sur trois files les soixante-dix-sept pièces de canon, rendues par les Turcs.

Ce sont, à l'exception d'une batterie de petits canons de montagne en bronze, des pièces en acier frété, du calibre 7 et 9, sortant des fabriques Krupp, à Essen. Toutes sont du dernier modèle et portent sur la culasse le millésime de 1875, année où elles ont été fabriquées.

Ces pièces en acier bruni avec leurs affûts et leurs avant-trains, peints en gris-fer, offrent par ce temps sombre un reflet glacial et sinistre.

Quant aux drapeaux, à part quelques fanions sans importance, trouvés dans les redoutes lors de leur occupation, aucun n'a été remis aux vainqueurs, les Turcs les ayant cachés ou brûlés avant de capituler.

Aussitôt arrivé à Plevna, et ne sachant où trouver un gîte pour abriter ma tête, je me dirige vers la demeure du général Skobeleff, commandant la 16ᵉ division d'infanterie et gouverneur de la ville, pour le prier de me faire donner un logement par l'officier de place.

Arrivé à son quartier, je fais porter ma carte à ce brave général, que je connais de longue date, et suis aussitôt introduit auprès de lui.

— Voilà bien des façons pour venir voir un ami, me dit-il affectueusement; je ne croyais pas que ce fût vous à tant de cérémonie. Plus tard on s'occupera de votre logement; en attendant vous dînez avec nous!

Bientôt arrivent les différents officiers de son état-major, auxquels le général me présente :

Le colonel Korapatkine, son chef d'état-major et son camarade d'école, officier du plus rare mérite, le baron Krudner, lieutenant-colonel de Cosaques, fils du commandant du 9ᵉ corps d'armée, le colonel Panioutine, du régiment d'Ouglitch, un hardi explorateur, dont le nom est bien connu à la Société de géographie pour ses intéressants voyages au sources du Nil, le peintre Vereschagine et deux jeunes officiers de la garde.

Le lieutenant du génie Green, attaché militaire américain, le colonel roumain Candiano, qui a reçu la croix de Saint-Georges pour être entré le premier dans la redoute de Grivitcha, et moi sommes les invités.

Tout le monde parle admirablement français. A huit heures du soir, le général Skobeleff prend congé de nous et se retire pour travailler avec son chef d'état-major. Chacun regagne son logis, car il n'est guère agréable de flaner la nuit dans la couche de neige fondue et glaciale, qui remplit les rues de Plevna.

Pour ma part, je suis le colonel Panioutine, commandant de place de la ville, qui m'a promis de pourvoir à mon installation. Effectivement, grâce à lui, je suis admirablement installé dans une chambre du conak ou palais du préfet turc.

Ce bâtiment, de forme quadrangulaire, s'élève sur une petite place, et est entouré d'une grille, sur laquelle, au dire des Bulgares, les Turcs exposaient durant le siège les têtes des Russes et des Roumains, tués ou blessés, tombés en leur pouvoir.

Au rez-de-chaussée, où l'on monte par un perron de six marches, règne un vaste vestibule, dont les murailles sont couvertes de tableaux aux armes des Sultans, peintes en noir sur verre avec un fond doré et aux caractères sacrés du Khoran.

Là sont entassées, rouillées et couvertes de boue, les armes distribuées par Osman-Pacha, aux habitants turcs de la ville, afin de pourvoir à leur défense, et que ceux-ci ont déposées en cet endroit à l'entrée des Russes dans Plevna. Ce sont des fusils Sniders, et quelques fusils Krinka, pris aux Russes en juillet dernier, des handjiars à poignée de bois, et de vieux pistolets à pierre.

Je remarque même une caisse de tambour russe en cuivre, portant estampé l'aigle impérial, gisant auprès d'un clairon turc, entouré de galons et de glands en laine rouge, et portant gravé le Medjidié d'Abdul-Aziz.

Un jeune officier des chasseurs d'Ouglitch, qui m'accompagne, découvre dans ce tas de vieille ferraille un long pistolet à pierre, aux pièces en acier délicatement ciselé et dont le canon, également orné, porte gravé le nom de Lazzaro Lazzarino, maître-armurier italien des plus renommés au siècle dernier.

Un poste de grenadiers, portant les pattes jaunes sur la capote grise et un sabre-poignard suspendu à un centuron en cuir blanc, est établi dans ce vestibule. Ces soldats d'élite sont armés, comme la garde impériale, du fusil Berdan, et ont, comme signe distinctif, une grenade sur leurs boutons de cuivre.

Un double escalier conduit au premier et unique étage du conak. Sur une vaste galerie, où le caïmacan rendait justice, s'ouvrent plusieurs pièces. Je me loge dans la plus petite, chauffée par un immense poêle en plâtre et maçonnerie, et possédant pour tout ameublement un immense et profond divan, dont la couverture a été arrachée, mais dont reste intacte la couverture en toile grise, abondamment remplie de foin. Au mur est suspendu un vase en cuivre de forme sphérique et muni d'un robinet pour servir aux ablutions de tout vrai croyant. Sur le rebord des fenêtres sont déposés intérieurement plusieurs pots en terre vernissée, aux rebords dentelés, contenant des plants de jasmin et ..... Mais pardonnez-moi, je ne puis en raconter plus long aujourd'hui, je tombe de sommeil, cent-cinquante kilomètres en deux jours, c'est raide même pour un Cosaque .... **A demain!**

Les troupes d'Osman-Pacha refoulées dans Plevna par les grenadiers du général Ganetski (10 décembre).

CHAPITRE X

Plevna.

La sortie d'Osman-Pacha. Première attaque. Premier succès des Turcs. Le général Ganetski et les grenadiers d'Astrakan. Blessure d'Osman-Pacha. Évacuation des redoutes par les Turcs. Le colonel Panioutine à Mahmoud-Tabia. Marche des Roumains. Occupation de Plevna. Les Turcs sont cernés. Les parlementaires. La capitulation. Entrée du Tzar. Osman-Pacha chez l'empereur. Bravo! La chanson de la neige. Les hôpitaux. Les cuisines. Enlèvement des cadavres. Officiers turcs. Omer-Bey. Une marque d'amitié. A la grande mosquée. Un sinistre dépôt. Un ressuscité. Les mercantis. Les ruines des quartiers turcs. Misère des musulmans. Les *Bratouschki*. Attaque d'un convoi. Découverte des étendards des lanciers turcs. Mouvements de troupes. Un précieux divan.

Plevna, 19 décembre.

Ce matin, au point du jour, je suis réveillé par un tapage épouvantable. Ce sont les membres de la commission bulgare qui viennent s'installer au conak ; impossible de dormir d'avantage. Aussi, je me lève, et me mettant à la besogne, j'écris, d'après les nombreuses informations recueillies hier chez les Russes et les Roumains, le récit suivant de la bataille du 10 décembre dernier :

Voyant ses vivres tirer à leur fin, et sachant qu'il lui était impossible d'être secouru par les troupes de Sofia, que le général Gourko venait de refouler dans les Balkans, Osman-Pacha songea à exécuter une sortie désespérée et à s'échapper coûte que coûte avec son armée, la meilleure de l'empire turc.

A partir du 7 décembre, ses troupes, qui depuis quelque temps étaient mises à la demi-ration, reçurent ration entière.

Le 9 décembre, dans la nuit, les troupes turques se mirent en mouvement, abandonnèrent les redoutes en y laissant seulement quelques hommes, et se réunirent dans la vallée formée par la petite rivière Grivitcha, qui s'étend entre les hauteurs de Bukova et le nord de Plevna.

Ces troupes comprenaient une masse de quarante mille soldats, et de près de cent pièces de campagne en acier. Tout ce qui était musulman dans Plevna, officiers d'administration, docteurs, infirmiers, blessés et malades, convalescents, s'étaient joints à eux.

Les habitants turcs, abandonnant leurs foyers, avaient entassé à la hâte leurs vêtements et leurs meubles sur des voitures, et formaient un immense convoi composé de près de mille charrettes traînées par des buffles et des bœufs, qui s'étendait sur la route allant de Plevna au Vid, et attendaient la marche en avant de l'armée, pour la suivre dans son mouvement sur Widdin.

Le point choisi par Osman-Pacha pour percer la ligne

d'investissement, était le village de Dolny-Doubnik, en avant duquel la route de Widdin se croise avec celle de Sofia, un peu avant de rejoindre le pont sur le Vid.

Osman, sachant que la plus grande partie de la garde avait quitté ces positions pour marcher sur Sofia, pensait qu'il lui serait plus facile de combattre dans cette vaste plaine, dépourvue de hauteurs, que sur les autres points des ouvrages assiégeants.

Son calcul était mauvais, car il avait à se heurter contre trois lignes de retranchements défendus par la 2° et la 3° division de grenadiers, et la 3° division d'infanterie de la garde, les meilleures troupes de l'armée russo-roumaine.

Le seul point par où il pouvait s'échapper, avec quelques chances de succès, était, au dire des généraux russes, la partie qui s'étend à l'ouest de Plevna, entre le Vid et les positions de la Montagne verte.

Le 10 décembre, au point du jour, les Turcs se mirent en mouvement, et, favorisés par un brouillard épais, passèrent le Vid sur le pont de la chaussée de Sofia et sur deux autres ponts qu'ils avaient construits avec des charrettes recouvertes de fascines, en face de la vallée de la Grivitcha.

Osman-Pacha, précédé de deux cavaliers portant chacun une paire de lanternes rouges, afin de le faire reconnaître des siens, se tient en tête de ses troupes qui combattent avec la plus grande ardeur.

Une première masse de vingt-cinq mille hommes se jette au pas de course en colonnes profondes et serrées sur la première ligne de tranchées russes, qui s'étend à un kilomètre et demi du Vid.

Le régiment de grenadiers de Sibérie, de la 3° division,

qui garde cette position, ne peut résister aux Turcs, qui attaquent avec une force et une vigueur incroyables. Il est refoulé sur le régiment de grenadiers de Malorésie, et perd une batterie de huit canons dont les artilleurs se font massacrer sur leurs pièces.

Les Turcs abordent la seconde ligne russe avec le même entrain, et la font également reculer.

A cette vue, le général Ganetski, commandant du corps des grenadiers, court à la première brigade de cette division qui occupe la troisième ligne de retranchements sur lesquels les Turcs s'avancent avec la plus grande audace. Un des régiments de cette brigade est détaché sur la droite, afin de prendre l'ennemi en flanc.

S'adressant alors au régiment de grenadiers d'Astrakan le général leur crie :

— Les Turcs ont pris huit canons, crevez tous, s'il le faut, les Astrakans, mais reprenez-moi mes pièces !

Enthousiasmés par ces paroles, le régiment bondit par-dessus ses retranchements, et court aux Turcs qui, en un seul choc, sont refoulés au-delà de la première ligne russe et auxquels on reprend les huit canons dont ils s'étaient précédemment emparés et qu'ils n'ont pu emmener faute de chevaux.

Mais là ils s'arrêtent, et pendant une heure et demie, une horrible boucherie à le baïonnette a lieu dans la plaine.

A la fin, Osman-Pacha, qui se tient au fort de la mêlée, a son cheval tué sous lui et s'affaisse grièvement blessé à la jambe gauche.

En voyant tomber leur général chef, les Turcs faiblissent.

A ce moment, une batterie russe de vingt canons, s'instale sur leur flanc gauche et les mitraille à outrance. Perdant alors tout espoir, ils reculent en désordre et repassent de Vid sur leurs trois ponts.

Les Russes tirent à shrapnels (obus à balles) sur ces masses désorganisées, dont beaucoup de nizams tombent dans le Vid et s'y noient.

Osman-Pacha, qui s'était fait transporter blessé dans un petit karäul, situé à cinq cents mètres du pont, donne l'ordre à ses troupes de réoccuper les redoutes ; mais celles-ci sont déjà au pouvoir des Russes et des Roumains, et la tête de colonne de la 4ᵉ division roumaine du général Tcherkez débouche de Plevna sur la chaussée de Sofia.

Voici ce qui s'était passé :

Dans la nuit du 9 au 10 décembre, à minuit, les éclaireurs de la 16ᵉ division russe, amenèrent au général Skobeleff, un nizam qu'ils avaient fait prisonnier en avant de la Montagne verte. Ce nizam, raconta que les troupes occupant les redoutes qui défendaient Plevna à l'ouest, avaient reçu l'ordre de les évacuer la veille à la tombée de la nuit, et qu'à l'heure actuelle il n'y avait plus aucun Turc dans ces positions.

Le général envoya aussitôt trente éclaireurs volontaires avec le nizam, qui arrivèrent jusqu'aux ouvrages qu'ils trouvèrent abandonnés et un des leurs alla confirmer au général le renseignement donné par le nizam.

Skobeleff fait alors occuper toutes ces positions par sa division (16ᵉ) et la 30ᵉ division qu'il a sous ses ordres.

En même temps, le général Zotoff avec la 2ᵉ division et les tirailleurs, suit ce mouvement et avertit le général Krudner de s'avancer avec ses deux divisions par la chaussée de Grivitcha.

A huit heures du matin, toutes les redoutes tu ques,

faisant face aux Russes, sont occupées par ceux-ci, qui en ont chassé les quelques bataillons laissés par ordre d'Osman-Pacha.

L'une de ces positions, la plus forte de toutes, l'imposante redoute de Mahmoud-Tabia, est prise avec sa garnison par le colonel Panioutine et son aide de camp. Le régiment russe d'Ouglitch, que commande ce colonel, s'avançait sur cette position et le feu s'était ouvert de part et d'autre.

Faisant cesser le feu à sa troupe, le colonel Panioutine part au galop, suivi seulement de l'aide de camp du régiment. Les Turcs, voyant ces deux cavaliers s'avancer jusqu'au glacis de la redoute, cessent également de tirer, et le lieutenant-colonel turc, qui commande cette position, monte sur le parapet et demande en français au colonel Panioutine ce qu'il désire.

— Je suis venu seul contre vous tous, pour vous montrer que je ne vous crains pas, dit ce brave officier; vous êtes entourés et tous vos ouvrages sont entre nos mains, rendez-vous et vous aurez la vie sauve, sinon, je vous fais tous passer par les armes.

Intimidé par ces paroles, le colonel turc répond alors qu'il se rend à discrétion, lui et sa troupe. Le colonel Panioutine tourne la redoute, dans laquelle il entre par la gorge. La garnison rangée en ligne lui présente les armes et le colonel turc s'avançant vers lui, suivi d'une dizaine d'officiers, lui présente son sabre.

Le régiment d'Ouglitch arrive alors et la garnison, forte de sept cents nizams, dépose ses armes entre ses mains avec deux fanions et sept canons en acier.

Le colonel Panioutine est un des plus braves et des plus beaux officiers de l'armée russe. Haut de près de six pieds, et portant une longue barbe blonde qui lui descend jusqu'au milieu de la poitrine, il rappelle le type de ces anciens chefs de reîtres et de lansquenets.

Non content d'avoir fait occuper les positions turques, Scobeleff, en général intelligent et expérimenté, avait passé le Vid à sept heures du matin et était allé prendre position, avec la 30⁰ division et une partie de la 16ᵉ, en arrière des troupes défendant la position de Dolny-Doubnik afin de les soutenir en cas de besoin.

De leur côté, les Roumains n'étaient pas restés inactifs. Ce jour-là, à sept heures du matin, le commandant des tranchées roumaines, en face de la redoute de Grivitza, dont la sixième parallèle était seulement à vingt-cinq mètres du glacis, apprend par un caporal qu'il ne reste presque plus de Turcs dans cet ouvrage.

Aussitôt il envoie le lieutenant Companatzo avec vingt hommes occuper cette redoute en lui recommandant de se tenir sur les parapets de peur que l'intérieur de l'ouvrage ne soit miné, et en même temps il fait avertir le général Tcherkez, commandant la 4ᵉ division d'infanterie.

Bientôt les troupes commandées par le colonel Cotroutz s'avancent de cette première position aux formidables positions de Bukova qui sont également abandonnées.

Cet officier supérieur envoie alors le capitaine d'état-major, M. Poppesco-Siagouna explorer, avec vingt hommes, le terrain s'étendant à gauche de la grande chaussée de Plevna, où se trouve une redoute turque, et de pousser de là jusqu'à l'entrée du cimetière turc de la ville.

Ce jeune et intelligent officier, qui a servi dans l'armée française en 1870 et a reçu la croix de la Légion d'honneur pour sa brillante conduite durant le siège de Paris en faisant vingt-deux Bavarois prisonniers à la sortie du

Moulin-de-Pierres, pénètre dans cette redoute et y trouve quelques nizams qui, après avoir tiré plusieurs coups de fusil, se rendent à discrétion.

En ce moment, le général Tcherkez s'avance sur les crêtes de Bukova avec le 3ᵉ de ligne, le 8ᵉ Dorobantz, deux bataillons du 6ᵉ de ligne et cinq batteries tandis que le 4ᵉ de ligne et un bataillon du 6ᵉ prennent position à Bukova. Les tirailleurs roumains commencent à descendre les pentes des collines pour ouvrir le feu avec les tirailleurs turcs.

Le général Tcherkez ordonne alors à son chef d'état-major, M. Algiu, qui servait dans nos rangs à Solferino, et au capitaine Poppesco-Siagouna, d'opérer à gauche avec le premier bataillon du 6ᵉ régiment et de pénétrer dans Plevna afin d'occuper la ville et d'en sortir ensuite pour flanquer la gauche de la ligne de tirailleurs qui doit s'étendre des pieds des hauteurs d'Opanès jusqu'à la chaussée sortant de Plevna et allant au pont du Vid.

Le colonel Algiu, avec quatre compagnies, passe le ruisseau de Grivitza, s'avance en tirailleur à droite de la chaussée et pénètre dans Plevna. Le capitaine Poppesco, avec deux compagnies, traverse également le ruisseau à gauche de la route, occupe le cimetière et pénètre dans les premières maisons après quelques coups de fusil avec les traînards de l'arrière-garde d'Osman-Pacha, commandée par Hafiz-Bey. Ces nizams se rendent aussitôt, et ces deux officiers d'état-major continuent, sans rencontrer aucun obstacle, leur marche sur la nouvelle église bulgare, qui est leur premier objectif, puis sur le pont de la rivière qui traverse Plevna et est situé à la sortie de la ville du côté du Vid.

Pendant ce temps, M. le général Tcherkez fait toujours avancer ses troupes en avant, quand tout à coup les batteries turques d'Opanès et une batterie établie au tournant de la route du Vid, ouvrent le feu sur les Roumains. En voyant ses troupes prises entre ces deux feux croisés, le général envoie un capitaine d'état-major, M. Balan, pour ordonner au commandant du flanc droit de prolonger la ligne de tirailleurs jusqu'aux pentes des hauteurs d'Opanès, ainsi qu'un lieutenant d'état-major, M. Pappazoglo, pour dire au lieutenant-colonel Teliman, de faire enlever, par un peloton d'infanterie, la batterie établie sur la chaussée de Sofia.

En ce moment, le colonel Algiu, avec quatre compagnies, débouche de Plevna et suit cette chaussée flanquée à gauche, à cinq cents mètres de distance, par les deux compagnies du capitaine Poppesco-Siagouna, qui ont escaladé la pente qu'on aperçoit à l'entrée de la ville.

Mais ces deux officiers sont bientôt obligés de s'arrêter, car, à huit cents mètres du colonel Algiu se trouve la batterie qui croise ses feux avec ceux d'Opanès sur le centre de la division Tcherkez, et à même distance du détachement du capitaine Poppesco, deux régiments turcs se tiennent rangés en bataille faisant face aux troupes roumaines.

Ainsi les troupes turques sont-elles enveloppées de toutes parts. En tête, par les grenadiers; sur le flanc gauche, par les 4ᵉ et 9ᵉ corps; en queue et sur le flanc droit, par les Roumains qui ont repoussé l'arrière-garde turque dans le plus grand désordre sur le corps principal.

Aussi, quand Osman donna l'ordre d'occuper les redoutes, ses pachas lui apprennent cette désastreuse nouvelle.

Ordre est aussitôt donné aux Turcs de cesser le feu et de prendre position l'arme au pied ; des drapeaux blancs sont aussitôt arborés de toutes parts.

Deux parlementaires sont envoyés par Osman-Pacha ; l'un passe le pont sur le Vid en agitant un mouchoir blanc et est reçu par le général Stroukoff, aide de camp du grand-duc Nicolas ; l'autre se présente au général Tcherkez. Le général Stroukoff se présente lui-même à la porte du karaül, où l'on avait déposé Osman-Pacha, puis bientôt après, le général Skobeleff et tous deux complimentent l'héroïque blessé de sa magnifique défense de Plevna.

Dans cette dernière journée, les Turcs avaient perdu plus de cinq mille hommes tués ou blessés ; les pertes des Russes se montaient à près de deux mille hommes, pertes entièrement subies par la 3ᵉ division de grenadiers qui avait suffi pour repousser l'armée entière d'Osman-Pacha.

Le lendemain, 11 décembre, le Tzar, après avoir assisté au *Te Deum* d'actions de grâce pour la prise de Plevna et passé les troupes en revue, entra dans la ville, ayant à sa droite le prince Charles et à sa gauche le grand-duc Nicolas, qui portait sur sa capote le grand-cordon de l'ordre militaire de Saint-Georges, que l'Empereur venait de lui accorder pour la prise de Plevna.

Le cortège se rendit à la maison qu'habitait le gouverneur temporaire de la ville, M. le général Skobeleff. Bientôt un grand mouvement de curiosité eut lieu dans la foule des officiers russes et roumains qui encombraient la cour précédant cette maison.

Osman-Pacha venait d'arriver dans une victoria attelée de trois chevaux, avec une escorte de Cosaques de la garde pour se présenter à l'Empereur. La voiture ne pouvant pénétrer dans la cour, le glorieux vaincu fut obligé de descendre et de s'avancer soutenu à droite par son médecin, homme grand et gros, portant un cache-nez autour du cou, et à gauche par un pacha, strictement boutonné dans sa tunique et petit de taille.

Osman-Pacha était vêtu de la tunique de général turc, de couleur bleu foncé, avec deux attentes en or sur les épaules et une mince broderie sur les manches garnies de petits boutons. Ce vêtement était déboutonné. Il ne portait que la botte droite, tandis que son pantalon fendu dans le bas laissait voir le pied et la jambe gauche entourés de bandages. Osman est un homme d'une quarantaine d'années, de taille moyenne, au visage allongé encadré par une courte barbe grisonnante et qu'éclairent deux grands yeux noirs.

Quand Osman parut ainsi soutenu, un grand tumulte se fit, chacun poussant son voisin afin de contempler les traits de celui qui les avait tenus plus de cinq mois en échec devant Plevna. Le général Hall parut alors sur le perron de la maison.

— Faites silence, messieurs, dit-il, — et Osman fut introduit auprès de l'Empereur.

Un quart d'heure après il redescendait le perron, ayant au côté son sabre recourbé entièrement garni d'or que lui avait remis l'Empereur, et reconduit par celui-ci pendant quelques pas dans la cour.

Là Osman-Pacha prit congé du Tzar, lui serrant la main avec effusion et le remerciant de l'accueil flatteur qu'il venait de recevoir et auquel, ajouta-t-il, il ne s'attendait pas.

A ce moment, par un mouvement spontané, l'état-major

poussa le cri plusieurs fois répété : « Bravo ! Bravo ! », chacun le saluant à son passage, tandis qu'Osman-Pacha, visiblement ému malgré son flegme oriental, inclinait, en se retirant, la tête à droite et à gauche tout en souriant, pour remercier les officiers russes de tant de marques d'estime.

Le lendemain, Osman-Pacha fut conduit à Bogot, au quartier général du grand-duc. Bien que le Tzar lui eût offert la liberté, le général turc, voulant partager le sort de ses soldats, a demandé à être interné en Russie. En attendant, il se trouve à Bogot en compagnie de ses dix pachas et de son état-major. Le chef de celui-ci, le colonel Mustapha-Bey, a fait ses études militaires en France. Il est à peine âgé de trente-sept ans. Tous les travaux de défense de Plevna sont son œuvre.

Plevna, 22 décembre.

C'est surtout maintenant à Plevna que la chanson de la neige du *Voyage dans la Lune* serait d'à-propos. Jamais ces paroles n'ont été plus de circonstance :

> Il neige,
> Il neige,
> Nous grelottons.
> Nous grelottons.
> La neige,
> La neige,
> Tombe à flocons,
> Tombe à flocons.

Voilà déjà cinq jours, en effet, que la neige tombe abondamment, et sans discontinuer, et couvre le sol d'une épaisseur de trois pieds en moyenne.

Pourtant nous ne devons pas nous plaindre de cet abaissement de la température, car sans cela les nombreux cadavres turcs qui encombrent encore Plevna seraient capables d'engendrer la peste et de nombreuses épidémies.

Quand Osman-Pacha se mit en mouvement avec son armée, le 9 décembre au soir, afin de percer le lendemain la ligne d'investissement russo-roumaine, les docteurs et les infirmiers militaires se joignirent à ses troupes, abandonnant lâchement dans les mosquées et dans de nombreuses maisons converties en ambulances, plus de trois mille malades et blessés, incapables de se mouvoir, tout ce qui pouvait marcher étant également parti avec eux.

Ces malheureux restèrent seuls et abandonnés pendant trois jours sans pansement et nourriture. Aussi quand les Russes entrèrent dans la ville, quel épouvantable et déchirant spectacle n'eurent-ils pas sous les yeux.

Toutes ces ambulances et hôpitaux étaient devenus d'horribles charniers, où depuis trois jours les vivants gisaient pêle-mêle avec les morts, au milieu d'une pourriture sans nom et dans une atmosphère infectée.

L'on se mit immédiatement à la besogne pour assainir les ambulances. L'on réquisitionna les Bulgares pour enlever les cadavres dans des charrettes et en quelques jours l'on enterra plus de onze cents cadavres.

Aujourd'hui j'ai visité le principal hôpital établi dans une série de maisons entourées de grandes murailles et qu'on appelle à Plevna le palais de Macmoud-Bey, le plus riche Turc de la ville, qui s'est refugié à Constantinople après les premiers engagements de juillet dernier.

Quand je suis arrivé à ce conak, les infirmiers turcs, portant au bras le brassard blanc orné du croissant rouge, chargeaient à la porte d'entrée les cadavres des morts de la veille sur des charrettes attelées de buffles, qui devaient conduire leur funèbre cargaison à la fosse commune, située en dehors de la ville.

Les morts étaient déposés dans la cour de l'hôpital et formaient un sinistre monceau à moitié couvert de neige; et il y en avait également à recueillir dans toutes les autres ambulances.

Il meurt en moyenne cent Turcs, blessés la plupart par des éclats d'obus ou malades de la dysenterie. Ces mains et ces têtes souillées de boue, sortant des claires-voies des charrettes, ces tas de haillons ensanglantés, de chairs bleuies et noircies par la gangrène, étaient horribles à voir.

Tout d'abord je visitai les cuisines de cet hôpital, desservies par des soldats turcs et installées dans une grande salle du rez-de-chaussée; on en a creusé le sol et installé cinq foyers sur lesquels sont placées autant de gigantesques marmites où cuit le bouillon destiné aux blessés.

Les Russes déploient dans ces circonstances un dévouement digne des plus grands éloges pour venir en aide à leurs ennemis.

Aujourd'hui, un jeune capitaine d'infanterie de la 14ᵉ division, chargé de l'intendance des hôpitaux de Plevna, me racontait, encore tout ému et tremblant de colère, qu'un misérable fournisseur juif avait osé lui offrir de signer un bon de deux mille pains qui devaient être donnés aux malades turcs: ces pains seraient censés être donnés, et l'officier en partagerait le prix avec lui, car, ajoutait notre Juif, des Turcs peuvent bien se passer de nourriture. Pour toute réponse, le brave officier fit arrêter et conduire au commandant de place cet impudent coquin.

Plusieurs officiers turcs blessés sont soignés dans cet

hôpital. Une maison séparée à l'écart et qui était le haremlike de Macmoud-Bey, leur est affectée. Les murs de toutes les salles sont couverts de fresques et d'ornements dans le goût oriental et aux couleurs criardes. Les plafonds sont décorés de trophées d'armes, de drapeaux, de flèches disposés autour de longs tambours asiatiques. Sur les murs, on a figuré, avec peu de respect pour la perspective, des consoles, des glaces, des candélabres, en un mot tout un ameublement comme sur les décors de théâtre.

Dans la plus grande pièce, sont installés six officiers turcs blessés, un colonel, deux lieutenants-colonels, deux majors et un capitaine adjudant-major, tous porteurs de physionomies martiales et décidées.

Je suis reçu dans ma visite par le colonel, qui se nomme Omer-Bey et commandait le 2e régiment de nizams.

Cet officier supérieur, un des plus braves soldats de l'armée turque, a défendu longtemps les positions à gauche de Plevna, sur les hauteurs de la Montagne verte, où il a eu la main gauche traversée par une balle deux semaines avant la prise de la ville.

Il est petit de taille, âgé d'une cinquantaine d'années, et porte une courte moustache taillée en brosse. Il parle très bien français et roumain. Il a fait toute la campagne de Crimée à Eupatoria, devant Sébastopol, et me parle longuement de l'armée française, à la réorganisation de laquelle il s'intéresse vivement et dont il me demande de nombreux détails.

Lors de la prise de Plevna, le colonel Omer-Bey fit demander le colonel Panioutine, du régiment d'Ouglitch, dont le régiment avait été constamment aux prises avec le sien depuis le commencement du siège, et en témoignage d'amitié et d'estime lui fit présent de son sabre de bey au fourreau à plaques d'argent.

La lame de cette arme, montée sur une poignée en ivoire, est un ancien damas incrusté de versets du Koran en filigrane d'or et est estimé valoir plus de cinq cents roubles (deux mille francs) par les connaisseurs, qui ne font pas défaut dans l'armée russe, où l'on est friand des armes anciennes et renommées.

En sortant de cette première ambulance, je rencontre M. Stoukavienko, médecin en chef des hôpitaux de Plevna, qui, en deux ou trois jours, a su les installer complètement, malgré le mauvais vouloir des chirurgiens turcs qui, pour la plupart se refusent à tout travail et ont caché leur matériel d'instruments de chirurgie et objets de pansement.

La grande mosquée a été convertie également en ambulance et sur la plate-forme du minaret, où montait le muzzin pour annoncer l'heure de la prière, flotte aujourd'hui le drapeau protecteur de Genève.

Rien ne saurait rendre le saisissant spectacle qu'offrait l'intérieur de cette mosquée, dont on avait hermétiquement bouché toutes les fenêtres, afin de garantir les blessés du froid. Ceux-ci, accroupis, enveloppés dans leurs couvertures, se pressaient autour des feux allumés avec les débris des balustrades de la chaire du muzzin, et dont la lueur se découpait en silhouettes fantastiques sur les murailles noircies et dépouillées de tous les ornements religieux qui les couvraient auparavant.

En sortant de la mosquée, j'aperçois, par-dessus une petite muraille grillée donnant dans le cimetière turc, un amoncellement d'une vingtaine de cadavres, entassés pêle-mêle sur les pierres tombales, surmontées de turbins et couvertes d'inscriptions gravées et dorées dans le marbre.

Un docteur me raconte qu'en sortant tout à l'heure de la ville, avec le convoi de cadavres qu'il allait faire ensevelir, il aperçut un bras sortant d'un tas de morts, s'agiter à plusieurs reprises. Tout d'abord, il crut que cela était dû au mouvement de la voiture.

Mais bientôt il vit une tête se soulever, et promener autour d'elle des regards effarés.

C'était un Turc, qui, atteint de dysenterie, était évanoui quand les infirmiers enlevèrent les morts dans la salle où il se trouvait, et fut confondu dans la sinistre cargaison que l'on chargeait sur des charrettes.

Le docteur le fit alors reconduire à l'hôpital. Si l'évanouissement avait duré quelques minutes de plus, il était enterré vivant; on peut dire que ce Turc en est revenu de loin et l'a échappé belle.

Plevna, bien qu'ayant la réputation d'être une des villes les mieux construites du nord de la Bulgarie, m'a produit une triste impression, avec ses rues remplies de neige à moitié fondue, formant un bourbier liquide de plus d'un mètre de profondeur.

Tous les magasins turcs ont été saccagés, les cloisons et les volets brisés à coups de hache, et emportés pour alimenter les feux de bivouac. Quand ces maisons sont dépourvues de bois, on les démolit alors, afin d'enlever les massives charpentes des toitures.

Presque tous les magasins bulgares sont fermés; quelques-uns restés ouverts ont été loués à des cantiniers juifs qui suivent l'armée, et mettent leurs marchandises à des prix exhorbitants, rappelant ceux que l'on payait à Paris durant le siège; ainsi le fromage se vend 5 francs la livre, le sucre 4 francs, la bougie 1 franc la pièce, une bouteille de vin de Roumanie ordinaire 10 francs, un mauvais crayon 50 centimes, etc. Tous les prix sont à l'avenant.

Seulement, le commandant de place, devant toutes les réclamations, va faire établir un tarif raisonnable, qui va être affiché dans toutes les boutiques afin de modérer MM. les commerçants dans leur amour immodéré du gain.

Les quartiers bulgares ont peu souffert du bombardement, les Russes connaissant leur emplacement exact. A peine rencontre-t-on de loin en loin quelques maisons écornées par un obus égaré.

Seule, la nouvelle église où l'on pensait que les Turcs avaient établi une poudrière, a servi de point de mire et a eu ses murailles trouées en plusieurs endroits.

Mais quand on arrive aux quartiers turcs, principalement à celui situé en arrière des redoutes de la Montagne verte, on a sous ses yeux l'image de la plus effroyable dévastation.

Partout, ce ne sont que ruines et décombres; les rues encombrées de pierres et de poutres, sont impraticables pour les chevaux.

Le sort de cette population musulmane est des plus tristes.

Comme je l'ai déjà dit, quand Osman-Pacha se prépara à exécuter sa sortie, les habitants turcs de Plevna abandonnèrent leurs demeures, et entassant pêle-mêle leurs vêtements et quelques meubles sur des charrettes, sortirent à la suite de l'armée, formant un immense convoi de cinq à six mille voitures, qui s'étendait de la sortie de la ville jusqu'au pont sur le Vid.

Quand les Turcs furent refoulés dans la vallée de la Grivitcha, beaucoup de ces charrettes furent renversées par les soldats en fuite; d'autres brisées pour faire du feu ou pillées par les maraudeurs.

Beaucoup de buffles et de bœufs des attelages furent abattus pour servir de nourriture aux troupes.

Pendant vingt-quatre heures, ces malheureux Turcs restèrent, eux et leur famille, dans cette vallée glaciale, sans abri et sans feu. Quand ils purent rentrer dans Plevna, ils trouvèrent leurs demeures dévastées et pillées par les Bulgares.

Aujourd'hui, l'on rencontre quelques femmes turques, enveloppées dans leur voiles, se glisser silencieusement dans les rues, le long des maisons, s'arrêtant quelquefois pour tendre tristement la main aux officiers russes en implorant l'aumône.

Quant aux hommes, on les voit assis sur des nattes dans des petits cafés turcs, où l'on vend d'excellent café, et où cuit dans des marmites, du ragoût de mouton avec des haricots et des pommes de terre.

Le colonel Panioutine, dont j'ai déjà eu l'occasion de parler longuement, déploie une vigueur et une intégrité remarquables dans ses fonctions de commandant de place à Plevna, châtiant les Bulgares aussi bien que les Turcs.

Cet après-midi, il a fait administrer par les Cosaques vingt-cinq coups de fouet à deux *bratouschki* (frères, nom que les soldats russes donnent en plaisantant aux Bulgares), qui, ayant trouvé sur la route le cadavre d'un sapeur du génie qui venait de mourir, l'avaient entièrement dépouillé de ses vêtements.

En ce moment les routes sont infestées de maraudeurs,

non seulement bulgares, mais aussi turcs, qui ont pu réussir à s'évader de Plevna.

Une dizaine de ces derniers ont attaqué hier, auprès de Dolny-Doubnik, un convoi russe et tué cinq voituriers. On a immédiatement envoyé à leur poursuite des Cosaques qui les ont sabrés sans miséricorde.

Aujourd'hui, le brave colonel Panioutine est dans la joie. Ses officiers d'état-major viennent de découvrir sept drapeaux et étendards turcs.

Voici dans quelles circonstances :

Quand la garnison de Plevna capitula, elle jeta ses armes le long de la chaussée et ne rendit aucun drapeau, et pourtant le nombre en est grand dans l'armée turque.

On demanda alors où étaient ces étendards aux officiers, qui répondirent négativement, disant ne pas savoir ce qu'ils étaient devenus.

Le colonel Panioutine, ayant appris par des Bulgares que les Turcs avaient été vus enterrant plusieurs caisses dans la plaine située à l'entrée de la ville, envoya de nombreuses corvées de soldats armés de pelles et de pioches, exécuter de minutieuses recherches sur ce terrain où se tenait la garnison avant la capitulation.

Ce matin, on a déterré, à la sortie de la ville, une énorme caisse en fer munie de cinq grosses serrures, un véritable coffre-fort en un mot, que l'on a apportée chez le colonel Panioutine.

Tout d'abord on crut qu'on avait trouvé une caisse de régiment; après plus d'une heure de travail, on parvint enfin à faire sauter les serrures.

Cette caisse appartenait à un colonel de lanciers turcs, ainsi que l'apprit une tunique de grande tenue, au col brodé et dont les manches surchargées de galons hongrois portaient un croissant en or brodé sur velours rouge, au centre duquel étaient deux lances croisées.

Sur la poitrine étaient attachées la croix du Medjidié, la médaille en or de la valeur militaire, et la médaille turque en argent de la guerre de Crimée. Cette médaille porte d'un côté le Medjidié d'Abdul-Medjid, et de l'autre un trophée d'armes surmonté de quatre drapeaux français, anglais, turc et sarde, avec cette inscription en lettres latines : « Crimea. 1854-1855. »

A côté de la tunique, on trouva un pantalon de grande tenue en drap blanc à larges galons d'or, des fez blancs et rouges, un petit tonneau en bois aromatique tout couvert d'ornements en argent, une robe de chambre de femme en vieux damas de soie bleu de ciel tout lamé d'argent, des babouches en cuir jaune, des serviettes et des peignoirs en toile et soie à raies rouges et jaunes, une pelisse doublée en peau de renard, etc., en un mot, tout le bagage d'un riche officier supérieur.

Au fond de la caisse étaient des vieux chiffons et des liasses de papiers. Un des officiers les remuait négligemment, quand tout à coup il aperçut un morceau de soie rouge avec un croissant d'or apparaître entre les papiers. Il le sortit de la caisse et l'on vit que c'était un étendard turc.

Bientôt l'on eut entre les mains les drapeaux de ce régiment de lanciers turcs que le colonel avait détachés de leurs hampes et cachés dans une caisse qu'il avait fait enterrer, espérant la retrouver à la fin de la guerre.

Ces enseignes sont au nombre de sept : le drapeau du régiment, les étendards des quatre escadrons et deux fanions.

Le premier, de grande dimension, est très vieux et

tout déchiré et effrangé. Il est en soie rouge entourée d'une frange d'or et porte six grands carrés jaunes où sont brodés des versets du Koran en lettres rouges.

Les quatre étendards, de couleurs différentes, sont également en soie à franges d'or. Le premier rouge avec un large croissant d'or, le deuxième également rouge avec un croissant et une étoile entre deux branches de lauriers, et portant une bordure de lauriers, toutes ces broderies en or, le troisième porte les mêmes broderies sur fond gris-perle, le quatrième, déchiré par les balles, porte un croissant et une étoile en soie blanche sur fond vert avec une frange en soie verte.

Les deux fanions sont en soie, sans frange et portent simplement le croissant blanc sur un fond rouge pour le premier et vert pour le second.

On a trouvé également dans cette caisse une grosse boule surmontée d'un croissant en cuivre doré avec une cravate en franges d'or qui ornait l'extrémité de la hampe du grand drapeau, et deux baudriers en velours rouge couverts de galons et de broderies de toutes sortes en or, croissants, étoiles, couronnes de lauriers, trophées d'armes, etc... Ces baudriers, très longs, sont terminés à la partie inférieure par des courroies en cuir jaune supportant un petit étrier sur lequel repose la partie inférieure de la hampe quand le porte-étendard est à cheval.

Le colonel Panioutine a fait aussitôt porter cette riche et précieuse trouvaille chez le général Skobeleff, qui l'a envoyée au quartier général à Bogot et a vivement félicité les officiers de leur découverte.

Bien que des bruits de paix commencent à circuler depuis quelques jours, toutes les troupes russes sont parties en avant dans toutes les directions.

La 16e division du général Skobeleff, qui était restée seule ici, doit partir demain avec la 2e division de grenadiers. Plevna sera seulement occupé par un régiment roumain.

Quant à l'armée roumaine, une division va à Guirgewo relever les troupes russes; une autre division et demie doit marcher contre Widdin ; le reste de cette armée sera renvoyé dans ses foyers.

Moi-même, demain ou après-demain au plus tard, je compte quitter Plevna, et rejoindre à Etropol le détachement du général Brock, en passant auparavant par Bogot où se tient encore le quartier général du grand-duc Nicolas. Il est pour ainsi dire impossible de trouver à vivre dans Plevna.

Quant à mon cheval et à celui de mon Cosaque, si ce dernier n'avait pas découvert que le large divan de la salle où je loge au conak était abondamment bourré de foin, les deux pauvres bêtes seraient déjà mortes, faute de nourriture.

Intérieur de la kibitka du grand-duc Nicolas, à Bogot.

CHAPITRE XI

Bogot.

Départ pour Bogot. La gelée. Les Traîneaux. Le froid. La Montagne verte. Les ouvrages turcs. Changement de paysage. Les *Zemlanks* russes. Bogot. Le grand hôpital. Les sœurs de Saint-Georges. Le général Kassinski. Ma kibitka. Un lit! Le réveillon. Au quartier général. Campement du grand-duc et de ses officiers. Un dîner de l'état-major. Chez le grand-duc. Intérieur de sa kibitka. Retour de la neige. Un chasse-neige. Attaqué par les chiens.

Bogot, 24 décembre

Ce matin, profitant d'une belle matinée d'hiver, je me suis mis en route pour Bogot afin d'aller passer quelques jours au quartier général du grand-duc Nicolas, avant de retourner dans les Balkans.

Depuis deux jours, la neige a cessé de tomber pour faire place à un beau froid sec qui a gelé la neige à moitié fondue et rendu la circulation beaucoup moins pénible.

De tous côtés les traîneaux ont fait place aux voitures; les soldats russes qui manient la hache avec une adresse et une dextérité remarquables, ont improvisé avec les poutres des maisons de grossiers traîneaux de moujicks, sur lesquels on a fixé les coffres des caissons ainsi que des voitures. Malheureusement ces traîneaux en glissant sur la neige applanissent tellement sa surface gelée que celle-ci devient bientôt comme un véritable miroir sur lequel nos chevaux bien que ferrés à glace glissent et piétinent à chaque pas.

Bien qu'il n'y ait aucun nuage au ciel le soleil, perdu au milieu de l'épais brouillard couvrant le sol, ne peut nous réchauffer de ses pâles rayons et nous fait l'effet d'un disque rouge.

Malgré nos paletots en peau de mouton, nos manteaux et nos capuchons en poils de chèvre nous souffrons cruellement du froid; quant à nos pieds au contact de l'acier des étriers, ils sont devenus de glace et nous ne les sentons plus

A la sortie de Plevna, le pont construit sur le ruisseau qui traverse la ville a été rompu par les Turcs, aussi sommes-nous obligés de passer sur la glace, en tenant nos chevaux par la bride, et trébuchant sur les gros glaçons qu'on a recouverts d'un peu de paille.

Pour arriver à Bogot, nous prenons la chaussée de Lovtcha, qui traverse les formidables positions de la Montagne verte.

Ces ouvrages ont été construits avec un art et une régularité dignes d'éloges. En arrière des redoutes on avait établi, sur la pente du terrain faisant face à Plevna, de nombreux abris en terre blindée disparaissant entièrement sous le sol à l'exception du tuyau des cheminées, et où les troupes turques logeaient durant le siège.

En avant de ces formidables ouvrages s'étendaient plusieurs lignes de tranchées formant un véritable réseau et munies de deux rangs de banquettes. Ces tranchées sont creusées assez profondément pour permettre aux soldats de circuler dans le chemin de ronde sans se baisser afin de se garer des balles ennemies. Au fond est pratiqué une petite rigole pour faciliter l'écoulement des eaux et les empêcher de séjourner au fond des tranchées.

Une partie de ces ouvrages avaient été enlevés par les Russes deux semaines avant la capitulation de Plevna et ceux-ci n'avaient eu qu'à les retourner contre les Turcs.

Après avoir dépassé les hauteurs de la Montagne verte nous quittons la route de Lovtcha, et prenons à gauche un chemin indiqué à travers champs par des monticules en terre placés de loin en loin des deux côtés de la chaussée, moyen employé en Russie pour désigner la route à suivre à travers les immenses solitudes des steppes.

Bientôt nous arrivons aux emplacements occupés par les troupes durant le siège. Partout les soldats avaient creusé dans le sol de nombreuses *zemlanks* (nom qu'on donne en Russie aux maisonnettes souterraines) et dans chacune desquelles une dizaine d'hommes pouvaient s'abriter chaudement.

Ces campements sont aujourd'hui déserts et abandonnés, et des corvées de soldats, venus de Bogot, chargent les poutres des toitures sur de grandes prolonges d'artillerie afin de fournir de combustible les poêles du quartier général.

Le bois commence à manquer autour de Plevna, car les cent et quelques milles hommes de l'armée assiégeante en ont fait une effroyable consommation depuis quatre mois.

Là, où en septembre dernier j'avais vu d'épais taillis, il n'y a plus maintenant que de vastes plaines.

Deux heures après avoir quitté Plevna, j'arrive en vue de Bogot, gros village bulgare perdu au milieu d'un immense désert de neige, et dont les maisons en terre paraissent de loin de gigantesques pains de sucre.

A l'entrée du village se trouve établi l'hôpital militaire dont les vastes tentes en toile doublée, pouvant contenir chacune une trentaine de blessés, et les *kibitkas* (tentes en feutres employées au Turkestan) sont rangées sur plusieurs lignes parallèles. Tous ces abris sont chauffés à l'aide d'excellents poêles qui donnent une température moyenne de 15°.

En dehors des médecins et des infirmiers militaires, tous ces malades et blessés sont admirablement soignés par des sœurs de charité de l'ordre militaire de Saint-Georges, dirigées par leur directrice Mlle Kartzeff, que j'avais déjà vue lors des attaques de Plevna en septembre dernier.

On ne saurait trop louer le zèle et le dévouement de toutes ces sœurs de Saint-Georges la plupart venues volontairement pour la durée de la guerre et appartenant à l'aristocratie russe.

Honneur à ces nobles femmes qui, habituées à une existence luxueuse et raffinée, ont tout quitté et, de leur plein gré, se sont ensevelies par un hiver des plus rigoureux, au milieu des boues et des neiges de la Bulgarie pour secourir les victimes de la guerre !

Cet hopital, ainsi que toutes les ambulances militaires que j'ai déjà vues, a été admirablement organisé sous l'intelligente direction du général Wladimir Kassinski, inspecteur en chef des hôpitaux de l'armée russe.

En voyant cette remarquable organisation de l'ambulance, on reconnaît l'œuvre d'un militaire accoutumé à connaître les troupes, leurs besoins, et on ne rencontre pas cette désorganisation que l'on trouve dans tous les hôpitaux soumis à une direction civile, ne comprenant rien aux mille et un détails indispensables en temps de guerre.

Quand je suis arrivé cet après-midi, j'étais épuisé et rendu de fatigue, à peine pouvais-je me tenir à cheval; cette course de cent cinquante kilomètres que j'avais faite en deux jours sous la neige et la pluie pour venir d'Etropol à Plevna m'avait brisé; pour comble de malheur, les longues courses à pied que nous avions eues à faire sur les rochers des Balkans, m'avaient en moins d'un mois complètement usé et déchiré mes longues bottes de Cosaque; aussi, avant de pouvoir rencontrer un marchand juif afin de me munir de nouvelles chaussures, avais-je eu tout le temps de collectionner un gros rhume, accompagné d'une toux à ébranler les carreaux de vitre, en pataugeant dans la boue de Plevna.

A peine arrivé à Bagot, je rencontre l'excellent général Kassinski qui, me voyant en si piteux état, me fait immédiatement dresser une excellente kibitka auprès des tentes de l'ambulance.

Ces tentes, qui se fabriquent dans le Turkestan, sont

en feutre épais ne laissant pas passer le froid et l'humidité. Elles sont montées sur un treillage en lattes peintes en rouge, et attachées par des lanières en nerfs de buffles.

Ces lattes s'agrandissent et se resserrent à volonté comme les X en bois sur lesquels les enfants font manœuvrer des soldats. De forme cylindrique, elles mesurent à l'intérieur un diamètre de cinq mètres, et sont surmontées par un dôme en lattes haut du sol de plus de trois mètres et également recouvert en feutre. Pendant le jour, on découvre une ouverture pratiquée dans le feutre de la toiture, qui laisse à la fois entrer la lumière et sortir la fumée du foyer que l'on creuse en terre au centre de la tente.

Grâce au général Kassinski, on place un excellent poêle dans ma kibitka, et dans le coin on me dresse sur un brancard d'hôpital un lit avec un matelas, des couvertures et des draps.

Des draps blancs! voilà plus de deux mois que j'ignore ce que c'est qu'un lit; et pourtant, malgré toutes ces séductions, il me faut rester assis devant la caisse renversée qui me sert de table, pour écrire mes notes journalières, enveloppé de la tête aux pieds dans une houppelande en poils de chèvre, un bonnet fourré sur la tête, et aux jambes des bottes en feutre, costume qui me fait ressembler à un habitant des régions polaires.

Bien que vivant en véritable Cosaque, je n'ai pas perdu tous mes souvenirs de Parisien; aujourd'hui, si mon calendrier dit vrai, nous sommes au 24 décembre, veille de Noël, et ma montre marque près de minuit. En ce moment, à Paris et dans toute la France, l'on commence à sonner la messe de minuit, et tous, grands et petits se préparent à réveillonner. Et ici dans ma kibitka, malgré notre grand poêle chauffé à blanc, le thermomètre marque deux degrés au-dessous de zéro, et dehors douze degrés.

Avouez que tout n'est pas roses dans mon existence de correspondant militaire.

Bogot, 29 décembre.

Je comptais repartir pour Etropol le lendemain de mon arrivée ; malheureusement, la fièvre est venue accompagner mon rhume, et je suis resté quatre jours entiers sans franchir le seuil de ma kibitka.

Cet après-midi, entendant de nombreux hurrahs dans le village et étant à peu près rétabli, je me dirige vers le quartier général, établi à la sortie sud de Bogot.

Chemin faisant, un officier m'apprend que ces hurrahs proviennent de la lecture faite aux troupes d'un message de remercîments que l'Empereur vient de leur envoyer à son passage à Moscou.

A l'entrée du quartier général, je remarque une grande baraque en planches que le général Stein avait fait construire pour le grand-duc, mais que celui-ci n'a pas habitée, préférant rester sous sa chaude kibitka. Celle-ci est placée à l'entrée d'une vaste cour que l'on a empierrée. Une petite tente en toile recouverte en cuir, sert d'antichambre à la kibitka, qui est extérieurement enveloppée de paille.

Sur un trépied en bois repose, dans son fourreau de toile cirée, le drapeau du régiment de grenadiers de Sibérie, dont le grand-duc Nicolas est le chef honoraire, et auprès duquel se tient un grenadier décoré du Saint-Georges en argent.

Tous les officiers de l'état-major sont également logés dans de pareilles tentes en feutre. Un peu derrière la kibitka ducale, on trouve celle qu'habite notre excellent attaché militaire, M. le colonel Gaillard, et au fond de la cour celle occupée par le général Levitsky, l'intelligent sous-chef d'état-major de l'armée, et le colonel Hasenkampff.

Ces messieurs m'accueillent à bras ouverts comme un véritable revenant. A ce moment, il est deux heures moins cinq minutes, et retentit le premier coup de cloche du dîner, auquel vient m'inviter, en apprenant mon arrivée, mon excellent ami le colonel Scalon, aide de camp particulier du grand-duc.

Tout l'état-major se réunit et se promène dans la cour, en attendant la sortie de Son Altesse, qui travaille dans sa kibitka en compagnie du général Nepocoïtchinski, son chef d'état-major général.

Les officiers de l'état-major portent la longue capote grise plissée et serrée dans le dos, au col et aux larges revers fourrés en astrakan. Quelques-uns ont chaussé de larges bottes en feutre à semelles de cuir.

A deux heures dix minutes, le grand-duc paraît et traverse les rangs de ses officiers, ayant pour chacun un mot aimable. En m'apercevant, Son Altesse me reconnaît aussitôt et me demande d'où j'arrive. Je lui raconte mon itinéraire des Balkans à Plevna, notre occupation de la passe de Slatitza, et l'héroïque défense, pendant une semaine, du village de Tchelopetz, par les Cosaques du général Kournakoff, détails que le grand-duc ne connaissait pas encore et qui paraissent l'intéresser vivement.

Nous pénétrons à sa suite sous la vaste tente en toile où est servi le dîner sur trois longues tables.

Le menu de ce repas de campagne n'a pas changé et est absolument resté le même qu'à Ploïesti en mai dernier.

Sur une table, au fond de la tente, sont servis une dizaine de plats de hors-d'œuvre différents, que l'on mange debout, en les arrosant d'un verre de vodki ou de cognac.

Quant au dîner, il se compose de la soupe au borch (bouillon de bœuf aux choux légèrement assaisonné de vinaigre, et où la viande est servie avec le potage), d'un plat de rôti, d'un entremets sucré; quant au dessert, il est remplacé par les airs variés que la musique des Cosaques rouges de la garde ne cesse de jouer durant le repas.

Au moment où l'on apporte le café, le grand-duc a l'habitude de dire en russe le commandement militaire suivant : « Tirez car... » « ... touches, » répondent en chœur les officiers, et en tirant cigarettes et cigares qui s'allument de tous côtés, car c'est le signal que l'on peut fumer.

Le service de la table est fait par les gens de la maison du grand-duc, aidés par quelques chasseurs de la famille impériale et un superbe nègre, ancien nizam fait prisonnier à Plevna.

Aujourd'hui, il est chez le grand-duc, qui l'a pris à son service et lui a prêté serment de fidélité, suivant la coutume arabe, en présence de M. Macaïeff, ancien consul général de Damas en Syrie et interprète du quartier général pendant la durée de la guerre.

A la sortie de ce dîner tout militaire, qui n'a pas duré plus de vingt minutes, le colonel Hasenkampf me prévient que le grand-duc, ayant appris que j'avais avec moi mes dessins de la campagne des Balkans, désirait les voir dans une heure.

A l'heure dite, j'arrive de nouveau au quartier général mes albums sous le bras. Comme je passe devant la tente du grand-duc, celui-ci en sort et, en me voyant :

— Bien, vous êtes exact; vous avez vos albums? Oui, en ce cas entrez!

Je pénètre alors à sa suite et en compagnie du général Hall et du colonel Scalon dans l'intérieur de sa vaste kibitka, dont le feutre est intérieurement doublé en drap rouge; le long des parois est fixée une tenture en cachemire de laine rouge à dessins blancs estampés. Au centre de la kibitka, on a tendu la petite tente de campagne en toile dont Son Altesse se servait l'été dernier et qui, à présent, lui sert d'alcôve.

Dans ce petit réduit, est placé un modeste lit de campagne en fer, au-dessus duquel est accrochée une image sainte en or et argent, et à côté une petite table en acajou.

En dehors et le long des parois de la kibitka sont placés, à droite, une vaste table de travail surchargée de papiers, de cartes, de plans, sur laquelle sont déposés deux grands chandeliers à globes de verre, et à gauche, une autre table en bois blanc supportant le linge du grand-duc.

Le long des treillages sont accrochés les vêtements, armes, jumelles, etc. Un peu partout des pliants en cuir.

Cette tente étant hermétiquement bouchée est constamment éclairée nuit et jour par deux grosses lampes-lanternes en cuivre poli, accrochées aux angles de la petite tente-alcove, et est chauffée par un immense fourneau en fonte avec réservoir d'eau chaude et dont le long tuyau passe par le plafond de la kibitka.

Dans cette tente courent deux ravissants microscopiques terriers anglais à la robe noire et marqués de feu !

— Ce sont mes fidèles compagnons, me dit le grand-duc, la nuit ils me réchauffent en couchant sur mes pieds.

Pendant plus d'une heure Son Altesse me fait l'honneur de me garder auprès d'elle, examinant avec intérêt et un à un tous mes nombreux dessins, me demandant une foule de détails et d'explications que je donne de mon mieux.

Voyant que j'examine curieusement la disposition de sa tente :

— Faites-en le croquis, me dit-il, afin que le public voie comment est logé le commandant en chef de l'armée russe.

Je profitai avec le plus grand empressement de cette autorisation, et, mon croquis fini, je pris congé de Son Altesse.

— A propos, me dit-il, vous savez, vous êtes des nôtres, venez dîner demain, après-demain, tout le temps que vous serez ici, puis quand vous serez pour partir, venez me trouver et je vous indiquerai la position exacte du 26ᵉ régiment de Cosaques afin que vous puissiez le rejoindre rapidement.

Bogot, 31 décembre.

Ici il neige constamment, et depuis une vingtaine de jours, nous ne voyons plus ni ciel ni terre. Partout s'étend une immense nappe blanche sur laquelle se détachent comme autant de taches noires les troncs d'arbres et les cheminées des maisons. A peine de loin en loin un pâle rayon de soleil, sans lumière et sans éclat, parvient à percer pour quelques instants les masses de nuages blanchâtres qui recouvrent l'azur du ciel.

En certains endroits la terre est recouverte de plus d'un mètre de neige, et souvent celle-ci chassée par les rafales s'amoncelle autour de nos *kibitkas* (tentes en feutre) et nous force, le matin, de faire ouvrir de véritables tranchées pour pouvoir sortir de nos abris.

Hier soir, en revenant de passer la soirée chez le général Kassinski, je me suis égaré et trompé de chemin au milieu des tourbillons d'un violent chasse-neige; apercevant un Bulgare avec une lanterne, je l'appelai afin qu'il m'aidât à reconnaître ma route, mais au lieu de venir à moi, le complaisant *Bratouschka* se retira au plus vite, me laissant enfoncé dans la neige jusqu'à la ceinture.

Bientôt une véritable meute de ces chiens à demi-sauvages qui pullulent dans les villages turcs et bulgares, vint me donner une véritable chasse.

Grâce à un fort bâton dont je m'étais muni pour marcher dans la neige, et grâce surtout à deux Cosaques qui passaient en ce moment, je pus me débarrasser de ces enragés animaux tout en laissant dans leurs dents quelques poils de ma bourka (manteau que l'on fabrique au Caucase avec des toisons de chèvres) et arriver sain et sauf à ma kibitka.

Arrivée de la cavalerie russe en vue de Sofia (3 janvier.)

CHAPITRE XII

De Bogot à Sofia.

Départ de Bogot. Passage à Plevna. En traineau. Le froid. Marche des grenadiers. Mon habillement. Un tchorbadji bulgare. Radomirce. Lukovitza. Les croix de Saint-Georges. Le col de Pravetz. Le convoi du général Kataley. Types de troupes. Orkanié. Les ambulances. La tour de l'Horloge. Les poches du Cosaque. Son porte-monnaie. Le défilé d'Araba-Konak. Pêle-mêle de voitures. La descente. Le han. La vieille route de Sofia. Prise de Thaskisend. Mort du général Filosoff. Fuite des Turcs. Prise de Strigli. Mort du général Kataley. Komarci. Médecins anglais. Baker-Bey. La gorge de Thaskisend. Le village de Grigorevo. Habitations bulgares. Costumes des paysannes. Gorny-Bougaroff. Les tranchées russes. Les tumulus. Le pont de l'Iskra. Le Panorama de Sofia sous la neige. Mouvements des troupes.

Orkanié, 7 janvier.

Le 3 janvier, je quitte le quartier général du grand-duc Nicolas, qui est encore installé à Bogot; je viens d'apprendre le nouveau passage des Balkans par les troupes du général Gourko, que je dois rejoindre au plus vite et coûte que coûte.

Grâce à l'obligeance du général Kassinski, je puis partir dans une voiture du train militaire attelée de quatre vigoureux chevaux qui, néanmoins, n'avancent qu'à grand'peine au milieu de la neige, où ils enfoncent jusqu'à mi-jambe et parfois jusqu'au poitrail.

Ce jour-là, notre première étape est des plus pénibles et des plus fatiguantes et il nous faut plus de six heures de marche pour parcourir les douze kilomètres séparant Bogot de Plevna.

Bien que ce jour-là le ciel ne soit chargé d'aucun nuage, la température est des plus rigoureuses; il règne un véritable froid sibérien. Malgré le soleil, qui, en réalité, perdu dans les brouillards, nous fait seulement l'effet d'une boule de fer rouge, le thermomètre marque 14 degrés au-dessous de zéro en plein midi.

Plevna est encore rempli à cette époque d'une foule de malades et de prisonniers turcs; aussi bien que l'on ait caserné ces malheureux pêle-mêle avec les soldats russes dans les maisons abandonnées de la ville, beaucoup d'entre eux, accoutumés au chaud climat de l'Anatolie, ne peuvent supporter ce froid glacial, et meurent de fatigue et d'épuisement.

Et pourtant que de zèle et de dévouement déploient les soldats russes pour soulager tous ces infortunés !

Le soir de mon arrivée à Plevna, j'ai sous les yeux un saisissant spectacle bien fait pour soulager le cœur des horreurs de la guerre.

En passant devant une mosquée, j'aperçois dans un sous-sol voûté en forme de crypte, une dizaine de soldats russes et turcs assis ensemble autour d'un grand feu, riant, fumant, faisant cuire leur repas en commun ; à voir tous ces gens se traitant entre eux comme de vieux camarades, on ne croirait jamais que quelques semaines auparavant, ces mêmes hommes cherchaient journellement à se détruire.

Le lendemain, quand je quitte Plevna, le froid est encore plus intense; le thermomètre est descendu de deux nouveaux degrés durant la nuit, ce qui nous donne l'agréable perspective d'un voyage en voiture découverte avec une température de 16 degrés au-dessous de zéro.

Heureusement, pendant notre séjour en ville, mon Cosaque a pu se procurer un traîneau de paysan bulgare composé de deux grossiers morceaux de bois, recourbés à l'avant, et sur lesquels on a fixé avec des cordes le coffre de notre voiture ; avec ce nouvel équipage nous glissons rapidement sur la neige durcie et gelée.

A la sortie du faubourg du Vid nous nous croisons avec la 2° division de grenadiers qui vient de quitter son cantonnement de Dolny-Doubnik et se dirige vers la route de Lovtcha.

Les officiers ont mis pied à terre, et marchent, leur col fourré relevé au-dessus des oreilles et les mains enfoncées dans les poches de leurs capotes.

Les soldats ont attaché sur leurs capotes usées des tapis et des morceaux de tentes turques et se sont enveloppé leurs bottes avec des chiffons et des fragments de toisons de moutons afin de marcher sûrement sur l'épais verglas qui recouvre la chaussée, et sur lequel à chaque pas les chevaux buttent et s'abattent.

Beaucoup de ces pauvres animaux, exténués de fatigue et à moitié morts de faim (car dans ce pays dévasté, à peine peut-on se procurer un peu de paille pour leur nourriture), tombent pour ne plus se relever. Aussi l'épais tapis de neige est-il moucheté de loin en loin par de nombreux points noirs qui sont des cadavres de chevaux indiquant la route comme autant de jalons funèbres.

Force nous est de cheminer au petit pas au milieu de cette interminable colonne d'infanterie, d'artillerie et de bagages.

Cet arrêt forcé nous fait cruellement souffrir du froid, et pourtant je suis couvert de vêtements : aux pieds, trois paires de bas de laine, des bottes fourrées; aux mains, deux paires de gants également fourrés; sur le corps, deux chemises de laine, une épaisse ceinture de flanelle, une tunique, une énorme houppelande en peau d'agneau, et mon manteau circassien en poils de chèvres; ma tête est enveloppée dans un chaud bachelick. En outre, je suis à moitié enfoui dans le foin garnissant le fond de la voiture et couvert de chaudes couvertures.

Eh bien! malgré tout cet attirail, suffisant en temps ordinaire, pour vêtir cinq personnes, j'avais froid, cruellement froid, et mes pommettes, la seule partie de mon visage qui soit découverte, sont piquées par le vent du nord, comme par autant d'aiguilles de feu.

Vers huit heures du soir nous nous arrêtons pour passer la nuit au village de Gorny-Doubnik, où le *tchorbadji* (maire) bulgare nous propose une étable pour nous abriter.

Quelques coups de fouet que mon Cosaque applique à propos sur les épaules de cet hospitalier et complaisant fonctionnaire, nous procurent aussitôt une maison munie d'excellents poêles qui me paraît le plus délicieux séjour, mais en revanche fait pousser les hauts cris au major Cherchneïf qui va organiser l'hôpital militaire.

Ce brave officier, arrivé seulement depuis quelques jours de Bukarest, où il se trouvait depuis le commencement de la campagne, est tout à fait dépaysé au milieu de cette dure campagne d'hiver; tout à l'heure, en arrivant à Gorny-Doubnik, misérable village bulgare dévasté durant la bataille du 24 octobre dernier, il me demandait s'il ne nous serait pas possible de trouver une auberge.

Le lendemain, la température s'adoucit de beaucoup et, sous les rayons du soleil, la neige recouvrant la chaussée se transforme en boue liquide, ce qui oblige notre traineau à s'engager dans les champs bordant la chaussée.

Contre le village de Télisch je rencontre une colonne de prisonniers turcs arrivant d'Araba-Konak; mais quelle différence avec les soldats d'Osman-Pacha!

Autant ceux-ci étaient de haute taille et de fière allure, les premiers sont chétifs, misérables d'aspect, de mise, et paraissent de véritables pygmées auprès de la haute stature des soldats des chasseurs de la garde qui les accompagnent.

Dans l'après-midi, nous faisons halte dans la vallée de Radomirce devant une *zemlank* (maison creusée en terre) occupée par un poste de Cosaques du 26ᵉ régiment gardant un vaste dépôt de foin, qui appartient à ce corps.

Ces braves gens, que je connais, d'ailleurs, nous accueillent à merveille et étalent devant nos chevaux une ample provision de fourrages sur laquelle ceux-ci se jettent à pleines dents, car depuis le 17 décembre dernier, ce qui fait plus de vingt jours, les malheureuses bêtes ont été obligées de se contenter d'un peu de paille pour toute nourriture.

Ce jour-là nous faisons halte au village de Lukovitza, où nous trouvons des Bulgares qui s'empressent de nous conduire à une des meilleures maisons de l'endroit.

Fait à noter, plus nous nous éloignons du Danube, le Bulgare devient honnête, serviable et hospitalier,

Le 6 janvier nous jouissons d'une excellente et chaude journée d'hiver qui nous force à quitter nos bachelicks et à retirer la moitié de nos fourrures.

Un peu avant Yablonitza, nous sommes rejoints par M. Félitzine, capitaine aux Gardes à cheval, aide de camp du grand-duc Nicolas, et qui va remettre aux troupes du général Gourko cinq cents croix de Saint-Georges en argent, en récompense de leur brillante conduite dans les combats de Thaskisend et d'Araba-Konak. Dans ce nombre je vois avec plaisir que la brigade de Cosaques du Don du général Kournakoff reçoit quarante-deux croix, et la 19e batterie de Cosaques trois croix, pour leur héroïque défense de Tchelopetz, en décembre dernier.

Le lendemain, à notre départ d'Ossikovo, où nous avons passé la nuit précédente dans une maison turque où se sont établis des médecins d'ambulances, le beau temps continue.

C'est un véritable dégel; un vent des plus tièdes souffle du sud et fond les dernières flaques de neige qui couvrent à peine les sommets des hauteurs et coulent au fond de la vallée en épais ruisseaux jaunâtres et limoneux.

Bientôt nous atteignons le sommet de la première passe, dite passe de Pravetz, et nous nous croisons avec un long convoi de près de quatre cents chariots chargés de blessés et malades, la plupart appartenant aux chasseurs de la famille impériale, à la 3e division d'infanterie de la Garde, ainsi qu'à la 31e division d'infanterie de ligne.

Beaucoup de ces pauvres soldats sont atteints de cas de

congélation, car, lors des derniers combats, les troupes russes passèrent plusieurs nuits sur les plus hauts sommets des Balkans, exposés à plus de vingt degrés de froid, sans feu, et à moitié ensevelis sous la neige qui tombait à gros flocons.

A lui seul le détachement du général Dandeville perdit cinquante-trois hommes morts de froid, et huit cents autres dont dix officiers, furent atteints de cas de congélation.

Dans cette circonstance, la conduite du 26° Cosaques, qui occupait le village de Bounovo, fut, au dire d'un témoin oculaire, au-dessus de tout éloge. Pendant trois jours ces braves soldats préparèrent du thé, de la soupe, pour toute cette colonne de Dandeville, et allaient dans la montagne recueillir les soldats égarés dans la neige. Plus de mille Russes leur doivent ainsi la vie.

Après avoir dépassé ce douloureux et triste convoi, je rencontre une charrette escortée par un peloton d'infanterie et recouverte d'un large drap noir portant au centre la croix bulgare à trois branches, brodée en argent.

Cette voiture, me dit un sous-officier, contient le cadavre du brave général Kataley, commandant la 3ᵉ division de la garde, qui a été tué à la prise du défilé d'Araba-Konak.

Bientôt je descends du sommet de la passe au fond de la vallée, ayant en face de moi les formidables hauteurs enlevées par le général Rauch en novembre dernier, et sur le fond blanc desquelles les anciennes redoutes et tranchées turques se dessinent en longues lignes noires.

Partout dans ce défilé de nombreuses escouades de travailleurs bulgares, sous la direction de soldats du génie, réparent le chemin, plantent des garde-fous, cassent la glace, etc.

Je remarque que, sur les montées et descentes de la route, la terre a été taillée en espèces de marches d'escalier, afin de faciliter le passage de l'artillerie; ce moyen employé est des plus ingénieux et des plus pratiques, car en montant, les chevaux prennent plus aisément point d'appui afin de tirer, et, en descendant, les pièces et caissons ne roulent pas d'eux-mêmes et ne forcent pas ainsi les attelages à prendre le galop, ce qui serait des plus dangereux sur ces pentes couvertes de glace, et dont les détours sont coupés en angles de 45°.

A partir de Pravetz jusqu'à Orkanié, la route suit la vallée et est couverte de nombreux détachements d'infanterie rejoignant leurs régiments.

Il y a là de tous les corps : Chasseurs de la famille impériale, au bonnet fourré, et dont les bretelles du sac sont raccrochées au ceinturon au moyen de grosses grenades en cuir; chasseurs finlandais, tireurs émérites, réputés les meilleurs de toute l'armée, vêtus d'un sombre uniforme vert, à peine réhaussé par de minces passepoils bleus, et parlant entre eux le dialecte finois à l'accent si bref et si dur; fantassins de la Garde, de haute stature, porteurs de barbes épaisses et touffues; fantassins de la ligne, de petite taille, la plupart imberbes et à l'air gauche et timide.

Au village de Lazan, à deux kilomètres d'Orkanié, sont établis de nombreux parcs d'artillerie, dont les pièces de bronze, alignées en longues files, étincèlent sous les rayons du soleil.

Orkanié, où nous arrivons bientôt, est encombré de troupes; les soldats sont établis un peu partout et ont transformé en écuries les boutiques turques bordant la grande rue.

Quant aux nombreux malades et blessés on les a installés dans les mosquées froides et humides, dont les vitres ont été brisées, le plancher arraché. Il est à regretter que l'on défende de transformer les églises bulgares en ambulance ; d'abord, plus que tout autre, la demeure du Christ doit être l'asile de la douleur et de la souffrance ; et, en outre, ce ne serait pas déranger beaucoup les Bulgares dans leurs excercices religieux. Aujourd'hui se trouvait être la Noël du calendrier russe ; dans les différentes églises que j'ai visitées, j'ai vu de nombreux soldats agenouillés et priant avec la plus grande ferveur, mais en revanche pas un seul indigène.

L'administration militaire des hôpitaux fait pourtant les plus grands efforts, afin d'installer ses ambulances le plus commodément possible. Il est à regretter que la Croix-Rouge qui possède de si grands capitaux et de si grands secours en nature, ne la seconde pas plus activement. Telle est la désorganisation de cette administration civile, que le délégué envoyé pour ouvrir un hôpital à Yablonitza, possédait seulement deux livres de thé, deux livres de sucre, pour subvenir aux besoins de l'ambulance, et cent vingt francs pour faire face aux paiements.

Bâtie dans une étroite vallée formée au centre du versant septentrional des grands Balkans, Orkanié se trouve située au milieu d'un cirque de rochers escarpés.

Ainsi qu'à Etropol, les maisons sont petites, basses, les rues sales et boueuses, les mosquées dépourvues de toute ornementation et sans aucun caractère pittoresque. Seule la tour de l'horloge, bâtie au centre de la ville, avec ses façades renflées et ventrues, comme le devant des vieilles commodes Louis XV, et sur lesquelles un artiste, musulman sans doute, s'est livré à une débauche d'ocre et de bleu de Prusse, représentant des guirlandes de feuilles et de fleurs, est assez curieuse, surtout avec les quatre vases ornés de plantes en zinc peint en vert qui en ornent le sommet.

Le colonel de gendarmerie, commandant de place à Orkanié, m'apprend que d'ici à trois jours la route du défilé d'Araba-Konak sera impraticable pour les voitures, plus de quinze cents charrettes chargées de vivres ayant encombré le chemin, au point qu'elles ne peuvent ni reculer, ni avancer, et que l'on vient d'être obligé d'envoyer d'ici un détachement de gendarmerie afin de rétablir un peu l'ordre au milieu de cette extrême confusion.

De même, que tous les centres de communication de l'armée russe, Orkanié est devenue la proie de nombreux cantiniers, Juifs allemands ou polonais, qui mettent les denrées de première nécessité à des taux incroyables.

Le jour de mon arrivée, j'envoie mon Cosaque acheter une bougie dans un de ces débits, et qu'il me rapporte en disant qu'on lui a fait payer 1 fr. 50.

Comme je m'étonne du prix :

— Celle-là, il est vrai, je l'ai payée, mais ajoute mon ordonnance en tirant trois autres bougies de sa poche, celles-ci je les ai eues pour rien !

Je ne sais comment il a fait afin de pouvoir décrocher ces bougies, les marchands ne laissant pas entrer les soldats dans leurs boutiques ; mais il faut dire que si le Juif est rusé, le Cosaque est très adroit, et possède une facilité d'escamotage, digne des plus brillants élèves des Bosco et des Robert Houdin.

On ne peut se figurer tout ce que peuvent contenir les poches de la capote du cavalier du Don, auxquelles on peut seulement comparer les larges poches du pantalon-abîme du zouave d'Afrique.

Un autre détail très curieux de l'habillement du Cosaque, c'est son porte-monnaie, qui consiste en une petite ceinture en cuir à compartiments, et qui se porte enroulée, sous le pantalon, au-dessus du mollet gauche en guise de jarretière.

Strigli, 8 janvier.

Quand on sort d'Orkanié, se dirigeant vers Sofia, l'on chemine encore pendant près de deux kilomètres dans la vallée, jusqu'au petit village de Vracesi.

A partir de cet endroit la route tourne à gauche, et s'enfonce dans une gorge étroite, dominée par de vastes rochers couverts de taillis et de broussailles.

Sur les pentes des collines, je remarque de nombreux gourbis creusés en terre et recouverts de branchages, où les soldats russes ont campé durant les dernières opérations.

Au pied de la pente qui s'élève entre les monts de Greota à gauche et de Baba-Konak à droite, l'encombrement des arabas de transport est extrême, malgré les coups de nagaïkas (fouets) que les gendarmes font pleuvoir sur les épaules des conducteurs; ceux-ci s'entêtant à passer plusieurs de front dans une route étroite, large tout au plus pour laisser cheminer deux charrettes de front, les équipages se sont croisés et accrochés, formant un réseau plus embrouillé encore que le fil d'Ariane.

Bien qu'ayant mis pied à terre, il me faut plus de temps pour traverser ce pêle-mêle de voitures s'étendant à peine sur un kilomètre, que pour franchir les dix-neuf kilomètres parcourus depuis mon départ d'Orkanié.

Arrivé au haut de la passe, je ne vois que redoutes et tranchées turques; autant le versant septentrional des Balkans est allongé et couvert de forêts, la pente méridionale est aride et taillée presque à pic comme une véritable falaise, sur laquelle la route descend en serpentant en longs et multiples lacets, rappelant de beaucoup la descente de la passe de Schipka, avec cette différence, que la chaussée est ici de beaucoup meilleure et praticable pour les équipages militaires.

Au pied de la montagne se trouve le han de Araba-Konak, qui a donné son nom à la passe.

A gauche de la chaussée est située un vaste caravansérail, surmonté d'un petit belvédère à balcon en bois découpé et recouvert de tuiles rougeâtres. Auprès d'un puits sont rangées douze pièces de canon en acier, que les Turcs abandonnèrent dans leurs redoutes du centre, durant leur retraite sur Petricevo, en ayant soin toutefois d'en emporter les culasses.

Quelques-uns de ces canons sont privés de leurs affûts, les Turcs les ayant démontés et jetés dans les ravins, d'où l'on a été obligé de les retirer avec des cordes et des poulies.

A notre droite, de l'autre côté de la route, sont construits deux kiosques, où les voyageurs s'arrêtaient, afin de prendre le café durant l'été, et où les Turcs avaient entassé leurs provisions de grains et de farine.

Cette vallée d'Araba-Konak est des plus petites, et au fond la route de Sofia s'engage dans les passes de Thaskisend, par où les Russes débouchèrent le 31 décembre prenant en queue les défenseurs d'Araba-Konak.

Au lieu d'attaquer de front ces dernières positions presque imprénables et qui auraient coûté la vie de plusieurs milliers d'hommes, le général Gourko eut l'heureuse inspiration de prendre la vieille route de Sofia, partant également du village de Vracesi. Cette route passe dans la montagne par les villages de Curiak, Potop, Nesrica, Zilava et tombe près du village de Jana, sur la route de Sofia, à égale distance de cette ville et de Thaskisend.

Par une incroyable incurie, les officiers turcs ignoraient même l'existence de cette ancienne voie, qui n'était nullement occupée.

Aussi le 30 décembre, au soir, les Russes débouchèrent-ils dans la vallée de Sofia, sans rencontrer aucun obstacle.

Tandis que le général Williaminoff, commandant la 31ᵉ division d'infanterie, reste stationnaire sur la route de Sofia, afin d'arrêter tout renfort turc arrivant de cette ville, la 3ᵉ division de la garde se porte sur les gorges de Thaskisend, afin de couper et d'envelopper les défenseurs d'Araba-Konak.

En voyant ce mouvement tournant des Russes, le général anglais Baker-Pacha, avertit Chevkis-Pacha, commandant cette position, d'avoir à déguerpir au plus vite, sous peine d'être enveloppé et fait prisonnier. Malgré ce sage conseil, le général turc s'entête à attendre l'attaque des Russes, qui a lieu le lendemain 31 décembre.

La bataille est des plus vives, la 3ᵉ division de la garde et le régiment de Préobtajenski attaquant de front et à la baïonnette sur une route dominée de tous côtés par des collines où les Turcs se tiennent retranchés.

Le général Filosofoff, commandant la première brigade de cette division est mortellement blessé.

A la fin cependant, les défenseurs de la passe de Thaskisend sont délogés de toutes leurs positions ainsi que ceux des redoutes d'Araba-Konak, que l'artillerie de la garde crible de sharpnels (obus à balles) et tous se réfugient dans une dernière redoute, située à l'extrémité droite des lignes turques, au-dessus du village de Strigli.

La nuit arrivant sur ces entrefaites accompagnée d'un épais brouillard, cette nouvelle attaque est remise au lendemain.

Durant la nuit, les Turcs évacuent en toute hâte cette dernière position se retirant par la vallée de Slatitza sur Petricevo, afin de prendre en cet endroit la vallée de la Tapolnitza, qui débouche près de Tatar-Bazardjick.

Heureusement pour les Turcs, il règne, ce jour et cette nuit-là, une affreuse tourmente de neige dans les montagnes, qui retarde la marche du détachement de Dandeville, chargé de les couper à Mirkovo. Aussi Chevkis-Pacha put-il s'échapper, mais en laissant les cadavres de plus de dix-sept cents de ses soldats, morts de froid dans cette terrible nuit.

Le 1er janvier, dès l'aube du jour, les Russes attaquent le village de Strigli, où ils ne trouvent plus que l'arrière-garde turque, commandée par Baker-Pacha, qui soutient la retraite avec deux pièces de canon.

En un clin d'œil les Turcs sont culbutés à la baïonnette par les régiments de Lithuanie et de Volhynie, les canons enlevés et six cents hommes faits prisonniers. Malheureusement en se jetant le premier en avant, le brave général Kataley, commandant la 3e division de la garde, a été tué raide par une balle au front. Dans tous ces brillants engagements l'armée russe a à peine perdu quatre cents hommes tués ou blessés.

Quand j'arrive au han d'Araba-Konak, il est plus de

trois heures de l'après-midi et huit heures de marche me séparent encore de Sofia, aussi je me dirige, afin de passer la nuit, vers le village de Strigli, dont j'aperçois les maisons se détacher comme autant de points noirs, à six kilomètres à ma gauche, sur les dernières pentes des grands Balkans.

A moitié chemin de ce hameau, une tourmente de neige de peu de durée, mais des plus violentes, nous enveloppe de ses épais flocons et nous égare complètement, nous faisant presque arriver jusqu'au village de Komarci, sur la route de Slatitza.

Enfin, nous parvenons, non sans peine, à retrouver notre chemin sur cette route semée de cadavres turcs, raidis et gelés, recouverts presque entièrement par la neige, et nous arrivons enfin au village de Strigli, occupé par une compagnie de la 5ᵉ division d'infanterie.

Là, contre l'église bulgare, je remarque un grand drapeau blanc étoilé du large croissant rouge. C'est une ambulance turque, remplie de nombreux blessés, la plupart atteints par des shrapnels et que soignent quatre médecins anglais, attachés au croissant rouge. Avec eux se trouvent deux autres médecins anglais de la croix rouge anglaise.

L'un d'eux, M. Leslie, est une ancienne connaissance à moi, que j'ai déjà vu, il y a deux ans en Serbie, à Alexenatz, où il dirigeait les ambulances anglaises attachées à l'armée du prince Milan.

A ces messieurs, s'est joint M. Bell, le correspondant spécial de l'*Illustrated London News*, avec l'armée turque ; le jour de l'attaque de Thaskisend, cet artiste s'était dirigé vers les hauteurs d'Araba-Konak, croyant que le fort de la bataille aurait lieu en cet endroit.

Ses prévisions étaient fausses, et au lieu de suivre Chevkis-Pacha dans sa retraite périlleuse, mon collègue préféra rester avec l'ambulance de ses compatriotes à Strigli, où il est à présent interné, en attendant qu'on l'envoie au quartier général, qui le fera reconduire jusqu'à Bukarest pour être mis à la disposition du consul de la Grande-Bretagne.

Dans cette ambulance j'ai vu aussi un des aides de camp de Baker-Pacha, M. le colonel anglais Baker-Bey, qui quoique portant le même nom n'est nullement parent de cet officier supérieur.

Baker-Bey est un des quatre officiers envoyés par le gouvernement anglais afin d'organiser la gendarmerie en Turquie, et arrive du Bengal où il a également constitué le corps de gendarmes indiens. Cet officier supérieur n'est pas blessé, mais excessivement malade depuis près d'un mois, des suites d'une fluxion de poitrine qui lui est survenue pour avoir campé la nuit sur les hauteurs neigeuses d'Araba-Konak.

Grigorevo, 9 janvier.

Le lendemain, à mon départ de Strigli, la neige, qui est seulement tombée la veille pendant une demi-heure, se remet à tomber avec la plus grande violence pour durer toute la journée.

Chassés par une brise glaciale, les flocons, au lieu de s'amonceler sur la chaussée, sont balayés dans les champs, et bientôt la route devient un véritable miroir sur lequel nos chevaux se cramponnent désespérément avec leurs sabots ferrés à glace, en n'avançant qu'au tout petit pas.

Bientôt nous sortons de la petite vallée d'Araba-Konak

et nous nous engageons dans la gorge en lacets de Thaskisend, qui est des plus escarpées et que dominent de tous côtés des séries de collines couvertes de taillis.

De ces bois, les Turcs tiraient à couvert le 31 décembre dernier et à feu plongeant sur les régiments de Préobrajenski, de Lithuanie et de Volhynie, qui, malgré des pertes nombreuses, arrivèrent à la baïonnette et sans tirer un seul coup de fusil, au blockhaus dominant le sommet de cette passe.

A la sortie du défilé se trouve le village de Thaskisend, en arrière duquel l'artillerie russe avait pris position ce jour-là, et où le lendemain, 1ᵉʳ janvier, le général Gourko établit son quartier général. La plupart des maisons se sont effondrées, percées à jour par les obus ; la mosquée est veuve de son minaret, jeté à bas par un projectile russe ; dans une grande grange sont enfermés près de deux cents Turcs prisonniers qui restent encore à être évacués au-delà des Balkans.

La gorge, comme je l'ai déjà dit, est des plus escarpées, et pour ainsi dire étranglée de tous côtés par des rochers granitiques taillés à pic ; on croirait passer au travers d'une vaste déchirure volcanique, comme l'indique d'ailleurs le nom de Thaskisend, qui signifie en langue turque « *Pierre coupée* ».

Après avoir dépassé ce village, j'aperçois à ma gauche, et perdu au milieu des flocons de neige, le petit hameau de Malkotchevo, par lequel les troupes russes de la 2ᵉ division de la garde, tournèrent la gauche des positions turques.

Ce jour-là je ne puis arriver à Sofia, tellement le verglas a rendu les chemins impraticables, et, à la tombée de la nuit, je m'arrête à Grigorevo, situé à trois heures de marche de cette ville.

Grigorevo est un village entièrement bulgare, à part deux propriétés turques, qui ont été abandonnées à notre approche.

Les maisons de ces begs sont des plus curieuses: figurez-vous un blockhaus en pierres, recouvertes de plâtre peint en jaune, et dans lequel on pénètre au moyen d'un escalier placé extérieurement; on dirait un pigeonnier gigantesque et non une habitation de plaisance d'un riche propriétaire.

Dans ce village, le premier où je m'arrête, après avoir traversé les Balkans, les maisons sont mieux construites, et aménagées plus confortablement que les habitations bulgares du nord de la Bulgarie, qui ressemblent à de véritables tannières.

Ici, au contraire, les demeures sont plafonnées, avec le sol recouvert en pierres, quelquefois même ayant le luxe d'un plancher dans la chambre d'honneur réservée aux étrangers, car ici, chose remarquable et bien faite pour étonner, le Bulgare est hospitalier.

Cette chambre, dans la maison où je suis descendu, est munie d'un excellent poêle en plâtre, à la turque, de nattes, et de couvertures en grosse laine à larges rayures blanc et marron.

Les murailles sont entièrement tapissées de grossières enluminures, fabriquées dans le sud de la Russie pour les pays slaves, rappelant exactement notre imagerie populaire d'Épinal, et représentant, le paradis, l'enfer, des martyrs, etc. Dans un coin, est suspendue une petite lampe en verre, éclairant deux croix en nacre, rapportées de Jérusalem par le maître du logis, et que les Terchkesses ont fracassées avec la crosse de leurs carabines.

Ces indices de bien-être se retrouvent également dans le costume des habitants, principalement des femmes, car partout le Bulgare porte le bonnet rond en toison de brebis et le grossier sayon de peau ; accoutrement qui ne doit pas avoir changé depuis le paysan du Danube.

Quant aux femmes, leur costume, sans être gracieux, est des plus pittoresques.

Sur leurs cheveux, divisés en une infinité de petites nattes, est placé un carré de laine blanche, entourant le front et rejeté en arrière de manière à couvrir les épaules. Dans les cheveux, le long des tempes, sont attachées des branches de buis couvertes de feuilles d'or.

La robe, en forme de fourreau et sans taille, en grosse laine noirâtre, brodée de dessins rouges, laisse les bras nus et est échancrée sur le devant de la poitrine, laissant apercevoir la chemise couverte d'ornements multicolores.

Des *opankis* légers, en cuir fauve, à cordelettes rougeâtres, chaussent le pied, recouvert par un gros bas en laine à dessins noirs et jaunes.

Des boucles d'oreilles en perles rouges et en piécettes d'argent, de lourds et massifs bracelets en cuivre, et une ceinture composée d'une série de larges plaques de même métal, carrées de forme et découpées à jour, complètent le costume.

Sofia, 10 janvier.

Le lendemain j'arrive à Sofia, après une marche de trois heures au milieu de la vallée de l'Iskra.

A droite et à gauche de la chaussée de nombreux villages, se détachant en relief sur le blanc tapis qui recouvre la plaine, paraissaient comme autant d'oasis dans ce vaste désert de neige.

Un peu avant d'arriver au village de Gorny-Bougaroï, j'aperçois de nombreuses tranchées, dont le fond est rempli de culots de cartouches des fusils Krinka de l'infanterie russe.

C'est là que le 1er janvier les troupes turques sorties de Sofia, afin de secourir les défenseurs d'Araba-Konak, furent refoulées dans la ville après un court engagement.

Quand les troupes du général Gourko traversèrent les grands Balkans, en tournant les positions ennemies, presque toutes leurs forces marchèrent sur Thaskisend, en tournant le dos à Sofia.

Seul le général Williaminoff, commandant la 31e division, reçut le périlleux honneur de barrer la chaussée à toute force ennemie arrivant de cette ville. Cet officier supérieur ne disposait que de cinq bataillons d'infanterie, et le 1er janvier, au matin, les Cosaques du Kouban, envoyés en éclaireurs jusqu'aux bords de l'Iskra, se replièrent sur ses troupes, lui annonçant que douze bataillons turcs étaient sortis de Sofia et marchaient à sa rencontre.

Aussitôt Williaminoff fait creuser de légers épaulements en terre, qui sont élevés en un clin d'œil, grâce à cette facilité merveilleuse avec laquelle les Russes manient la terre, et y fait coucher ses soldats; puis, attendant tranquillement l'ennemi, il le laisse s'avancer jusqu'à une distance de cinquante mètres, et là le reçoit par une décharge tellement meurtrière, que les Turcs s'enfuient au plus vite, laissant derrière eux de nombreux tués et blessés.

En arrière de ces tranchées, j'ai remarqué deux vastes tumulus en terre, remontant à l'époque de la domination slave, et pareils à ceux qui l'on rencontre dans le sud de la Russie, la Hongrie, la Bohême et les bords du Rhin. Sur l'un d'eux, dont les pentes sont couvertes par les croix grecques en granit d'un cimetière bulgare, se tenait le général Williaminoff pendant la bataille, debout et à cheval, comme une cible vivante défiant les coups de l'ennemi.

De tous côtés gisent ensevelis sous la neige et à moitié dévorés par les loups et les corbeaux, de nombreux cadavres turcs, raidis par la gelée, horribles et hideux d'aspect.

Entre la rivière Hadzi-Karaman et l'Iskra, qui se réunissent au nord de Sofia, la route est coupée par une dizaine de petits ruisseaux, rendant la plaine excessivement marécageuse.

Tous les ponts qui les traversent ont été à moitié démolis par les Turcs.

Sur l'Iskra est jeté un grand pont en bois, recouvert d'une toiture en ardoises. Sur le milieu, à droite et à gauche des parapets, ont été construits deux petits kiosques avec des estrades en bois, où les voyageurs peuvent se reposer à l'ombre et à la fraîcheur, durant les chaleurs torrides de l'été dans cette vaste plaine dépourvue d'arbres et d'abris contre les brûlants rayons du soleil.

En se retirant sur Sofia, les Tcherkesses avaient entassé de la paille et des fagots sur le tablier de ce pont et y avaient mis le feu.

Heureusement, les Cosaques du Kouban étaient sur leurs talons. Traversant au galop le pont en flammes, ces braves cavaliers mirent aussitôt pied à terre et, sans daigner répondre à la fusillade des Tcherkesses, allèrent puiser de l'eau dans l'Iskra, au moyen des seaux en toile que tout Cosaque porte attachés à sa selle, et éteignirent ainsi ce léger commencement d'incendie, qui avait seulement endommagé l'extrémité droite du pont.

Vers deux heures de l'après-midi, j'arrive sur la colline au pied de laquelle coule le petit ruisseau Slatina, et j'ai devant les yeux un magnifique panorama. A ma droite les décombres noircies du village de Podeni, incendié par les Bachi-Bouzouks; à gauche, la route de Philippopoli, dominée par les épaulements en terre de Medjidié-Tabia (fort de l'Étoile), et qui s'enfonce dans les replis des collines de Brdo.

En face, Sofia avec ses trente-deux mosquées, dont les minarets, ornés de peintures et des bas-reliefs en terre cuite, se découpent comme autant de silhouettes aiguës sur l'azur du ciel, et comme fond de tableau les cimes escarpées et neigeuses du mont Vitoche, au pied duquel passent les routes de Kustendil et de Dubnitza, par où s'est enfuie la population turque de la ville.

Pas un souffle dans l'air, pas un mouvement sur la plaine, pas un bruit! Sofia est enveloppée d'un immense suaire de neige.

C'est un aspect imposant et septentrional qu'on n'attend point de ces villes du soleil et du ciel bleu.

Tous ces milliers de cases noires sont confondues dans une monotone et sinistre teinte blanche.

Au-dessus de ces fourmilières humaines ensevelies sous la neige se dressent les masses grandioses des mosquées grises et les pointes aiguës des minarets.

Après avoir traversé les remblais, à moitié éboulés du chemin de fer commencé il y a quelques années, afin de prolonger la ligne de Tatar-Bazardjick jusqu'à Sofia, et Belgrade, j'arrive aux fortifications élevées en 1829 par les Turcs, afin d'entourer la ville, quand les Russes s'emparèrent de Philippopoli.

Ces fortifications, des plus sommaires, se composent d'un large fossé et d'un talus dépourvu de banquettes, et sont bonnes tout au plus pour mettre la ville à l'abri d'un coup de main tenté par de la cavalerie.

Contre le pont, jeté sur le fossé, gît, abattue dans la neige, une potence, où lors de la domination turque, l'on pendait les Bulgares durant la nuit précédant le jour du marché, afin que leurs compatriotes, en arrivant de leurs villages, aperçussent le châtiment sévère qui les attendait pour la moindre faute ou manque de respect commis envers le gouvernement du Sultan.

En arrivant à Sofia j'apprends que le général Gourko en est parti depuis la veille, se dirigeant sur Voytrenova, et suivant, avec la garde impériale, la grande chaussée de Philippopoli, formant ainsi le centre de son armée, tandis que le général Williaminoff s'avance à droite avec la 31ᵉ division d'infanterie par Samakow, et le général Schildner-Schudner, commandant la 5ᵉ division, à gauche, par Slatitza, Kalofer, Karlovo et de là sur Tatar-Bazardjick.

Le grand cimetière turc à Sofia.

CHAPITRE XIII

Sofia.

Les redoutes de Sofia. Les rodomontades d'Osman-Pacha. Évacuation de la ville. Incendies. Pillage. Arrivée des Russes. Les ambulances anglaises, Lady Strafford. Les fontaines. Les mosquées. Les prisonniers de Nesch. Les tombeaux de derviches. Les bazars. Le conak. La place du marché aux bœufs. Exécutions bulgares. L'Anglais amateur de pendus. Un incendie à Sofia. La bénédiction des eaux. Distribution de vivres aux Turcs. Le cimetière bulgare. Le vieux pont. Les Européens à Sofia. Hafiz-Pacha.

Sofia, 12 janvier.

Il faut remonter aux temps des guerres hongroises, et aux règnes des Hunyades et des Mathias Corvin, pour trouver la prise de Sofia sur les armées musulmanes.

Depuis ces temps reculés, aucune troupe chrétienne

n'avait occupé cette ville ; en 1829, les Russes s'étaient emparés de Philippopoli, et de Tatar-Bazardjick, mais n'avaient pu arriver jusqu'à Sofia, que les Turcs considéraient comme la cité sainte de la Bulgarie, et la digue devant laquelle s'arrêtaient les invasions ennemies.

Cependant quand les Russes passèrent le Danube en juin dernier, les Turcs, trouvant insuffisant comme moyen de défense le talus élevé autour de la ville en 1829, construisirent six redoutes :

1° La redoute de Slatina, dominant la route de Constantinople.

2° La redoute de Medjidié, à cheval sur la chaussée de Tatar-Bazardjick.

3° La redoute n° 3, balayant la route de Radomir.

4° La redoute d'Aldul-Hamid, commandant la route de Nisch. Cet ouvrage s'appelait également le fort des Juifs, ayant été construit par les Israélites de Sofia, réquisitionnés à cet effet.

5° et 6° Enfin deux autres bastions protégeaient l'entrée de la ville.

Toutes ces redoutes, auxquelles avaient travaillé huit mille Bulgares pendant près de deux mois, étaient armées de douze pièces de campagne.

Jusqu'à la fin de décembre la population de Sofia jouit de la plus grande sécurité, ayant la ferme conviction que jamais les Russes ne pourraient s'emparer de la ville ; mais quand on apprit l'arrivée de ceux-ci à Thaskisend cette profonde tranquillité se changea en une immense panique, surtout lorsque les dix mille hommes commandés par le gouverneur militaire Osman-Pacha, furent battus par Williaminoff en avant de l'Iskra et rentrèrent en ville en proie à la plus affreuse panique.

Tous les arabas, charrettes, chevaux, bœufs, buffles etc., furent réquisitionnés chez les chrétiens et les Juifs, afin de transporter les vingt mille personnes composant la population musulmane de la ville.

La population chrétienne était loin d'être rassurée en entendant le bruit de la bataille de Gorny-Bougaroff et en voyant les lueurs de l'incendie du village de Podeni, situé aux portes de la ville et auquel les Tcherkesses avaient mis le feu le lendemain de leur défaite.

Les trois vice-consuls de France, d'Autriche et d'Italie se rendirent alors auprès du gouverneur afin de connaître ses intentions et de pourvoir ainsi à la sécurité de leurs nationaux.

Osman-Pacha les engagea à quitter la ville qu'il devait, disait-il défendre pied à pied, incendier, et en faire sauter les poudrières, afin, prétendait-il, ne laisser aux Russes ni une paille ni une feuille de papier à cigarettes.

Les consuls lui demandèrent alors des moyens de transport pour leurs nationaux, et Osman-Pacha répondit qu'il ne pouvait disposer en leur faveur que d'une trentaine d'arabas.

Devant cette offre dérisoire pour voyager dans une contrée couverte de neige et où régnait un froid des plus rigoureux, les consuls répondirent qu'ils resteraient coûte que coûte, eux et leurs nationaux à Sofia. Ceux-ci, consultés à cet égard, furent du même avis que leurs représentants, et envoyèrent leurs familles se réfugier dans les consulats.

Malgré ses menaces et ses rodomontades, Osman-Pacha ordonna le 3 janvier, au matin, l'évacuation de la ville, abandonnant même les mosquées que l'on avait converties en magasins et qui étaient remplies de farine, d'avoine, de foin, d'armes, etc. Lui-même partit un des derniers, à dix neures du soir, sous l'escorte d'un régiment de chasseurs à cheval et emmenant avec lui le trésor, porté à bât par six chevaux de main.

Derrière restèrent les Bachi-Bouzouks et les Tcherkesses, qui allumèrent aussitôt deux grands incendies et commencèrent à piller le bazar.

La population chrétienne passa cette nuit-là en proie aux plus vives inquiétudes, chacun s'attendant à sauter avec les nombreuses poudrières que renfermait la ville.

Cependant les consuls réunissant leurs nationaux et quelques Bulgares de bonne volonté, organisèrent des patrouilles devant lesquelles les derniers irréguliers turcs, aussi lâches que féroces, se dispersèrent aussitôt. Les maisons furent visitées minutieusement et l'on put éteindre ainsi une vingtaine de mèches souffrées que les Tcherkesses avaient allumées dans autant de maisons et qui auraient ainsi fait naître de nombreux incendies.

Près de cent de ces bandits furent également découverts et arrêtés dans les caves des maisons turques abandonnées où ils s'étaient cachés.

Cependant il est triste de dire que si quelques Bulgares montrèrent beaucoup de zèle et de dévouement dans ces pénibles circonstances, le reste de la population se livra aux plus honteux excès. Près de mille Turcs malades ou blessés avaient été abandonnés dans les hôpitaux. Deux de ces malheureux furent massacrés dans leurs lits.

Le grand bazar fut entièrement pillé, ainsi que les magasins turcs. Plus de vingt-cinq mille fusils Martini et Sniders furent ainsi enlevés. Dans une seule mosquée, transformée par les Turcs en ambulance et où les Russes établirent ensuite un nouvel hôpital, les Bulgares volèrent plus de 2,000 couvertures en laine, 1,500 lits en fer et 120 poêles en fonte destinés à chauffer ce vaste édifice ; de plus, ils cassèrent les vitraux et les portes ; aussi quand les malheureux blessés russes furent apportés dans cette mosquée, on fut obligé de les déposer sur les dalles humides sans feu, sans couvertures et exposés à de nombreux courants d'air.

Le 4 janvier, à neuf heures du matin, les premiers soldats Russes entrèrent dans Sofia. C'étaient des Cosaques du Kouban. Dès le point du jour ces braves soldats s'étaient mis en marche, chassant devant eux les derniers Bachi-Bouzouks et avaient traversé le pont de l'Iskra qu'ils avaient préservé du commencement d'incendie allumé par les Turcs.

Peu après arrivèrent des chasseurs de la garde puis la 1re brigade d'infanterie de ce corps d'élite (régiments de Préobrajenski et de Semïanowski).

A trois heures, le général Gourko arriva aux portes de la ville où il fut reçu par le clergé et les autorités bulgares, et alla s'établir dans une modeste maison située sur la place des Eaux-Vives, ainsi nommée à cause d'une grande fontaine percée de nombreux robinets et placée au milieu.

Sofia, où j'ai passé plusieurs jours et que j'ai pu visiter ainsi tout à loisir, est une ville de 40 à 50,000 habitants, dont un tiers environ appartient à la race musulmane.

Son nom bulgare est *Triaditza*. C'est l'*Ulpica Sardica* des anciens. Cette ville doit son nom à une reine bulgare nommée Sophia.

Située dans une vaste vallée, arrosée par l'Iskra et de nombreux affluents, elle occupe une situation stratégique des plus importantes.

De ce point partent cinq grandes chaussées allant à Nisch, Radomir, Orkanié, Tatar-Bazardjick, et Constantinople.

Chose peu commune en Orient, les rues sont larges, la plupart macadamisées et dépourvues de ces atroces pavés pointus qui blessent cruellement les pieds occidentaux non accoutumés à cheminer sur de pareilles aspérités.

Beaucoup de ces rues sont bordées d'arbres, qui, en été, abritent les passants contre les rayons du soleil.

Les maisons sont toutes à un seul étage et bâties dans le goût des habitations espagnoles et italiennes. Sur la plupart des façades recouvertes de plâtrage en blanc éclatant, sont peintes de nombreures fresques de toutes couleurs et de tous les motifs ; arabesques, versets du Koran lions, paysages sans prespective, à la mode japonaise, dans les cieux desquels voltigent de véritables poissons volants.

J'ai même vu sur une large façade, peinte en bleu de Prusse, une grande fresque représentant un bateau à vapeur qui ressemblait à s'y méprendre aux jouets de cette sorte que l'on fabrique à Nuremberg.

Malheureusement le service de la voierie est inconnu dans les villes du Levant, et, pendant l'hiver, les rues de Sofia sont encombrées par une couche de boue liquide qui rend la circulation des plus difficiles.

Heureusement, en ce moment il neige abondamment, et l'on peut cheminer facilement sur la neige gelée et durcie par un froid sibérien.

Presque toutes les rues sont munies de fontaines, que les Turcs, grands amateurs de l'eau et de la fraîcheur, ont placées un peu partout.

Tous ces petits édifices, surmontés d'une coupole en ardoises, sont décorés de dessins multicolores, et de larges plaques en marbre, où sont gravés en lettres d'or le nom du propriétaire qui a fait don de cette fontaine à la ville, et des versets du Koran.

L'eau, qui, à Sofia, est excessivement fraîche et limpide, sort par des robinets en bronze ayant la forme de gueules de lion, et dans une petite niche est déposée une courge, coupée en forme de tasse, et à l'aide de laquelle le passant peut étancher sa soif.

Ainsi que toutes les villes turques, Sofia est abondamment pourvue de mosquées et en possède plus d'une trentaine, sans compter une foule de petites chapelles et de tombeaux de marabouts, devant lesquels les croyants vont également accomplir leurs dévotions.

Tous ces édifices avaient été convertis en entrepôts et hôpitaux par les Turcs; et au drapeau rouge, portant le croissant et l'étoile blanche, que l'on hissait au coucher du soleil à la coupole du minaret, quand retentissait le coup de canon annonçant la prière du soir, a succédé l'étendard blanc au croissant rouge des ambulances.

Le gouvernement turc avait, pour ainsi dire, converti Sofia en un vaste hôpital, et par moments la ville contenait plus de dix mille malades et blessés.

Lors de l'entrée des Russes, ceux-ci ont trouvé seulement 742 Turcs blessés (chiffre officiel), soignés par trente médecins anglais et allemands.

L'une de ces ambulances, la plus vaste, est dirigée par Lady Strafford et quatre dames anglaises. La première, turcophile enragée, ne peut encore croire que les Russes soient entrés à Sofia, et quand le général Gourko lui a fait demander la permission de déposer quelques-uns de ses soldats dans son hôpital :

— Oh ! général, a-t-elle répondu, oh, non ! j'aurais trop crainte que la vue d'un Russe ne fît peur à *mes Turcs !*

En outre, cette brave dame se croit victime imaginaire de la haine des Russes, et en butte à toutes sortes de persécutions. Dernièrement, elle a fait demander au commandant Kamensky, la permission de se promener à cheval dans les rues. Cette demande, étonna bien cet officier, qui lui fit répondre qu'elle pouvait sortir même en ballon, si cela lui convenait, attendu qu'elle n'était nullement prisonnière, mais libre et maîtresse de toutes ses actions.

Moi-même, ainsi que je l'ai raconté, j'avais eu l'occasion de voir, en passant à Strigli, le colonel anglais Baker-Bey, qui était gravement atteint d'une fluxion de poitrine. Le docteur Leslie, m'avait prié, en arrivant à Sofia, d'aller trouver Lady Strafford, de l'informer de l'état de son compatriote, déposé dans une maison bulgare froide, humide, et de lui demander de faire transporter le colonel dans son ambulance.

Dès le lendemain de mon arrivée, je me fais conduire chez Lady Strafford, qui me reçoit comme la gracieuse souveraine de son pays, quand celle-ci veut bien donner une audience ; elle me dit tout d'abord qu'elle est bien harassée car elle a été importunée par une foule de visites faites par les officiers russes. Je lui explique l'état de son compatriote. Une Française ou une Russe me remercieraient, tandis que Lady Strafford, au contraire, me répond qu'elle tâchera de faire droit à ma demande.

C'est trop fort ! J'apprends néanmoins qu'elle a envoyé chercher aussitôt le colonel Baker, qui, doué d'une reconnaissance toute britannique, s'est empressé d'oublier de me dire merci.

D'ailleurs, les médecins anglais, se croient encore à Sofia comme dans un pays conquis; dernièrement, le commandant de place en a fait arrêter deux qui ont boxé et à moitié assommé M. Pezzaro, sujet italien, attaché par l'administration turque à l'intendance de l'hôpital où eux-mêmes sont employés.

Les principales mosquées que j'ai remarquées à Sofia sont :

La grande mosquée, située en face du consulat de France, vaste édifice de forme carrée, construite en briques rouges. Dans l'intérieur de cet édifice, le docteur Eck, chirurgien de la garde impériale, a établi une vaste ambulance, en faisant reprendre chez les Bulgares tout le matériel dérobé par ceux-ci.

Rien de plus imposant que l'intérieur de cet édifice, où pénètre un jour des plus vagues par les petits vitraux cerclés de plomb, garnissant les étroites fenêtres de la mosquée, et toutes ces longues files de blessés, déposés le long des murailles, sur lesquelles sont inscrits, de distance en distance, le thouragh (chiffre) de Mahomet, qui a la forme d'un oméga (Ω) entouré de chaînes, et des versets du Koran en caractères arabes.

La mosquée du gouvernement, ou mosquée de Chtélébi, située à côté du conak, petite de forme, mais des plus gracieuses avec ses murailles peintes en rose, sa coupole légère, recouverte en feuilles de plomb et son svelte minaret décoré d'arabesques en terre cuite, en camaïeu bleu de ciel.

Le jour où je l'ai visitée, plusieurs milliers de corneilles s'étaient perchées sur cet édifice, et se détachaient comme autant de points noirs sur le fond rosé des murailles.

Dans le petit jardin, entouré d'un grillage en lattes peintes de couleur verte, les riches propriétaires turcs se faisaient enterrer, et tout l'intérieur de l'enclos est rempli de larges dalles en marbre blanc, plantées en terre en forme de bornes, couvertes d'inscriptions dorées et que surmontent des turbans ou des fez également taillés dans la partie supérieure du bloc de marbre.

La mosquée du grand bazar, avec sa façade et la tourelle de son minaret entièrement couvertes de bas-reliefs polychromes en terre cuite, dans le goût italien, et dont l'ornementation rappelle, en petit, la façade du Grand Opéra de Paris.

La mosquée du Peuplier, petite de forme, et remarquable seulement par l'arbre gigantesque planté devant son portique, qui s'élève à plus d'une centaine de pieds de hauteur, dépassant de beaucoup le croissant en plomb doré surmontant le minaret.

A l'entrée de la ville, en venant par la route d'Orkanié, se trouve une vieille mosquée en ruines, Ciaoüs-Pacha-Djami. C'est de beaucoup le plus ancien édifice de Sofia.

Lors de la conquête de cette ville par les Turcs, ce monument était une église bulgare que les vainqueurs transformèrent en mosquée. Depuis le commencement de ce siècle, cette mosquée, à moitié ruinée, a été convertie en magasin à fourrages.

C'est un vieil édifice bâti en briques, reliées entre elles par d'énormes crampons en fer, et construite en forme de croix comme toutes les églises bulgares du XIIe siècle. Les vainqueurs s'étaient contentés d'y ajouter un minaret, dont la partie supérieure s'est écroulée et qui présente aujourd'hui l'aspect d'une colonne tronquée.

En face de ce vieux monument, se trouve la caserne des chasseurs à cheval, convertie en hôpital turc. Dans la cour des écuries on a interné les dix-sept cents prisonniers que les Serbes viennent d'envoyer de Nisch, où ils ont pris près de deux mille soldats turcs.

C'est avec un véritable plaisir que j'ai vu arriver à Sofia les soldats serbes de l'escorte, avec leur capote et leur bonnet de police en drap bleu, portant le sac en toile et chaussés d'opankis.

Braves et modestes soldats que j'ai eu l'occasion de connaître et d'apprécier il y a deux années en Serbie. A cette époque, ils avaient attaqué seuls et résolument le vaste empire ottoman, auquel ils avaient porté le premier coup. Dernièrement encore ils ont recommencé la guerre, sans faire les rodomontades de leurs voisins les Roumains et sans être appuyés par l'armée russe.

A eux seuls, tandis que leurs détracteurs n'ont réussi qu'à se faire battre par les Turcs sous les yeux des Russes, ils ont défait les Ottomans à Pirot, enlevant trente-quatre pièces de canon, et ces jours derniers, ils ont pris la place fortifiée de Nisch, faisant près de dix mille prisonniers.

Presque tous les Turcs que je vois dans les écuries de cette caserne sont des mustaphis, la plupart sans uniforme; à peine, de loin en loin, voit-on quelques tuniques de rédifs; beaucoup de ces prisonniers sont des paysans de la Bosnie, parlant parfaitement la langue bulgare; il y a là également quelques Arnautes au gilet échancré, sans manches, garni de boutons de cuivre et aux pantalons de couleur amarante, couverts de larges galons noirs.

Dans un coin de la cour des officiers turcs vendent leurs petits chevaux couverts de pompons et de passementeries en laine rouge.

Outre les nombreuses mosquées que j'ai citées, il y a également plusieurs petits édifices renfermant des tombeaux de derviches et de moulas, morts en odeur de sainteté. De trois côtés, ces petits monuments sont formés par des murailles toutes tapissées de prières et d'inscriptions peintes en lettres d'or et d'argent.

Au centre se trouvent les tombeaux très simples en larges dalles de pierres. A la partie supérieure, sur un bâton, est placé le turban du défunt ayant le fond rouge et le turban vert.

Dans les coins sont déposés des drapeaux en soie verte zébrés d'inscriptions saintes en lettres blanches et que l'on promène dans les grandes cérémonies. La quatrième façade de l'édifice est formée par un treillage en bois, qui permet au public de contempler l'intérieur du monument.

Sur les lattes sont attachés une foule de guenilles et de chiffons ; ces tombeaux de saints ont la réputation de guérir miraculeusement toutes les maladies ; pour cela, il suffit d'attacher au treillage un lambeau des vêtements du malade et de jeter quelques piastres ou paras dans l'intérieur de l'édifice, dans une sébille en bois.

Ainsi que toutes les cités orientales, Sofia possède son bazar qui est formé par la réunion de plusieurs rues remplies de magasins.

Chaque commerce, chaque industrie a son quartier. Il y a les rues des bouchers, des boulangers, des épiciers, des bijoutiers, des banquiers, etc., tout comme dans nos vieilles cités du moyen âge.

Cette dernière rue était composée en grande partie

d'un vaste bâtiment de forme carrée, ancien caravansérail, muni d'arcades et de portiques peints en fresques de toutes les couleurs, contrastant singulièrement, par leur faicheur avec le ton rougeâtre et foncé de ses murailles en briques, sur lesquelles sont scellés d'énormes crochets en fer destinés à recevoir, durant l'été, les toiles protégeant les devantures des boutiques et quelquefois les têtes des giaours.

Cette rue, ainsi que toutes celles du bazar, présente l'aspect du pillage et de la dévastation : partout les grillages des fenêtres ont été déscellés et arrachés, les portes en fer enfoncées, les boiseries brisées ; le sol de ces magasins est couvert de papiers déchirés, de chiffons, de laine, de morceaux de verre, etc.

Dans une boutique de changeur, je vois jeté à terre un énorme coffre-fort en fer, de fabrication viennoise, et dont on a forcé la porte en y introduisant plusieurs fortes barres de fer. Dans tous ces magasins se présente le même aspect désolé.

Toutes ces rues étaient éclairées par de gros reverbères placés sur des poteaux peints, blanc et rouge, et que l'on a brisés et abattus.

Le bazar des fripiers est des plus curieux, avec sa couverture composée de larges plaques de tôle déposées sur des poutres formant arcades. Ces plaques, pour laisser passer la lumière et éclairer la rue, ont été percées à l'emporte-pièces d'ouvertures représentant des étoiles et des croissants.

Le bazar des cordonniers, où se débitaient les babouches en cuir jaune d'or et les bottes sans talon, de couleur fauve, possède la partie centrale de sa toiture supportée par une large poutre surmontée d'une espèce de parasol en lattes de bois peintes de toutes sortes de couleurs et dont l'assemblage criard rappelle les uniformes des gardes suisses du pape.

Je remarque également à Sofia plusieurs places assez curieuses pour mériter description.

La place du Conak, ou Palais du gouvernement, très vaste, véritable jardin anglais avec pelouses, massifs, fontaines, etc., et que divise plusieurs larges allées, bordées de grands arbres et finement sablées.

Au fond, contre Chtélébi-Djami, se dresse la tour de l'Horloge, de forme carrée et dont la toiture en zinc faisait l'effet d'un gigantesque éteignoir, est surmontée par une girouette en fer-blanc peinte aux couleurs nationales de la Turquie. Sur les quatre côtés de la tour, peints en rose avec des carrés blancs pour simuler la pierre, sont pratiqués autant de cadrans, et au-dessous le caprice du décorateur a peint de larges fenêtres, munies de rideaux bleus relevés par des glands jaunes.

Sur le même côté de la place se trouve le Conak, récemment construit en forme d'une vaste caserne, portant sur sa façade au-dessus de la porte d'entrée, un croissant et une étoile en bronze dorés ainsi qu'une large plaque en faïence verte sur laquelle se détache en relief le thouragh (chiffre) du sultan Abdul-Hamid, sous le règne duquel cette construction a été achevée.

De chaque côté de l'entrée sont placés d'énormes guérites peintes en rouge, surmontées par des croissants en plâtre, avec des petites fenêtres vitrées et où on pourrait au besoin placer un lit et tout un mobilier. Devant celles-ci sont postés en sentinelles des zaptiés bulgares, portant au bras droit un brassard blanc avec la croix verte et qui font le salut militaire en présentant d'une main le fusil et de l'autre en se découvrant jusqu'à terre.

La cour du Conak a été convertie en un véritable entrepôt.

Dans un coin sont remisées les voitures de gala de Masar-Pacha, confortables landaus fabriqués à Vienne, et sur les portières desquels sont peints des écussons de la plus haute fantaisie portant au centre le croissant et l'étoile et surmontées d'une couronne de marquis fleurdelisée.

A côté, se trouvent également les voitures de son harem, dont la caisse, petite, de forme orientale, est suspendue sur les essieux par de larges courroies en cuir; des voitures de l'ambulance militaire turque construites sur une telle largeur que jamais on ne put s'en servir, et qui ont eu leurs timons brisés en essayant de sortir du Conak; de nombreux haquets pour transporter l'eau et ornés de croissants rouges.

Partout le sol est encombré d'affûts en fer, de marmites, de gamelles en fer-blanc, de jarres en terre brune et vernissée.

Dans cette cour est également déposé tout le matériel destiné à combattre l'incendie, seaux en toile, énormes gaffes à longs crochets, petites pompes à bras en cuivre poli et étincelant, surmontées par un croissant, et dont les tuyaux en cuir, couverts d'innombrables clous en cuivre, ressemblent aux longs replis d'un serpent.

A Sofia, ainsi que dans tout l'Orient, avec ces constructions en poutrelles et planchettes à demi-pourries de vétusté et qui sont autant de morceaux d'amadou prêts à s'enflammer à la moindre étincelle, les incendies sont des plus fréquents.

Le lendemain de mon arrivée à Sofia, je dînais au

consulat de France, quand tout à coup retentissent dans la rue plusieurs coups de fusil (moyen adopté en Turquie pour annoncer l'incendie), et en même temps se fait entendre le cri lugubre : *Yangun vâr!* (au feu!)

Nous sortons aussitôt du consulat et nous nous rendons sur le lieu de l'incendie, situé près de la grande mosquée.

Le feu a pris dans une pharmacie et une fabrique de produits chimiques et les flammes s'élèvent à une hauteur prodigieuse, jaunes, rouges, bleues, vertes suivant les matériaux qu'elles dévorent ; quelquefois une lueur plus vive, une phosphorescence plus incandescente éclate dans l'embrasement général ; des milliers de flammèches volent en l'air comme les pluies d'or et d'argent d'une bombe d'artifice, et l'on entend la crépitation de l'incendie.

Au-dessus de la flamme se contournent d'énormes masses de fumée, bleuâtres d'un côté et rougeâtres de l'autre.

Les façades des maisons, les minarets des mosquées brillent illuminés de reflets rougeâtres.

La rue est encombrée d'hommes portant des matelas roulés et des coffres, de femmes effarées traînant d'une main un enfant et de l'autre un paquet de hardes; de Juifs, de Bulgares, de soldats armés de longs crochets et portant des pompes sur l'épaule ; tout le monde se heurte, se bouscule, se renverse avec des cris et des injures en toutes sortes d'idiomes.

Le tumulte est à son comble.

Pendant ce temps la flamme marche en élargissant le cercle de ses ravages, et les maisons s'allument successivement comme les fusées d'un feu d'artifice.

D'abord on voit un petit jet de fumée blanchâtre sortir

par quelque interstice, puis une mince langue écarlate suit la fumée blanche, la maison noircit, les fenêtres deviennent autant de brasiers et au bout de quelques minutes tout s'effondre dans un nuage d'étincelles.

Sur ce fond de vapeur enflammée se dessinent, au bord des toits, en silhouettes noires, des soldats qui versent de l'eau sur les planches pour les empêcher de prendre feu; d'autres, avec des haches et des crocs, abattent des pans de mur pour circonscrire l'incendie.

Des Cosaques, debout sur une poutre transversale restée intacte, dirigent le bec des pompes contre ces flammes.

Le danger est des plus grands, car près du foyer de l'incendie se trouve une vieille mosquée convertie en poudrière, contenant plusieurs milliers de kilogrammes de poudre, et dont l'explosion pourrait amener la destruction de plus de la moitié de Sofia.

Comme je l'ai dit, le péril est à son comble.

Déjà les étincelles commencent à tomber sur les draps mouillés que l'on étend sur la toiture de la poudrière, et la flamme gagne une maison attenant à cet édifice.

Dans cet instant suprême, personne ne recule. Le commandant de la ville, le général Arnoldi, ainsi que le général Mensdorf, M. de Maricourt, vice-consul de France, et de nombreux officiers, se tiennent au premier rang, encourageant les travailleurs et hâtant les secours.

Enfin, grâce au zèle et au dévouement des soldats russes, la maison attaquée de tous les côtés s'écroule, l'incendie faute d'aliment doit s'arrêter devant ce monceau de décombres, et tout ce quartier, le plus populeux de Sofia, est ainsi sauvegardé d'une épouvantable catastrophe.

Une des places les plus curieuses à Sofia, est celle du

marché aux bœufs, de forme triangulaire et au centre de laquelle s'élève une large et massive fontaine dont la toiture en zinc est surmontée par un croissant en bois doré où est placée en lettres de cuivre, découpées à jour, la formule de la prière turque. « Allah, Illah Allah! »

Sur cette place, se meut une foule aux costumes les plus bizarres et les plus pittoresques : Bulgares coiffés d'un large bonnet en peau, de la forme du colbak de l'artillerie de la garde de Napoléon Ier, et portant par-dessus leurs vestes bleues, brodées en rouge, un paletot en fourrures sans manches et dont la taille remonte sous les bras; Juifs, aux traits crochus, à la longue robe doublée en peau et au pantalon noir, de forme turque; paysannes bulgares, avec leurs longues robes en laine brune couvertes de houppes et pompons de toutes couleurs, etc.

Sur cette place avaient lieu depuis ces derniers événements, les pendaisons bulgares que l'on exécutait pendant la nuit, afin que le lendemain leurs compatriotes vissent leurs pareils se balancer dans l'air et pussent ainsi se pénétrer d'une terreur salutaire.

Dans la dernière exécution qui eut lieu, on pendit seize pauvres diables, condamnés à mort pour des délits dérisoires; ainsi, l'un d'eux avait chanté une chanson slave patriotique, un autre, en payant l'impôt, avait dit au percepteur turc : « Je crois que c'est la dernière fois que je vous paye, car l'année prochaine ce seront les Russes qui recevront ma contribution. »

Tous, m'ont dit des témoins oculaires, firent preuve de la plus profonde indifférence de la vie pendant leur supplice.

L'un d'eux fumait tranquillement sa pipe pendant que

l'on accrochait ses camarades. Quand son tour fut arrivé, il en secoua tranquillement la cendre, la passa dans sa ceinture et se livra à l'exécuteur, qui, avant de le pendre, lui suspendit, ainsi qu'à tous ses camarades, un large écriteau sur la poitrine, où était écrite en langue turque la sentence qui le condamnait à mort.

Un correspondant anglais du *Standard*, qui se trouvait en ce moment à Sofia, très grand amateur de réalisme, trouva le cadavre de ce pendu tellement saisissant qu'il demanda au gouverneur d'acheter les vêtements, la pipe et l'écriteau du supplicié et de le faire photographier afin qu'on pût le faire figurer dans le musée de figures de cire de Mme Tussaud, à Londres. Comme de juste vous pensez bien que le gouverneur envoya se promener notre correspondant anglais.

Le lieu de cette exécution présentait le lendemain un triste spectacle, car les cadavres restèrent suspendus pendant vingt-quatre heures avant d'être ensevelis.

Des femmes turques amenaient leurs enfants contempler les pendus, et au pied des potences une jeune tzigane dansait en jouant du tambour de basque au milieu d'un cercle de zaptiés et de Tcherkesses.

Pourtant l'on doit dire qu'en comparaison de Philippopoli et d'Andrinople, il y eut fort peu d'exécutions à Sofia, dont le gouverneur civil, Ibrahim-Pacha, homme fort doux, fut renvoyé par le gouvernement à cause de sa trop grande humanité envers les Bulgares.

Le 6 janvier eut lieu sur cette même place la cérémonie de la bénédiction des eaux, à laquelle assistaient tous les officiers russes en grande tenue, au milieu d'un carré de troupes. Le clergé bulgare bénit solennellement un grand vase en cuivre rempli d'eau dont le contenu fut recueilli avec la plus grande vénération par la population chrétienne.

De la nombreuse population musulmane de Sofia, à peine reste-t-il aujourd'hui une quarantaine de familles, que les Cosaques arrêtèrent en poursuivant l'ennemi sur la route de Radomir, et forcèrent à rentrer dans la ville.

Tous ces malheureux ont eu leurs maisons pillées et saccagées par les Bulgares, et se trouvent réduits à la plus profonde misère. Aussi, chaque jour leur distribue-t-on des rations de viande et de farine, à la porte d'un magasin devant laquelle se tiennent des zaptiés bulgares; ceux-ci font former les Turcs en file afin que chacun ne passe qu'à son tour.

Cette longue queue d'hommes, de femmes et d'enfants attendant patiemment durant de longues heures, sous le froid et la neige qui tombe à gros flocons, me rappelle d'une façon poignante la porte de nos boucheries et boulangeries durant le siège de Paris.

Quelle différence entre ces types turcs et les types bulgares que j'ai rencontrés jusqu'alors. Autant ces derniers ont un aspect abruti et hébété, autant le caractère de la race dominatrice et guerrière de l'Orient se révèle dans ces visages bistrés, au nez légèrement recourbé, aux pommettes saillantes et qu'encadrent d'épaisses barbes d'un noir de jais.

Les hommes, coiffés du turban évasé, blanc, rouge ou vert, pour ceux qui ont accompli le pèlerinage à la Mecque; quelques-uns même ont un turban bombé en feutre épais et côtelé comme un melon, et sont vêtus du caftan noir, gris ou vert, rappelant les modes du temps des Janissaires.

Les femmes sont drapées dans le *féredgé* en mousseline blanche et dans le *yachmack* de couleur foncée, noire ou brune; quelques unes des villageoises portent sur les épaules, par-dessus ce vêtement, un petit châle rouge de forme carrée, à franges et tout couvert de broderies; à côté se tiennent des femmes tziganes, toutes couvertes de loques en haillons, le visage découvert et fumant des pipes en terre rougeâtre à court tuyau de roseau.

Les tziganes, qui sont assez nombreux à Sofia, habitent dans les faubourgs de la ville, principalement le faubourg de la route de Nisch. Le long de ce quartier coule la petite rivière Vladaïska, sur laquelle est jeté un pont des plus anciens et que quelques-uns prétendent dater du temps des Romains; moi, je pense tout simplement que ce pont a été construit durant les premiers temps de la domination turque.

De l'autre côté de cette rivière, un immense cimetière turc occupe une partie de l'emplacement de l'ancienne Sofia du temps des rois Bulgares, et au milieu des innombrables tombeaux de cette vaste nécropole, on voit encore les ruines d'une ancienne église chrétienne.

Un peu plus loin se trouve le cimetière bulgare, entouré de murailles, avec ses croix en granit de forme grecque. Chose curieuse, sur chaque tombe est placée une petite boîte en bois ayant la forme d'une guérite, dans laquelle brûle une petite lampe; quelques-unes de ces boîtes sont en fer-blanc avec ornements dorés.

Quoique de religion chrétienne, les Bulgares, vu leur contact avec les Orientaux, ont encore conservé quelques-unes des superstitions du culte païen. Ainsi, chaque année a lieu dans ce cimetière le repas des morts : les parents des défunts apportent ce jour-là de nombreux mets qu'ils déposent sur la tombe de ceux qu'ils ont perdus et se retirent ensuite pour ne revenir que le lendemain, afin d'emporter les plats et marmites, lesquels, je dois dire, sont parfaitement vides.

Les braves Bulgares s'imaginent alors, que, pendant la nuit, les morts sont venus prendre cette nourriture, qui, en réalité, a été dévorée par les nombreux chiens errants qui pullulent dans toutes les villes de l'Orient.

Ces animaux, sauvages pour la plupart et n'appartenant à personne, sont à vrai dire chargés de la salubrité publique, en dévorant les charognes, dont ils ne laissent que les os sans la moindre parcelle de chair. Aussi je comprends le respect que l'on a pour eux dans ces contrées qu'ils préservent parfois de véritables épidémies.

En dehors de sa population indigène, Sofia possède une petite colonie de Français, d'Italiens et d'Autrichiens, la plupart architectes et ingénieurs, qui sont venus se fixer à Sofia, engagés par Hafiz-Pacha, directeur des travaux du chemin de fer projeté entre Tatar-Bazardjick et cette ville.

Après deux années de travaux, Hafiz-Pacha dissipa toutes les sommes que lui avait remises le gouvernement ottoman, sans payer le moindre appointement à tous les étrangers qu'il avait engagés dans son entreprise, garantie par la Sublime-Porte.

Aoul tcherkesse dans les gorges de Kapoutchik.

CHAPITRE XIV

De Sofia à Tatar-Bazardjick.

Départ de Sofia. Le pont de l'Iskra. Les ruines de Yenihan. Incendie de la mosquée. Dans la neige et dans la nuit. Vakarel. Travaux du chemin de fer. Incendie et massacres d'Iktiman. Les aouls tcherkesses. Intérieur d'une saklia. Le défilé de Kapoutchik. La porte de Trajan. Adieu la neige. Veytrenova. Les maisons de M. Long. Exactions et impôts des Turcs.

Vakarel, 13 janvier.

Le 12 janvier au matin, je quitte Sofia au point du jour et je prends la route de Philippopoli, afin de rejoindre le quartier du général Gourko, qui se trouve encore à Veitreynova, gros village bulgare situé à quatre heures de distance de Tatar-Bazardjick.

Depuis deux jours, la neige a cessé de tomber pour faire place à un froid des plus vifs.

Après avoir traversé le grand cimetière musulman du quartier sud de la ville, je prends la route de Philippopoli, qui passe entre deux monticules où sont bâties, à droite, Medjidié-Tabia, et à gauche, Slatina-Tabia, toutes deux fortes redoutes en terre avec bastions et balayant au loin les approches de cette partie de Sofia.

Sur une distance de quatre heures de marche, la route file dans la vallée de l'Iskra, rivière que l'on traverse sur un magnifique pont en fer que les Turcs n'ont heureusement pas songé à faire sauter, et est bordée à gauche par les masses sombres et imposantes des grands Balkans et à droite par les pics pointus du mont Vitoche et les montagnes de Brdo.

Toutes ces pentes, ainsi que la plaine, sont recouvertes d'un immense linceul de neige sur l'éclatante blancheur duquel se détachent de nombreux villages où nous entendons retentir une foule de détonations. Ce sont les paysans bulgares, auxquels le gouverneur de Sofia a fait distribuer les fusils enlevés aux Turcs, et qui exécutent des salves désordonnées afin de témoigner leur allégresse, en se voyant armés pour la première fois depuis près de six siècles.

Durant la domination turque, le port des armes leur était interdit sous peine de mort ; à peine leur tolérait-on un petit couteau à manche de bois, véritable eustache passé dans la ceinture.

La route est couverte de nombreux transports qui s'étendent à perte de vue : ce sont les équipages et ambulances de la garde qui rejoignent leurs corps respectifs.

Après une course de vingt kilomètres, nous nous arrêtons au village de Yenihan, première étape de la population musulmane fugitive de Sofia, comme l'indiquent les nombreuses litières de paille et les innombrables guenilles et chiffons multicolores jonchant les alentours de cette bourgade.

Yenihan, localité moitié turque et moitié bulgare, possède une immense mosquée en ruines, dont il ne reste plus debout que les deux pans de muraille du fond et de l'entrée, percés d'une multitude de gros trous arrondis, que l'on prendrait pour les sabords d'un navire de guerre.

En face et de l'autre côté de la chaussée se trouve la nouvelle mosquée.

Au moment de mon arrivée dans ce village, un violent incendie vient de se déclarer dans la maison de l'ulema, attenant à cet édifice: les flammes s'échappent déjà en longues flammèches du toit noirci et lèchent, en noircissant de leur fumée, le svelte minaret autour duquel elles s'enroulent comme autant de serpents de feu.

Cette maison est remplie de caisses de cartouches, abandonnées par les Turcs, qui sautent en faisant entendre une foule de détonations sourdes et saccadées, comme le bruit d'une gigantesque mitrailleuse.

Un parc d'artillerie, qui a pris position afin de passer la nuit sous les murailles de la mosquée, et sur les caissons duquel le vent commence à faire tomber des étincelles, attelle au plus vite et s'éloigne à fond de train de ce dangereux foyer d'incendie.

Après m'être arrêté une demi-heure sous le portique d'un vieux caravansérail tout vermoulu, et à la porte duquel l'aubergiste a arboré un petit drapeau composé d'un lambeau de tapis de Perse en guise d'enseigne, je me remets en marche, malgré la nuit qui commence à tomber.

Trois heures de route seulement nous séparent de Vakarel, riche et grand village bulgare où je compte passer la nuit.

A partir de Yenihan, la route s'élève et monte en lacets, le long des pentes des montagnes de Brdo et de Kukuljevitza, et atteint une altitude plus haute de trois cents mètres au-dessus du niveau de la mer que celle de la plaine de Sofia. Aussi ces hauteurs sont-elles couvertes par une couche de neige de plusieurs pieds d'épaisseur, dans laquelle nos chevaux enfoncent jusqu'au poitrail, et qui nous force à mettre pied à terre.

La nuit est arrivée, une nuit sombre et sans étoiles; à peine pouvons-nous reconnaître le sol de la chaussée, tantôt en nous orientant à l'aide des poteaux télégraphiques, tantôt quand ceux-ci ont été abattus, en consultant la neige qui garde les empreintes à peine distinctes des nombreux convois nous ayant précédé.

Nous passons successivement par les anciens ateliers de construction du chemin de fer de Sofia à Tatar-Bazardjick, et par les ruines fumantes du village bulgare de Ternova; à droite et à gauche de la chaussée, nous voyons scintiller quelques lumières dans le brouillard et nous entendons de nombreux aboiements de bandes de chiens qui nous annoncent la présence de villages habités.

Vers neuf heures du soir, nous arrivons enfin à Vakarel. La neige est tombée tellement sur l'étroit plateau où s'élève ce village, que les habitants ont été obligés d'y creuser des tranchées profondes d'un mètre et demi, afin de dégager les abords de leurs demeures.

Dès notre arrivée, une cruelle déception nous attend : Vakarel, gros village d'une cinquantaine de maisons, a été entièrement brûlé par la cavalerie régulière turque et les Tcherkesses, quand ceux-ci virent arriver les Cosaques du général Gourko. Six des malheureux habitants de ce village ont été massacrés, et deux jeunes filles entraînées prisonnières par ces bandits afin d'être vendues à Constantinople.

Par un heureux hasard, les trois premières maisons du village, en arrivant du côté de Sofia, ont échappé à la destruction totale, les habitants ayant eu le temps d'éteindre les mèches allumées par les Turcs.

Je passe la nuit dans une de ces maisons, dont le propriétaire, bien qu'à moitié ruiné par tous ces désastres, veut seulement accepter la moitié de l'argent que nous lui donnons afin de payer l'avoine consommée par nos chevaux, disant que c'est assez.

Afin de lui faire accepter l'autre moitié de cette somme minime, nous sommes obligés d'en faire cadeau aux petits enfants de ce brave homme.

Veytrenova, 14 janvier.

A partir de Vakarel, quand on se dirige sur Iktiman, on aperçoit les nombreux terrassements du chemin de fer en construction lors de la révolte bulgare, et qui n'ont pas été continués depuis ces événements.

La plupart de ces remblais se sont éboulés ; quelques-uns, plus solides et étayés par des contreforts en maçonnerie, ont résisté, et sont munis de rails couverts d'une épaisse couche de rouille.

Un vaste karäul, situé sur les bords du petit ruisseau

Iktimanbéré, servait de hangar et d'entrepôt aux outils des travailleurs du chemin de fer. Les Tcherkesses l'ont entièrement pillé, et j'aperçois, au fond des ravins environnants, de nombreuses brouettes brisées, des pelles, des pioches, qui y ont été jetées par ces insatiables pillards.

Iktiman, gros bourg de plusieurs milliers d'habitants, et situé dans une étroite vallée, a eu cruellement à souffrir des derniers événements. Heureusement, en apprenant que les Turcs, chassés de Sofia, allaient passer par leur village, une partie de la population bulgare se réfugia avec ses bestiaux dans les montagnes.

Bien leur prit de cette sage précaution; car à la nouvelle de l'approche de la cavalerie russe, les Turcs commencèrent aussitôt le sac de cette malheureuse localité; plus de la moitié des maisons furent incendiées, les autres pillées, saccagées, les portes défoncées, les planchers arrachés, afin de découvrir les cachettes où les Bulgares avaient enfoui leurs objets les plus précieux.

Une centaine d'habitants, qui s'étaient obtinés à rester à Vakarel, furent impitoyablement massacrés, une femme fut brûlée vive par les Tcherkesses, qui voulaient ainsi la contraindre à leur dire où elle tenait son argent caché ; quand cette malheureuse leur eut dit l'endroit où celui-ci se trouvait, ces misérables oublièrent de la retirer du brasier, où elle mourut en proie aux plus atroces tourments.

En sortant d'Iktiman, la chaussée traverse un cimetière turc, situé en contre-bas de la route et entièrement submergé, dont les extrémités des pierres tombales dépassent seulement la nappe d'eau qui recouvre le sol.

Jusqu'au han à moitié détruit de Fündüklï situé à six

kilomètres d'Iktiman, l'on marche dans la plaine. A partir de ce dernier point, la route commence à s'enfoncer dans les pentes abruptes des montagnes de Kara-Baïr.

Presque à l'entrée de la gorge, nous rencontrons deux villages tcherkesses, Göt-Mahalesi et Kapoutchik, bâtis en 1864 par les émigrés du Caucase, et dont les constructions, bien différentes des maisons bulgares et turques, rappellent à s'y méprendre les aouls (villages) circassiens.

Ces saklias (nom donné en langue tcherkesse aux maisons) au lieu d'avoir une toiture en tuiles, en ardoises ou en terre, sont recouvertes par une couche de chaume épaisse de plusieurs pieds, très élevée et débordant de chaque côté des murailles de manière à former une verandah soutenue par de grossiers piliers en bois peint et sculpté au couteau.

Ces constructions sont des plus primitives avec leurs murailles composées de branchages entrelacés autour de poteaux plantés en terre de distance en distance et que l'on a recouverts d'un peu de boue séchée au soleil.

La cheminée très large est tressée en osier, affectant la forme d'une fascine, ce qui occasionne de fréquents incendies.

On entre dans ces véritables tannières par une petite porte étroite, haute tout au plus d'un mètre, ce qui vous force à vous mettre presque à quatre pattes, suivant l'expression vulgaire.

Toutes ces habitations se composent de deux pièces ; la première destinée aux hommes, la seconde aux femmes et d'une écurie, chauffées par des bouches de chaleur communiquant aux cheminées. Celles-ci se composent d'un large tuyau en osier, descendant du plafond jusqu'à une distance de quatre pieds du sol et destiné à aspirer la fumée.

Au-dessous est déposée à terre une large pierre ronde sur laquelle on allume le feu. Quand celle-ci est bien chauffée, on la balaye soigneusement et on y dépose la pâte de maïs qui cuit à son contact, et est en outre recouverte de braise ardente.

En outre, j'ai remarqué à la porte de presque toutes les maisons des fours en forme de taupinières, destinés à la cuisson du pain pendant l'été, alors que la chaleur du feu serait trop forte dans l'intérieur des chaumières.

Ces habitations tcherkesses ont l'aspect le plus misérable. Contre la cheminée est pratiquée une élévation en terre d'un demi-pied de hauteur et qui forme le lit sur lequel le tcherkesse dort, enveloppé dans ses couvertures; deux ou trois escabeaux en bois, une petite table à pieds carrés, quelques écuelles et une marmite en fer et plusieurs chevilles enfoncées dans le mur, où l'habitant accroche son sabre, son poignard, son fusil et ses pistolets tout garnis d'argent damasquiné, le seul luxe et la seule richesse du Circassien, composent le mobilier de ces taudis enfumés.

Seules, les maisons des chefs de tribu sont bâties à la turque, avec des murailles en pierres blanchies à la chaux et des toitures en tuiles rouges.

Ces villages regorgeaient d'avoine et d'orge que leurs propriétaires ont brûlé ou répandu sur le sol, afin que les Russes ne pussent s'en servir pour nourrir leurs chevaux.

Vu leur position dans ces gorges étroites de Kara-Baïr, ces aouls étaient de véritables nids de brigands, dont les habitants pillaient et rançonnaient impunément les voyageurs turcs aussi bien que bulgares.

L'endroit était des mieux choisis, car, de ce point jusqu'à Veytrenova, la route suit des gorges et des pentes escarpées sans rencontrer un seul village, une seule habitation, si ce n'est quelques kâraulas déserts, percés de meurtrières et placés de loin en loin.

Les voitures de transport de l'armée russe ont gravi avec des difficultés inouïes ces côtes abruptes et couvertes de verglas. De nombreux chevaux y sont morts de fatigue et d'épuisement et ont été jetés dans les ravins où gisent leurs squelettes, dévorés par les loups et les oiseaux de proie.

Souvent une voiture a dégringolé de la route dans l'abîme, et souvent aussi j'aperçois sur les pierres qui en garnissent le fond, des fragments de charrettes et des roues détachées de leurs essieux. Une énorme voiture d'ambulance y a également culbuté et forme un véritable barrage pour les eaux du torrent.

Partout les poteaux télégraphiques ont été abattus et utilisés comme des madriers afin de réparer les tabliers des ponts détruits par les Turcs ; malheureusement on n'a pas eu la précaution d'enlever les fils de fer de ces poteaux qui jonchent la route et occasionnent de nombreux et fréquents accidents en faisant s'abattre les chevaux.

De distance en distance on rencontre de nombreux culots en cuivre de cartouches Martini, preuve évidente que les Turcs ont voulu essayer quelque résistance dans ces défilés, où une poignée d'hommes déterminés aurait pu arrêter une armée.

A partir de Trajansthor (porte de Trajan), ruine romaine qui consiste en un pan de muraille situé sur un rocher dominant la route, celle-ci descend ; peu à peu, la neige diminue, mais en revanche nous sommes enveloppés par un brouillard épais et humide.

Un peu avant Veytrenova, à la station de Palanka, où j'aperçois les premiers chalets bâtis par M. Long pour abriter les Bulgares sans asile après les massacres de 1876, la neige disparaît entièrement pour faire place à la bonne et réjouissante couleur brune de la terre que nous n'avions pas vue depuis près de deux mois.

A la tombée de la nuit nous arrivons à Veytrenova, village entièrement bulgare, situé à la sortie des défilés de Kara-Baïr. Cette année, cette localité n'a pas eu à souffrir du passage des Turcs, mais en 1876, lors de la révolte bulgare, située au centre du théâtre des massacres et des incendies, elle eut la moitié des maisons et son église de brûlées et plus de cinquante habitants massacrés.

M. Long, cet Anglais philanthrope, a reconstruit pour ces malheureux de vastes constructions en bois à l'entrée du village, ayant la forme de fermes-écoles; mais ces habitations, bâties avec beaucoup de régularité par des ouvriers amenés à grands frais de Constantinople, n'ont pas, en revanche, été fort goûtées par les Bulgares qui, en grande partie, les ont abandonnées, afin de s'abriter sous des constructions construites par eux-mêmes et appropriées à leurs besoins.

Au lieu de dépenser inutilement tant d'argent, M. Long aurait plus sagement agi en donnant à chaque Bulgare ruiné une paire de bœufs ou de buffles attelée à une charrette, une hache qui lui eût servi à tailler dans les forêts les charpentes de sa demeure et quelques vêtements; cela eût été plus utile et moins coûteux.

Après m'être présenté à l'état-major du général Gourko,

je me rends au logement que m'a destiné le tchorbadji (maire) bulgare, auquel on arrive en passant un pont en pierre jeté sur des rochers granitiques et rappelant à s'y méprendre les paysages de l'Oberland.

Les Bulgares chez lesquels je suis descendu, bien que possédant d'assez grandes propriétés, sont réduits à la misère, vu les impôts énormes dont les Turcs les avaient accablés et, pour ainsi dire, pressurés.

Voici quelques chiffres de ces impôts que j'ai notés, afin de donner une idée de l'énorme quantité d'argent que les Turcs ont extorquée à ces malheureux.

Pour sa maison, bicoque étroite et bâtie en boue, notre Bulgare payait 10 livres par année (la livre vaut 23 fr. 50); chaque tête de brebis ou de porc payait 2 fr.; un oka de vin (l'oka vaut deux litres et demi) payait 50 centimes; un oka d'eau-de-vie 1 fr. 40. Quant au blé, on devait donner en nature la dixième partie de la récolte; en outre, chaque Bulgare du sexe masculin payait une cote personnelle de 9 francs, etc.

En dehors de ces impôts, je ne parle pas des nombreuses réquisitions en poulets, brebis, vin, etc., prélevées pour les pachas et les begs. Les Turcs payaient à peine le quart des impôts imposés aux Bulgares, et, en outre, étaient exempts de la cote personnelle fournissant le contingent de l'armée régulière.

Ruines du grand bazar de Tatar-Bazardjick.

CHAPITRE XV

Tatar-Bazardjick

Départ de Veytrenova. Incendies à Bosula. Engagement de cavalerie. Les cadavres. Incendie de Tatar-Bazardjick. Le Conak. Les ruines de l'horloge. Le cimetière. Le tombeau des cinq pachas. Un harem funéraire. Les tourrelles. Des maisons des pachas. Les harems. Les mosquées. Ruines du grand et du petit bazars du quartier bulgare. Le pétrole et le goudron. Les cafés sur la Maritza. Campements sur les ruines. Approvisionnements.

Tatar-Bazardjick, 16 janvier.

Dès le lendemain, nous nous mettons en marche sur Tatar-Bazardjick.

En sortant de Veytrenova, je n'oublierai jamais le spectacle hideux que j'ai eu sous les yeux. Cinq mustaphis, tués il y a déjà quelques jours, ont été jetés dans un des fossés bordant la route, à demi dépouillés de leurs vêtements, et forment un horrible monceau de chairs bleues et tachées de caillots de sang noir et épais.

Nous filons par la chaussée qui suit la vallée de la Maritza, ayant à notre droite la rivière de ce nom et les cimes couvertes de neige des monts Rhodope. De l'autre côté de ce cours d'eau nous voyons une vaste propriété (chiflik), appartenant à un beg turc, dont les murailles sont peintes en rouge et bleu.

Les Tcherkesses viennent de mettre le feu à cette ferme ainsi qu'aux villages bulgares de Demiralere et de Kesi-Muradi, d'où s'échappent d'épais tourbillons de fumée pailletés d'étincelles, qui, chassées par le vent, rasent la surface de la plaine.

Au loin, en avant, retentissent les coups de feu que notre avant-garde de cavalerie, composée de la troisième brigade de cavalerie de la garde, sous les ordres du général de Belman, hussards verts de Grodno et lanciers de l'Empereur, ainsi que deux escadrons de Cosaques du Kouban, échange avec cette cavalerie qui essaye de couvrir la retraite des Turcs.

Bientôt nous rencontrons plusieurs cadavres; ce sont des mustaphis. L'un d'eux a reçu une balle dans la tête et est tombé près d'un petit banc en bois qu'il a renversé et couvert de son sang.

A moitié chemin de Tatar-Bazardjick, nous arrivons au village de Bosula que nos cavaliers viennent d'enlever en le débordant par les deux flancs et en empêchant ainsi les Bachi-Bouzouks d'y mettre le feu.

Nous faisons halte quelques instants dans la salle enfumée d'un han, au centre de laquelle se trouve une énorme pierre plate couverte de braise, supportée par des pieds en bois, et qu'entourent des petits bancs en bois de forme concave.

Bientôt nous repartons, et apercevons à l'horizon les vingt minarets de Tatar-Bazardjick, au-dessus desquels s'élève une lueur sanglante et éclatante qui éclaire toute cette partie du ciel de reflets empourprés ; les Turcs, nous disent les Bulgares, ont mis le feu à cette ville commerçante, qui brûle ainsi sans discontinuer depuis trois jours.

A quinze cents mètres des faubourgs, la route est coupée par le Kuzlu-Déré, un des plus importants affluents de la Maritza, sur lequel est jeté un long pont de bois, dont les Turcs ont arraché les planches du milieu du tablier.

En arrière et sur l'autre rive, derrière de petits retranchements, qui de loin nous font l'effet de taupinières, plusieurs compagnies d'infanterie sont embusquées, tandis que les Tcherkesses et les Zeïbecks caracolent sur la chaussée en ayant l'air de défier la cavalerie russe. Celle-ci passe aussitôt la rivière à gué, et Cosaques, hussards, lanciers se jettent au galop de charge, le sabre ou la lance en avant sur les Turcs qui décampent au plus vite ; malgré cela une cinquantaine sont atteints et impitoyablement sabrés.

Pendant la nuit on travaille activement à réparer le pont en se servant des poteaux sciés du télégraphe comme de gros madriers, et ce secours est des plus précieux dans cette vaste plaine dépourvue d'arbres.

Au jour nous entrâmes dans Tatar-Bazardjick, après avoir traversé le terrain de l'engagement de la veille, tout couvert de culots de cartouches, de fusils Martini et de sacs jetés par les fuyards.

Une cinquantaine de cadavres jonchent le sol ; il y a là des Zeïbecks coiffés du haut turban conique à franges multicolores, vêtus d'un petit caleçon en drap bleu faisant la poche par derrière, la ceinture énorme montant depuis le bas des reins presque jusque sous les aisselles et formidablement hérissée de pommeaux de pistolets et de handjiars ; avec cela des jambes nues couleur de cuir de Cordoue, une figure tannée au nez crochu et aux moustaches taillées en brosse.

Il y a également étendus sanglants et sans vie des Tcherkesses, au long caftan évasé, tuyauté de cartouchières, qui les fait ressembler à des buffets d'orgues, des rédifs et des mustaphis à la tunique à l'européenne.

Dans un coin, contre les premières maisons, se dressent une file de tombes fraîchement creusées, sur lesquelles on a planté de petits morceaux de bois, et où l'on a enterré les victimes du combat de Veytrenova, tombées quelques jours auparavant et que leurs camarades ont pu emporter jusque-là, malgré leur retraite précipitée.

Tatar-Bazardjick, comme l'indique sa double dénomination, reçut son premier nom des Tartares musulmans de Crimée, qui vinrent l'habiter lors de la conquête de cette presqu'île par les Russes, et le second, de ses immenses bazars.

Cette ville, très riche et très commerçante, a été, on peut le dire, complètement détruite par ordre de Suleïman-Pacha, afin de ne livrer aucun approvisionnement, aucun abri aux Russes **et de former** devant eux un véritable désert.

Les Tcherkesses et les Bachi-Bouzouks ont fait consciencieusement leur besogne et de cette ville de vingt mille habitants, moitié Bulgares, moitié musulmans, plus de

mille maisons et autant de boutiques, ont été incendiées.
Des édifices publics, il ne reste plus rien.

Le conak, charmant édifice terminé il y a à peine trois mois a été incendié au pétrole, et sur les pans de murailles teintées de cette nuance brune et roussâtre qu'on remarque également sur les ruines des Tuileries, se tient encore debout le cadran de l'horloge, dont l'aiguille, arrêtée à onze heures à la turque (chez nous, à cinq heures du soir), indique le moment précis où les flammes ont atteint cette partie de l'édifice.

Pour activer son œuvre de destruction l'ennemi s'est servi de cinq cents caisses de pétrole déposées à la gare du chemin de fer, et cette première matière lui faisant défaut, il a fait usage de goudron dont il barbouillait les volets et les devantures des magasins avant d'y mettre le feu.

La rage de destruction des Tcherkesses n'a pas même respecté l'édifice où se trouvaient déposés les cerceuils en pierre des cinq généraux turcs qui prirent Tatar-Bazardjick aux Bulgares, lors de la conquête de ce pays. Ce monument, on peut dire national, a été entièrement brûlé et les grands ifs et peupliers qui l'abritaient de leur ombrage à moitié calcinés.

Ce petit édifice est situé dans un angle du grand cimetière, qui se trouve au centre du quartier turc.

Ce cimetière n'a pas l'horreur de nos cimetières d'Europe; sa tristesse orientale est plus douce et aussi plus grandiose.

Le terrain, ombragé par de noirs cyprès au tronc grisâtre, est hérissé d'une armée de pieux de marbre, coiffés de tarbouches et de turbans coloriés en rouge, et qui semblent de blancs fantômes sortis de leur tombe. Ces pieux penchés les uns à droite, les autres à gauche, ceux-ci en avant, ceux-là en arrière, selon que le terrain a cédé sous leur poids, sont couverts d'inscriptions en lettres dorées indiquant le nom du défunt ou de la défunte, accompagné d'un verset du Koran et ressortant sur un fond peint en rouge, vert ou bleu d'azur.

En plusieurs endroits ces pieux en marbre ont cédé à l'action de la pesanteur, et négligemment scellés dans un sol friable se sont renversés ou brisés en morceaux.

Quelques-unes des colonnes funéraires ont été décapitées, vengeance bien innocente des Bulgares, et leurs turbans gisent à leur base comme des têtes coupées.

Deux ou trois chemins pavés et revêtus de dalles faites de débris de monuments funèbres traversent diagonalement le cimetière.

Au centre, sur un petit mamelon surmonté par une cage en fer peinte en vert, en forme de tonnelle et rappelant les kiosques de nos guinguettes de Saint-Cloud et d'Auteuil, se dresse un pilier doré terminé par un fez magistral et entouré de trois ou quatre feuilles de marbre, arrondies au sommet, couvertes de fleurs, ceps de vigne, grappes, comme emblèmes de grâce, de douceur et de fécondité.

C'est le tombeau de Mustapha-Pacha, ancien gouverneur de la ville, avec ses femmes, sorte de harem funèbre, qui lui tient compagnie dans l'autre monde.

J'ai également remarqué perdue au milieu de ce cimetière et dépaysée au milieu de ces attributs musulmans, une humble croix en bois surmontant la tombe d'un pauvre soldat russe, enterré le matin même de notre arrivée.

Tout à l'entour de ce champ funèbre sont bâties les maisons des begs et des pachas, toutes vastes, parfaitement décorées ; au-dessus de beaucoup de portes d'entrée, j'ai remarqué accrochés encore avec des fils de laiton, le croissant et l'étoile en bois, garnis de verres de couleur, que l'on allumait pour célébrer la reprise de Yeni-Zara, d'Eski-Zara, les succès d'Osman-Pacha, etc.

Que ces temps, bien qu'à peine éloignés de quelques mois, nous semblent loin ; aujourd'hui, Osman-Pacha et son armée sont prisonniers des Russes, qui ont de nouveau occupé Eski-Zara et toutes les autres villes de la vallée de la Toundja.

Ces riches propriétaires ont dû armer de nombreux Bachi-Bouzouks, car, dans la plupart de leurs maisons, j'ai vu de grandes caisses en bois blanc doublées en tôle et qui contenaient chacune vingt fusils Henri-Martini, comme l'indique l'inscription écrite en anglais à l'extérieur.

Toutes ces demeures sont pourvues du haremlike, bâtiment spécialement destiné à l'habitation des femmes, et situé ordinairement au fond d'une cour qui le sépare du corps de logis principal.

Les fenêtres, donnant sur la rue, sont munies d'un treillage épais et plus resserré que les mailles d'un masque de tireur, et qui permet de voir au dehors sans être vu.

Intérieurement, toutes les chambres s'ouvrent sur une large galerie, décorée d'énormes pots de lauriers, de myrthe, de basilic, etc.

Dans toutes ces pièces sont placées de magnifiques cheminées en marbre blanc, sculptées de roses et de fleurs dans le goût oriental ; les armoires sont en bois sculpté et peintes de diverses couleurs, et les murailles couvertes des peintures les plus extravagantes, les plus fantaisistes : lions rouges, chevaux bleus à six jambes, les chiffres d'Allah et d'Ali, entremêlés d'arabesques et de fleurs, des vaisseaux turcs, des bateaux à vapeur, des caïques, dont les rames manœuvrent toutes seules, la religion de Mahomet défendant de représenter aucun être humain, des cerfs, des serpents, etc., animaux extraordinaires, véritables phénomènes,. etc.

A chaque pièce est attenante une petite salle de bain, avec le plafond en forme de coquille d'œuf, percé de trous garnis de morceaux de verre et toute dallée et lambrissée en marbre blanc. La fontaine, de même matière, est une merveille de sculpture en rocaille, et les robinets en cuivre sont finement ciselés.

Dans l'une de ces salles de bains, quittée sans doute précipitamment à notre approche, sont jetées à terre une paire de petites galoches en bois à hauts talons, de forme microscopique, destinées à recevoir un pied de Cendrillon et une serviette brodée de dessins en soies multicolores, entremêlées de fils d'or et d'argent.

Dans toutes ces pièces abandonnées et saccagées par les Tcherkesses et les Bulgares, règne encore une odeur ambrée et d'essence de rose des plus capiteuses, qui nous rappelle l'Orient, les harems et leurs splendeurs, dont nous n'avons plus sous les yeux que le fantôme dépouillé de tous ses ornements.

De même que Sofia pourrait être appelée la *ville des corneilles*, de même aussi on devrait donner à Tatar-Bazardjick le surnom de *ville des tourterelles*, tellement cette cité renferme de ces gracieux oiseaux, si chers à Vénus, qui, perchés partout, sur les mosquées, les maisons, les arbres, les tombes des cimetières, font retentir de tous côtés leur doux et mélancolique roucoulement.

Ces charmantes bêtes voltigent avec la plus grande tranquillité au milieu des passants et des promeneurs. C'est un spectacle des plus touchants que cette confiance de l'oiseau dans l'homme. Les Orientaux, souvent cruels pour les humains, sont très doux pour les animaux et savent s'en faire aimer; aussi les bêtes viennent-elles volontiers à eux. Il ne les inquiétent pas comme les Européens par leur turbulence, leurs éclats de voix, leurs rires perpétuels.

A Tatar-Bazardjick, j'ai vu des mosquées véritablement luxueuses, et dont la richesse de la décoration intérieure ne se rapprochait en rien des édifices de ce genre que j'avais visités jusqu'alors.

Les piliers à chapiteaux, taillés en stalactites, supportant le poids de la coupole principale de ces mosquées, sont entourés à mi-hauteur d'une bande plane couverte en inscriptions de lettres turques dorées sur fond de couleurs éclatantes. Les versets du Koran circulent aussi autour des coupoles et des dômes, le long des corniches offrant un scintillement éblouissant d'or et d'argent sous les rayons du soleil, motifs d'ornementation imités de l'Alhambra, et auxquels se prête admirablement l'écriture arabe avec ses caractères, qui ressemblent à des dessins de châles de cachemire.

Toutes les fenêtres sont garnies de petits vitraux, coloriés aux armes de la Turquie, aux thouraghs (chiffres) de Mahomet, Ali, des Sultans, etc., et, par la finesse de leur exécution, rappellent les vitraux des vieux manoirs suisses, qui se payent à Paris à poids d'or.

Le *mirahb*, qui désigne l'orientation de la Mecque et où

reposait le livre saint, la chaire du mula, sont autant de merveilles de bois découpé, sculpté et doré.

Tout le long des murailles sont accrochés des tableaux contenant des versets du Koran ou des maximes pieuses écrites en énormes lettres d'or. Des cordons, où pendent des houppes de soie, descendent des voûtes jusqu'à dix ou douze pieds du sol, soutenant des cercles de fils de fer, garnis de veilleuses, de manière à former lustre ; des nattes de jonc recouvrent le pavé formé de dalles de pierre ; mais, hélas ! faut-il ajouter que toutes ces merveilles ont été saccagées par les Bulgares avec le plus odieux vandalisme. Les vitraux ont été brisés à coups de pierre, les ornements en bois sculpté fracassés et couvrant le sol de leurs fragments, les lustres décrochés et jetés à terre, les inscriptions déchirées, les nattes arrachées et en lambeaux.

Dans l'une de ces mosquées, la plus petite et la plus ornementée, la mosquée des Nobles, j'ai remarqué dans le petit enclos y attenant et où ceux-ci se faisaient enterrer, une vaste auge en pierre, dans laquelle le mula lavait le corps avant de le rendre à la terre.

Dan un coin sont amoncelés de nombreux cercueils en bois blanc et doré, où l'on déposait ensuite le cadavre.

Dans cette mosquée, se trouvait un charmant lustre en cristal de couleur, taillé à facettes éblouissantes que ces vandales ont à moitié brisé, et que bien de nos *bibelotiers* auraient acheté à n'importe quel prix.

Mais le plus triste spectacle m'attend au grand bazar, qui ne présente plus qu'un amas de décombres encore embrasées et d'où s'échappent d'épais tourbillons de fumée ; le sol est pour ainsi dire calciné, chaud de la flamme à peine éteinte.

Nous marchons sur des charbons encore brûlants, à travers des débris à demi-consumés : planches, poutres, solives, fragments de divans, de bahuts, de poteries, de verres cassés, etc., à travers des fumées rousseâtres et nauséabondes.

Sur l'emplacement des maisons réduites en cendres, s'élèvent seules les cheminées de briques dont les tuyaux ont résisté à l'action du feu.

Rien n'est plus bizarre que ces obélisques rougeâtres, isolées des constructions qui les entouraient naguère. On dirait un jeu d'énormes quilles.

Quelques boutiques ont résisté à l'action du feu, et offrent un intérieur lamentablement saccagé. Dans celle d'un barbier turc, devant laquelle hurlent deux chiens et miaulent plusieurs chats, abandonnés sans doute par le maître du logis, je vois un superbe canapé acajou de cette forme atroce mise à la mode sous la Restauration et dépouillé en partie de son velours jaune d'Utrecht, contemporain peut-être du traité de ce nom.

Sur la devanture est peint en fresque un énorme train de chemin de fer avec la locomotive pavoisée du drapeau turc.

Le long d'une maison à moitié écroulée j'aperçois également un immense poêle en faïence verte, orné de macarons et de frises de la plus gracieuse ornementation.

Même ruine, et même dévastation au petit bazar, où se vendaient l'horlogerie et la bijouterie et dont les boutiques étaient placées sous les arcades d'une vieille construction, remontant, m'a dit un Bulgare, aux premiers temps de la domination turque, époque où elle servait de forteresse à la ville.

Un magnifique établissement de bains a servi de caserne

à un régiment de Tcherkesses, qui, agissant en véritables Teutons, ont converti ses salles dallées de marbre blanc en véritables water-closets.

Dans une maison sur laquelle flottait le drapeau blanc à croissant rouge des ambulances turques, on a trouvé dans une salle obscure cinq malheureux mustaphis malades, que l'ennemi avait abandonnés là, sans vivres, sans feu, sans couvertures.

Le quartier commerçant bulgare, situé au sud de la ville, a encore été plus détruit, si cela est possible à dire ; on voit que l'ennemi s'est acharné davantage sur les maisons des giaours.

Sur quelques pans de murs encore restés debout je distingue des peintures naïves représentant des bottes, des bottines, d'élégants personnages en redingote marron pantalon bleu et cravate rouge, enseignes de bottiers, tailleurs, etc.

Le pont jeté sur la Maritza et qui conduit à la gare du chemin de fer a été également troué au centre, aux deux extrémités, mais est déjà réparé par nos infatigables pionniers.

Avant ces funestes événements, toute la rive gauche était bordée de cafés bâtis sur pilotis et ombragés de touffes d'arbres, ressemblant à ces cahutes soutenues par des pieux, du haut desquelles les pêcheurs guettent le passage des saumons dans les grands fleuves.

Une plate-forme épargnée par la flamme, des pieux et un amas de débris noircis, consumés, à moitié submergés dans la rivière, voilà tout ce qui reste aujourd'hui de ces constructions si pittoresques.

Sur les ruines chaudes et fumantes encore des maisons du quartier bulgare, les anciens propriétaires se sont déjà construits des abris provisoires au moyen de nattes de jonc, de vieux tapis, de morceaux de toile soutenus par des piquets ; des bœufs et des buffles sont attachés à des pieux à la place où était leur écurie, un cafedji (cafetier), cuit son moka au fourneau, seul reste de sa boutique, sur l'emplacement de laquelle se tiennent assis sur des morceaux de briques ses anciens clients. Plus loin des boulangers découvrent des tas de blé dont la flamme a seulement grillé la première couche; de pauvres diables cherchent sous les braises mal éteintes des clous et des ferrailles, débris de leur fortune.

Tatar-Bazardjick renfermait d'immenses approvisionnements de toute nature, et dans les quelques magasins et boutiques qui ont été épargnés par la flamme, on a trouvé des quantités considérables d'orge, de riz, d'avoine, de foin et de paille.

Prise de Philippopoli (16 janvier).

CHAPITRE XVI

Philippopoli.

Combat dans la vallée de la Maritza. Escarmouches de cavalerie. Orta-Han. Prise des tumulus. Prise d'Ortokioï par les Préobrajenski. Philippopoli au loin. Les Finlandais passent à gué la Maritza. Un sinistre tableau. Retraite de Fuad-Pacha sur le Rhodope. Au pas de course. Prise du faubourg de Karchiaka. Destruction du grand pont. Fusillade. Un fleuve de sang. Reconnaissance du capitaine Bourago. Entrée en ville. Passage en radeaux. Le consul de France. La mission et les Bulgares catholiques. Aspect de Philippopoli. Les maisons. Les fresques. Le bazar. Les cinq tépés. Préservation des magasins.

Philippopoli, 16 janvier.

Quand, le 16 janvier au matin, je pars de Tatar-Bazardjick, le canon et la fusillade retentissent de tous côtés dans la vallée de la Maritza.

A notre droite, les troupes de Fuad-Pacha, qui, l'avant-veille, occupaient encore Tatar-Bazardjick, ont traversé cette rivière au-dessous de la gare du chemin de fer et battent lentement en retraite en longeant le pied des monts Rhodope, sur les masses sombres desquelles monte la fumée de la fusillade engagée par leur arrière-garde.

En avant de nous, sur la rive gauche, il y a fort peu de forces ennemies : quelque infanterie et de nombreux Tcherkesses, que notre cavalerie charge à fond de train dans cette vaste vallée que l'on prendrait pour un terrain de courses, tellement le sol est plat et dépourvu de tout obstacle.

Bientôt la route est jonchée de cadavres d'hommes et de chevaux; quelques-uns de ceux-ci ne sont que blessés et marchent péniblement, par saccades, en laissant derrière eux de longs filets de sang.

A moitié chemin de Philippopoli, se trouve le Han de Orta-Han, qui s'élève isolé et entouré de grands peupliers au milieu d'une plaine déserte s'étendant à perte de vue. En cet endroit le terrain est couvert de nombreux tumulus bulgares (j'en compte au moins une trentaine), sur lesquels les tirailleurs ennemis se sont installés.

Les deux sotnias de Cosaques du Kouban se lancent aussitôt en fourrageurs sur ces éminences, dont les Turcs déguerpissent au plus vite, et sur la plus élevée, le général Gourko vient s'installer avec son état-major.

De ce poste d'observation, nous jouissons d'une vue magnifique. En face de nous, tout au loin dans la plaine, se dressent seuls et isolés, cinq pics rocheux. Les trois derniers nous paraissent couverts de neige; mais en regardant avec nos jumelles, nous reconnaissons que ce sont les blanches maisons de Philippopoli, qui s'élèvent en gradins sur le flanc de ces collines.

Plus près de nous pétillent les coups de feu de notre avant-garde aux prises avec la cavalerie circassienne. Mais cet engagement est peu important, tandis qu'à notre droite, de l'autre côté de la Maritza, les troupes du comte Schouvaloff sont engagées très sérieusement avec l'arrière-garde de Fuad Pacha.

En ce moment un village, nommé Ortakioï, que le régiment de Préobrajenski vient d'enlever à la baïonnette, brûle tout entier et présente l'aspect d'un gigantesque brasier dont la fumée, poussée par le vent dans la direction des monts Rhodope, nous dérobe presque entièrement la vue des mouvements des troupes turques se trouvant sur la rive droite de la Maritza.

A hauteur de Orta-Han, les Finlandais de la garde passent bravement à gué la Maritza, malgré les nombreux glaçons qu'elle charrie, et courent sur le village d'Aïranli d'où ils chassent l'infanterie turque.

Un peu avant les faubourgs de Philippopoli, nous traversons l'emplacement où ont campé la veille les troupes que nous venons de rejeter dans la ville.

Le terrain est noirci par les feux de bivouac, et couvert d'épaisses litières en paille ; de distance en distance sont encore plantés dans le sol les piquets des tentes coniques, et les pieux où s'attachaient les chevaux.

En ce moment il est quatre heures de l'après-midi, plusieurs taches d'un rouge éclatant nous apparaissent tout à coup sur les collines où s'étalent les maisons de Philippopoli ; ces taches grossissent rapidement et à vue d'œil ; bientôt nous distinguons la fumée ; en même temps retentissent plusieurs détonations sourdes et prolongées suivies d'immenses jets de flammes qui montent jusqu'au ciel ; et tout au loin, pour compléter ce sinistre tableau, nous entendons le son grêle et strident des cloches des églises grecques et bulgares, sonnant le tocsin.

Plus de doute, le sac et l'incendie de Philippopoli commencent, et cette malheureuse cité de soixante mille habitants va subir le même sort que Tatar-Bazardjick.

Ordre est aussitôt donné par le général Gourko d'y entrer au plus vite, afin d'en chasser ces hordes de pillards et d'incendiaires qui déshonorent l'armée turque.

L'infanterie se lance au pas de course, la baïonnette en avant, et pénètre dans le faubourg de Karchiaka sans rencontrer aucune résistance. Ce faubourg est entièrement composé de maisons de cultivateurs turcs, qui regorgent de foin et d'avoine, et auxquelles les Tcherkesses ont mis le feu. Des secours sont immédiatement organisés afin d'arrêter l'incendie, et ce quartier est préservé, à l'exception d'une quarantaine de maisons qui ne sont bientôt plus qu'un gigantesque brasier.

Ce faubourg de Karchiaka est séparé de la ville par la Maritza qui est, en cet endroit, des plus larges et des plus rapides. Un magnifique pont, dont le tablier en bois garni d'élégantes grilles en fer repose sur une quinzaine d'énormes piles en maçonnerie, relie les deux rives.

A notre approche, l'ennemi a essayé de le faire sauter au moyen d'une étincelle électrique. La pile de l'appareil n'étant pas assez forte, ce moyen n'a pas réussi, et l'on a mis le feu aux poudres, qui n'ont endommagé qu'imparfaitement le tablier, sur lequel on a dû tirer plusieurs coups de canon afin de le faire complètement s'écrouler.

De là ces explosions et ces détonations que nous venons d'entendre.

Pour le moment, il est donc impossible d'entrer dans la ville encore remplie d'ennemis, dont le feu rendrait des plus dangereux le passage à gué de la Maritza. Aussi les Russes sont-ils obligés de s'établir sur la rive gauche et de répondre aux Turcs qui ont engagé la fusillade de l'autre rive.

Quand j'arrive à cet endroit, vers huit heures du soir, le spectacle est grandiose.

Bien qu'il soit nuit complète, on y voit comme en plein jour, à la lueur des nombreux incendies que les Tcherkesses ont allumés dans les maisons situées à la tête du pont, et dont les flammes donnent à l'eau des reflets rougeâtres. On croirait voir couler devant soi un véritable fleuve de sang.

A notre droite, les débris du pont, poutres, madriers, planches, balustrades, sont tombés dans la rivière au pied des piliers et forment une foule d'obstacles sur lesquels la Maritza bondit en autant de cascades.

Éclairée par la lueur des incendies, Philippopoli, avec ses maisons bâties en étages sur trois collines, les flèches aiguës de ses minarets, se détache en relief sur le fond sombre du ciel.

Sur la colline de gauche, Djembas-Tépé, les Turcs ont installé en batterie, sur la terrasse d'une vieille maison, deux pièces de canon qui tirent à coups répétés sur l'infanterie russe, et les Cosaques embusqués en tirailleurs derrière des troncs d'arbres et des abris construits à la hâte, de portes, de charrettes renversées, de pierres, et dont la fusillade se croise avec celle des nizams postés dans les maisons à galerie et un vaste établissement de bains, leur faisant face de l'autre côté de la rivière.

Il ne faut pas songer à entrer cette nuit-là dans la ville; on doit remettre l'entrée au lendemain.

Toutefois, le général Gourko, avec son intelligence

habituelle, ordonne à un de ses officiers d'ordonnance, M. Bourago, capitaine aux dragons de la garde, de prendre avec lui cent hommes de ce régiment, de remonter la rive gauche de la Maritza, jusqu'au-dessus des collines, de la traverser à gué et de pénétrer, s'il est possible, dans la ville, afin de reconnaître par combien de troupes elle est encore occupée.

M. le capitaine Bourago entre à Philippopoli vers onze heures du soir, après avoir échangé plusieurs coups de feu avec deux bataillons d'infanterie, qui sont postés près de la gare du chemin de fer, afin de protéger le départ d'un train emmenant quatre pachas et un nombreux état-major.

Malgré le petit nombre de Russes qu'ils ont devant eux, les Turcs ne songent pas à entrer en ville, afin de leur couper la retraite et de les faire prisonniers, et se bornent à leur envoyer quelques décharges sans résultat.

Entré dans Philippopoli, le capitaine Bourago trouve celle-ci absolument déserte; il est fort en peine de se guider à travers ce dédale de rues sombres et escarpées, quand il rencontre une patrouille de nationaux grecs armés, explorant les maisons afin d'arrêter les Tcherkesses qui pourraient s'y cacher pour les incendier. Conduit aussitôt chez M. Matala, vice-consul de Grèce, celui-ci lui confirme que la ville vient d'être abandonnée.

M. Bourago repart immédiatement, afin de rendre compte au général Gourko de sa mission; en revenant, il se rend, guidé par plusieurs Bulgares, à la gare où se trouvent encore plusieurs milliers de soldats Turcs. Le capitaine Bourago fait mettre pied à terre à ses hommes et les dispose dans un fossé, d'où il leur ordonne de faire feu sans bouger et en criant hourrah.

A ces cris, à cette fusillade, les Turcs se sauvent dans toutes les directions, abandonnant deux pièces de canon, dont les dragons s'emparent après avoir sabré l'escorte.

Le lendemain, dès le point du jour, pendant que les pionniers construisent, à l'aide de tonneaux, de charrettes et de madriers, un pont volant situé à cinq cents mètres en aval du pont détruit afin de donner passage à l'infanterie et à l'artillerie, la cavalerie traverse la Maritza à gué.

A huit heures du matin le général Gourko et son état-major franchissent à leur tour la rivière en se servant de deux grands radeaux en planches, manœuvrés chacun par quatre hommes armés de longues gaffes.

A midi, le pont est prêt, et toute la journée les troupes russes occupant la rive gauche traversent la ville, afin d'aller rejoindre les troupes de la 2° division de la garde, qui, sous la conduite du comte Schouvaloff, ont pris position à Aklan, en face des troupes turques retranchées au pied des monts Rhodope, et que l'on doit attaquer le lendemain.

Pour ma part, je profite de cette halte de vingt-quatre heures afin de visiter la ville : à peine entré à Philippopoli je me dirigeai vers le consulat de France. Dans les pénibles et dangereux moments que la ville vient d'avoir à passer, les Russes ont reconnu que la conservation de la ville était due à l'énergique intervention du corps consulaire auprès du gouverneur, et je suis tout fier d'ajouter qu'à Philippopoli, ainsi qu'il est arrivé à Sofia, la conduite de notre vice-consul, M. Boysset, est principalement au-dessus de tout éloge.

Instruit des incendies de Tatar-Bazardjick et de nombreux villages, et redoutant le même sort pour Philippopoli, il alla, à la nouvelle de l'approche des Russes, trouver le Vali. Ainsi qu'Osman-Pacha à Sofia, celui-ci conseilla à M. Boysset d'abandonner la ville, dont il n'était plus maître, disait-il, et qui allait rester occupée par les Tcherkesses et les Bachi-Bouzouks.

A force d'instances, M. Boysset obtint de ce gouverneur que celui-ci lui délivrerait plusieurs centaines de fusils à piston, avec de la poudre, des balles, des capsules, afin d'en armer les Bulgares catholiques et de protéger les quartiers chrétiens contre les tentatives d'incendie ; car je dois dire qu'à Philippopoli il existe une mission catholique, composée d'un évêque, de deux prêtres italiens et de deux prêtres français, et que dans cette ville on compte plus de deux mille Bulgares catholiques.

Pendant trois jours, ceux-ci veillèrent constamment et arrêtèrent près d'une centaine de Tcherkesses, surpris essayant de mettre le feu aux maisons chrétiennes, et qui furent remis entre les mains du gouverneur turc.

Bien plus que Sofia, Philippopoli bâtie sur les flancs de trois collines granitiques, offre le cachet oriental avec ses pentes abruptes et ses ruelles en montagne russe à travers des quartiers aussi peu macadamisés que pittoresques.

Les maisons sont très élevées, garnies de nombreux miradores vitrés et surplombant sur la rue comme en Espagne, et dont les toitures, se touchant presque des deux côtés, laissent à peine apercevoir le ciel.

Une peinture blanche ou jaune d'ocre, parsemée de filets, de rosaces, de palmettes et autres arabesques d'un rouge vif et d'un bleu d'azur, égaye leurs façades et rappelle ces maisons si éclatantes de ton et de lumière que j'ai tant admirées en Andalousie et dans la province de Valence.

De même qu'à Sofia, où ce détail m'avait frappé, les rues du Bazar ou Bezestin sont ombragées de plaques en tôle, sorte de plancher aérien posé à plat sur des poutres transversales, mais avec quelques découpures, autrement l'on n'y verrait plus.

Ces ouvertures, découpées à l'emporte-pièce en forme d'étoiles et de croissants, laissent filtrer le soleil qui zèbre le sol de barres éclatantes et produit les effets de clair-obscur les plus bizarres et les plus inattendus.

La situation de Philippopoli est des plus curieuses et des plus pittoresques. Dans cette vaste vallée de la Maritza, un peu au-dessous de l'endroit où celle-ci se rencontre avec la Dermen-Déré, cinq grands rochers granitiques dépouillés de terre et de verdure, se dressent, ainsi qu'un véritable îlot volcanique, au milieu de cette mer de champs et de rivières qui s'étend à perte de vue.

Sur les trois hauteurs les moins élevées s'élèvent les blanches maisons de Philippopoli : aussi, pour bien jouir de l'aspect de la ville, il faut monter sur l'une de ces collines ou tépés, comme on les appelle dans le pays. Je choisis comme point d'observation le tépé le plus situé à gauche, et que l'on appelle Djembas-Tépé (colline de l'acrobate, à cause, sans doute, de la difficulté de l'ascension).

De cette élévation, le coup d'œil est superbe ; Philippopoli s'étend sous vos pieds avec ses maisons jaunes, bleues et blanches, ses toits de tuiles cannelées d'un rouge vif, ses rideaux de cyprès, ses hauts peupliers, ses dômes et ses minarets pareils à des mâts de marbre, ses campagnes et ses rivières au milieu desquelles serpente la Maritza, comme une bande d'argent, tout cela baigné d'une fraîche lumière, d'un air de transparence inouïe.

D'abord, sous nos pieds, Djembas-Tépé avec son petit promontoire, Hissarij-Tépé (vieux fort), et sur lequel existent encore les murailles crénelées d'une vieille citadelle turque.

Ensuite, vous faisant face, Nebeth-Tépé (colline de la sentinelle) et Saat-Tépé (colline de l'heure), comme l'indique la tour de l'Horloge située sur son sommet.

Entre ces collines se déroulent les quartiers les plus populaires, d'où se détachent principalement les bazars aux poissons et des frippiers, Kourchoum-Han, vastes entrepôts de marchandises; toutes ces constructions surmontées d'une infinité de petites coupoles garnies en plomb; Djumaïa-Djami, la plus gracieuse de toutes les mosquées, dont le minaret cannelé et couvert de sculptures ressemble à un délicat pommeau de canne ciselé par Meurice; Imaret-Djami, le plus vaste de ces édifices; les consulats de France avec l'étendard tricolore; d'Autriche, à la bannière rayée de rouge et de blanc et chargée d'un écusson; d'Angleterre, à la double croix bleue et blanche sur fond de pourpre; de Grèce, à la croix bleue.

Comme faisant contraste à ces trois tépés chargés de maisons, viennent ensuite Djenden-Tépé (colline de l'Enfer) et Bunardjek-Tépé (colline du Damné) avec leurs masses sombres et noirâtres.

Et tout au fond, à l'horizon, comme dernier plan, les monts Rhodope couverts de neige, et sur les cimes desquels le soleil vient briser ses rayons en milliers de facettes étincelantes et azurées.

A part quelques maisons turques et quelques boutiques du bazar, les Grecs et les Bulgares n'ont pas eu, heureusement, le temps de piller la ville, grâce à la rapide arrivée des Russes et à la garde vigilante des Bulgares catholiques armés par les soins de notre vice-consul; les immenses magasins d'approvisionnements abandonnés par les Turcs ont pu être ainsi mis à l'abri du pillage.

Ruines du monastère de Saint-Georges au pied du mont Rhodope.

CHAPITRE XVII

Bataille de Karagatch.

La bataille de trois jours. Les positions turques. Combat de Karagatch. Allocution du général Krasnoff. La voie du chemin de fer. Aklan. Les obus dans les rizières. Les batteries turques. Trois attaques repoussées. Défense de Karagatch. L'attaque décisive. La déroute dans les gorges de Belatchista. Poursuite du régiment d'Arkangel. Les pertes de l'ennemi. Mort d'Ali-Pacha. Fuite de Suleïman. Incendie des monastères. Le 30e Cosaques. Le village de Belatchista. La grande batterie. Incendie du monastère de Saint-Georges. Le grand retranchement. Zakritkioï-Chiflik. Marche du 26e Cosaques de Slatitza à Philippopoli.

Philippopoli, 18 janvier.

En apprenant la reddition de l'armée de Schipka et par conséquent, la marche du général Radetzky sur Andrinople, marche qui lui coupait sa retraite par la grande chaussée sur Constantinople, Suleïman-Pacha, avec une force de vingt mille hommes, alla s'établir en face de Philippopoli, sur les dernières pentes des monts Rhodope, gardant le défilé de Belatchista et attendant les troupes de Fuad-Pacha, lesquelles, au nombre de quinze mille hommes, avaient évacué Tatar-Bazardjick, et se retiraient par la rive droite de la Maritza, longeant le pied des montagnes et serrées de près par la 2e division de la garde, qui avait traversé la rivière à leur suite.

La position des Turcs était des plus fortes et s'étendait de Belatchista à droite jusqu'à Markova, à gauche, en passant par le Chiflik de Zakritkioï et le village de Karagatch au centre, présentant un front de six à huit kilomètres tout hérissé de monticules et de tranchées naturelles, où se trouvaient installées en batteries une nombreuse artillerie, forte de cent huit pièces de canon en acier.

Le 17 janvier, au point du jour, nos troupes se mettent en marche pour attaquer l'ennemi.

Depuis le 15 janvier on se bat sans relâche.

Déjà, la nuit précédente, le brave général Krasnoff a attaqué, à la nuit, le village de Karagatch.

Ce soir-là, les régiments de la garde de Lithuanie et de l'empereur d'Autriche ont dû marcher dans la neige jusqu'à la poitrine. Leurs colonels ayant montré quelque hésitation à lancer leurs hommes :

— Il y a de la neige, c'est vrai, leur a dit en riant le général Krasnoff, mais la lune est superbe, et vous ne savez pas combien c'est poétique de se battre à sa clarté : En avant !

Les soldats ont si bien marché qu'ils ont enlevé dix-huit canons et dispersé les Turcs dans la montagne. Ceux-ci reviennent en nombre considérable, et finissent par réoccuper le village de Karagatch, qui est la clef de leur position.

Aujourd'hui doit être la journée décisive de cette bataille de trois jours.

Quand je quitte Philippopoli, à huit heures du matin, la bataille est déjà engagée. Le canon et la fusillade retentissent avec le plus grand fracas, répercutés au loin par tous les échos des montagnes.

Une heure et demie de marche sépare seulement la ville du champ de bataille.

A Philippopoli, les habitants montés sur les tépés, entendent distinctement chaque décharge, et sans un brouillard qui s'étend sur la plaine, ils pourraient suivre distinctement tous les mouvements de la bataille.

Afin de rejoindre le quartier général, qui s'est établi au village d'Aklan, je m'engage au galop sur la route de Stanimaka, sillonnée en ce moment par des trains d'artillerie apportant de nouvelles réserves de cartouches.

A deux kilomètres de Philippopoli, cette route est traversée par le chemin de fer de Constantinople ; contre la barrière s'élèvent une petite cabane en bois, portant le nº 45, qui servait de logement au gardien, et un hangar recouvert en ardoises.

Là, la cavalerie russe a eu dans la journée d'hier une légère escarmouche, ainsi que l'indiquent cinq ou six cadavres de nizams vêtus de la veste bleue à filets rouges et étendus, la face dans la neige, au milieu d'une mare de sang.

Après avoir dépassé cette barrière, je m'engage à droite dans les champs et les rizières coupées de mille canaux, qui s'étendent au pied des montagnes et où les troupes russes ont pris position.

L'artillerie de la garde, installée à droite du village d'Aklan, crible d'obus les plis du terrain et les monticules où sont abrités les tirailleurs ennemis.

Deux fortes batteries turques établies, l'une au-dessus du village de Belatchista, et la deuxième dans les vignes entre ce village et Zakritkioï-Chiflik, leur répondent avec vigueur. Heureusement les obus, en tombant sur le sol mou et détrempé des rizières, n'éclatent pas pour la plupart et ne produisent presque aucun effet.

Vers midi, la 3ᵉ division de la garde attaque de front et à la baïonnette la longue tranchée reliant Belatchista à Zakritkioï-Chiflik, au centre de laquelle se trouve le village de Karagatch que Fuad-Pacha défend avec une énergie désespérée.

Accueillis par un feu épouvantable, et malgré des prodiges de valeur, les Russes sont forcés de reculer.

Trois fois, jusqu'à quatre heures du soir, cette division renouvelle cette attaque périlleuse, et trois fois elle est repoussée, en subissant des pertes sensibles.

Le régiment de Lithuanie, qui forme tête de colonne, perd à lui seul plus de trois cents hommes. La brigade de dragons bleus du brave général Krasnoff, s'est jointe à l'infanterie dans la dernière attaque, mais n'a pas été plus heureuse que celle-ci et compte de grands vides en hommes et en chevaux.

Cette position était inabordable de front; heureusement, pendant ces attaques de la 3ᵉ division, la 1ʳᵉ division de la garde à gauche et la 2ᵉ à droite, tournent les flancs de l'armée turque.

Vers quatre heures du soir, cette dernière division arrivant par Dermendéré, déborde l'aile gauche de l'armée ennemie, et installe un canon, hissé à bras sur les hauteurs dominant Markova, qui canonne les Turcs en queue.

En même temps une quatrième attaque est tentée. Le général Dandeville lance les grenadiers de Saint-Pétersbourg sur Karagatch. Ces braves s'avancent sous une grêle de balles à travers les rizières couvertes de neige et coupées par de nombreux fossés. Malgré un feu meurtrier, ils s'approchent à deux cents mètres du village, tirent coup sur coup plusieurs salves, et aux cris de hourrah se jettent sur l'ennemi qui est culbuté hors des maisons.

Mais Fuad-Pacha accourt; voyant bien qu'il est perdu et jeté dans les montagnes s'il ne reprend pas Karagatch, il rallie les fuyards, réunit toutes ses forces et tente un effort désespéré.

Le général Dandeville, tout en résistant sans céder un pouce de terrain, avertit le comte Schouvaloff, commandant en chef les trois colonnes, que sa division (3ᵉ de la garde) va être écrasée par toutes les forces turques.

Le comte Schouvaloff ordonne alors aux trois colonnes un mouvement général en avant et trente mille Russes tombent à la baïonnette sur les malheureuses troupes turques dont la dernière heure est venue.

Les régiments de la garde de Moscou, des grenadiers, de Paul et de Finlande se jettent sur Markova et Zakritkioï-Chiflik, pendant que la 3ᵉ division marche en avant de Karagatch.

Démoralisés, les Turcs lâchent pied et s'enfuient au plus vite vers les gorges de Belatchista. Mais pendant ce temps, la 1ʳᵉ division de la garde, arrivant par Stamilaka, a attaqué en flanc le village de Stanimaka et enlevé la batterie de dix canons située à gauche de ce village, dont les défenseurs ont fui, se retirant en arrière sur les mamelons dominant le grand monastère bulgare de Saint-Georges, où sont parqués les bagages de l'armée turque, auxquels ils viennent de mettre le feu.

Délogés de ce dernier asile, les Turcs se précipitent dans le plus affreux désordre à travers ces gorges impraticables pour l'artillerie, abandonnant celle-ci tout entière sur le champ de bataille.

On entend au loin les fanfares des troupes de la garde qui sonnent la charge; on dirait le suprême hallali de l'islamisme et de l'Orient, le chant de mort de la grande race de Tchengiz.

Au même moment, arrivent en déroute la gauche et le centre turcs, poussés la baïonnette aux reins par les 3ᵉ et 2ᵉ divisions de la garde, tandis que la 1ʳᵉ division les fusille du haut des hauteurs, dont elle vient de s'emparer. De l'entrée de cette gorge jusqu'au village de Novo-Selo, situé à une demi-heure de marche de distance dans le défilé, c'est une véritable boucherie, chaque balle portant une ou plusieurs fois dans cette épaisse cohue de soldats effarés, dont la plupart ont jeté leurs armes afin de mieux courir.

Les débris de l'armée de Fuad-Pacha se sauvent dans les montagnes où le régiment d'Arkangel les poursuit. Officiers et soldats escaladent les hauteurs, ayant de la neige jusqu'aux genoux, et malgré les signaux de retraite qui leur sont donnés à plusieurs reprises, atteignent enfin un plateau, où l'on voit cinq canons et où l'ennemi semble vouloir tenter encore une résistance désespérée.

Les artilleurs turcs se préparent à tirer quand tout à coup une dizaine de compagnies du régiment d'Arkangel tombent sur eux; les servants des canons ont à peine le temps de s'enfuir avec leurs chevaux, et les canons chargés d'obus tombent entre les mains des vaillants soldats russes.

Le régiment de Finlande prend vingt pièces de son côté.

La nuit étant arrivée, le combat ou plutôt la poursuite cesse.

La moitié de l'armée de Suleïman-Pacha, commandée par Fuad-Pacha et forte de quarante tabors (bataillons) est littéralement dispersée. Les Russes se sont emparés de presque toute son artillerie (quarante-trois canons pris de haute lutte et quatre pièces trouvées dans les montagnes). Les pertes des troupes de Fuad-Pacha sont énormes et atteignent presque le tiers de leur effectif : plus de trois mille tués et autant de blessés.

Ali-Pacha, commandant l'artillerie, a eu une fin héroïque. Quand les Turcs, débordés par Markova, se sont enfuis sur Belatchista, le général turc est resté avec quelques hommes déterminés dans la grande batterie établie en arrière de Zakritkioï-Chiflik, afin de protéger la retraite des siens.

Bientôt entouré par les Russes, il refuse de se rendre, et armé de deux revolvers et de son large cimeterre, ne succombe qu'après avoir tué ou blessé quinze soldats du régiment de Lithuanie.

Suleïman-Pacha s'est enfui dès le début de la bataille, en passant par le village de Stanimaka, qui n'était pas encore au pouvoir de la première division de la garde. En se retirant, ce pacha a fait incendier, par les Tcherkesses les deux monastères bulgares de Jamk et de Arbakioj.

Dans ce dernier, les prêtres avaient recueilli quatre-vingt-cinq petits orphelins bulgares de cinq à dix ans.

Lors de l'incendie de cet édifice, tous ces enfants se sauvaient affolés de terreur. Quelques-uns ont été massacrés par les Tcherkesses, d'autres emmenés comme esclaves, le plus grand nombre a disparu ; une quinzaine tout au plus sont restés avec les prêtres du monastère.

J'ai vu un de ceux-ci, à Philoppopoli, que ces barbares ont jeté dans les flammes, d'où il a pu miraculeusement s'échapper, ayant eu toutefois les mains cruellement brûlées : en outre, ces misérables Tcherkesses se sont amusés à lui tracer sur la poitrine, avec la pointe de leurs kinjals (poignards) rougis au feu, des croix et autres emblèmes religieux.

Le lendemain, les troupes de Suleïman étaient rejointes par le 30ᵉ Cosaques du Don du colonel Grekoff, qui s'empara d'un parc de quarante pièces de canon.

La bataille finie, et profitant du peu de jour qui me reste encore, je visite le terrain de la lutte.

A moins de deux kilomètres de distance du village d'Aklan, se trouve Belatchista, situé sur une colline s'avançant en pointe dans la plaine, et qui a été assailli à la baïonnette de tous les côtés à la fois.

Bâti en gradins avec de nombreux enclos en pierres sèches, ce village constitue une formidable redoute.

Toutes les maisons sont labourées par les balles et les obus, et la moitié du moins sont la proie des flammes allumées par l'explosion des projectiles. Dans les terrains environnants, étendus au milieu des pierres et des bruyères, se trouvent de nombreux cadavres des tirailleurs qui en défendaient les approches.

En arrière du village, sur une petite plate-forme, se trouvait établie une batterie de dix pièces, que l'ennemi a abandonnées sur place.

Le sol, en cet endroit, est profondément creusé par les explosions des obus, et couvert de cadavres d'artilleurs avec leurs tuniques à galons noirs, de chevaux éventrés, de colliers, de harnais, de seaux en cuir, de cordes destinées à traîner à la prolonge les canons dont les roues enfoncent dans une boue sanglante.

Au pied des monticules bordant à gauche le défilé, le monastère de Saint-Georges n'est plus qu'un immense brasier.

Cet édifice religieux, véritable forteresse, était de forme carrée, formant un vaste rectangle, au centre duquel se trouvait la chapelle. Les toitures se sont écroulées au sein de cette fournaise que dominent seulement les cheminées en briques rouges restées debout.

De tous côtés on ne voit qu'arabas et charrettes chargées de vivres et de bagages, quelques-uns brisés par les obus, et à terre des buffles, des bœufs et même quelques conducteurs en costume de Bachi-Bouzouks atteints par les balles égarées.

Près d'une fontaine, je remarque les cadavres de deux femmes turques, quelques paysannes sans doute des environs qui s'étaient enfuies à la suite de l'armée turque.

A l'entrée de la gorge de Balatchista se trouve un effroyable amoncellement de canons, caissons, charrettes, cadavres d'hommes et de chevaux formant une véritable barricade, haute de plusieurs pieds.

Aussi loin que la vue peut s'étendre, l'intérieur de cette gorge est couvert de corps morts et de blessés se détachant en relief sur la neige qui recouvre le sol, et, sans être taxé d'exagération, je puis dire que le petit ruisseau qui court sur le lit de grosses pierres tapissant le fond de cette passe est devenu entièrement rouge.

De Belatchista je suis jusqu'à Zakritkioï-Chiflik le grand épaulement contre lequel est venu se briser trois fois dans cette journée l'attaque de la 3ᵉ division de la garde.

Cet ouvrage est formé par une petite ravine, profonde tout au plus de six pieds, et donnant ainsi naissance à une tranchée naturelle où l'ennemi avait posté ses meilleures troupes.

Le fond de cet ouvrage est littéralement pavé de cartouches, car, pendant six heures, l'ennemi a fait de cette position un feu d'enfer; la terre en cet endroit est imbibée par le sang de nombreux cadavres, la plupart frappés à la tête, seule partie de leur corps qui dépassait le sommet de la tranchée, et sont tombés foudroyés, à plat ventre, tenant encore le fusil épaulé, prêt à faire feu, rappelant par leurs postures ces cadavres de chasseurs à pied que l'on voit dans le tableau de Neuville, « *la Voie ferrée.* »

Dans les vignes en arrière, beaucoup de cadavres percés à la baïonnette, des sacs, des fusils brisés, des gibernes, des fez pleins de sang, etc.

J'aurais désiré visiter la grande batterie située à plusieurs centaines de mètres en arrière, dont les pièces disparaissaient littéralement sous des monceaux de cadavres; mais il fait presque nuit, et je reviens à Aklan en passant par Zakritkioï-Chiflik, qui, ainsi que l'indique son nom, n'est pas un village, mais une vaste propriété formée d'une habitation de maître, avec kiosques, pavillons, et de cinq ou six fermes entourées par de nombreux murs de clôture en pierres sèches.

En cet endroit, l'ennemi devait avoir établi un parc d'artillerie, car, dans la cour précédant le logis du beg je remarque plusieurs centaines de caisses en fer-blanc remplies de cartouches Martini et Sniders et avec lesquelles on pourrait élever une barricade de plusieurs mètres de hauteur.

D'Aklan, je reviens à Philippopoli, où j'arrive vers huit heures du soir, et bien qu'il fasse nuit sombre, je suis éclairé presque comme en plein jour par l'incendie des villages enlevés aux Turcs et par deux grands feux qui viennent de s'allumer en ville.

A peine rentré à Philippopoli, j'ai le plaisir et la joie de rencontrer le 26ᵉ régiment de Cosaques, que j'avais quitté momentanément pour aller à Plevna, en apprenant la chute de cette ville.

De là, j'étais revenu par Araba-Konak rejoindre l'état-major du général Gourko en suivant la route de Sofia, Tatar-Bazardjick et Philippopoli.

Pendant ce temps, le 26ᵉ régiment de Cosaques, avec le 21 régiment de la même arme et la 5ᵉ division d'infanterie de ligne, sous les ordres du général Schildner-Schundner, avait formé l'aile gauche de l'armée du général Gourko.

A la nouvelle de la prise des défilés d'Araba-Konak et de Thaskisend, la brigade de Cosaques avait quitté Etropol, et était arrivée à Slatitza, le 2 janvier, au moment où les Turcs évacuaient le camp retranché situé en arrière de cette petite ville.

Bien que la nuit fût arrivée, les Cosaques poursuivirent l'ennemi, dont ils rejoignirent l'arrière-garde, un peu en avant de Pirlop, et embrochèrent un bon nombre de rédifs et de mustaphis avec leurs longues piques de douze pieds.

De là, la colonne se rendit à Kaprichitza, où le major Gritchinowsky, commandant l'avant-garde du 26ᵉ Cosaques, eut une légère escarmouche avec les fuyards turcs, auxquels il enleva une vingtaine de prisonniers, escarmouche dans laquelle il eut son cheval tué sous lui.

De Kaprichitza, les troupes gagnèrent Klisura-Brasatim et longèrent le versant méridional des grands Balkans, en côtoyant la vallée de la Derbend-Déré et en passant par Rhamanli, Sopot, et arrivèrent à Karlovo, où se trouve la grande route venant de Tirnova à Philippopoli.

A partir de Karlovo, la colonne du général Schildner-Schundner était descendue au sud par cette grande chaussée et passant par Kukurki et Ceperlu, était arrivée à Philippopoli dans la journée du 18 janvier, où je retrouvai le soir même mes amis et compagnons du 26ᵉ Cosaques en revenant du champ de bataille de Karagatch.

Cadavres d'emigrants turcs sur la route de Philippopoli à Hermanli

CHAPITRE XVIII

De Philippopoli à Andrinople.

La route d'Andrinople. Salabeg. L'émigration turque. Les campements de la mort. Kayadjik. Haskioï. Tirali. Épaves de la fuite. Les pillards bulgares. Les cadavres. Combat du 20 janvier. Massacre et fuite des émigrants. Hermanli. Le chemin de fer. Le pont de Mustapha-Pacha. Les abords d'Andrinople. Le Ride de Stroukoff. Les consuls à Andrinople. Prise d'Andrinople. Entrée en ville. Le quartier européen. Le quartier du bazar. L'armistice. Notre campement. Le conak d'Haffiz-Effendi. Le haremlike. Les Jardins. Bataille de Chenovo. Descente des Balkans. Les redoutes turques. En avant. A la baïonnette. Corps à corps. Prise des redoutes. Déroute des Turcs. Reddition de l'armée de Schipka.

Andrinople, 2 février.

Le 25 janvier, après un séjour de près d'une semaine à Philippopoli, je quitte cette ville en compagnie du 26ᵉ régiment de Cosaques, qui se rend à Andrinople rejoindre l'autre régiment de sa brigade.

En outre, ce régiment est chargé d'éclairer la grande route, en ce moment couverte de transports, et sur laquelle les Bachi-Bouzouks et quelques bandes provenant des soldats de l'armée régulière dispersée à Belatchista et réfugiés dans les monts Rhodope, viennent faire parfois des descentes afin de piller des convois.

Plusieurs jours avant notre départ, un peloton de hussards de Kiew a été surpris dans une embuscade et contraint de se replier sur Haskioï.

De Philippopoli à Andrinople la route est des plus banales et dépourvue de tout attrait pittoresque.

Tantôt, ce sont de vastes plaines sans verdure, des rivières entrecoupées de nombreux canaux.

Tantôt, des élévations de terrains arides et dépourvues de toute végétation.

Le soir de notre première étape, étant partis très tard de Philippopoli, nous nous arrêtons à Satabeg, petit village bulgare situé de l'autre côté de la ligne du chemin de fer.

De Satabeg à la petite ville de Haskioï où nous arrivons le lendemain, nous avons à subir pendant toute l'étape un douloureux et terrible spectacle, bien fait pour faire prendre en exécration la guerre et ses auteurs.

Sur tout ce long parcours de soixante kilomètres, dans les champs bordant la chaussée, sont étendus de nombreux cadavres turcs, femmes, enfants, vieillards morts de faim et de froid. Nous en comptons près de six cents pendant cette marche lugubre.

Ces malheureuses victimes du fanatisme turc appartiennent à la population de Philippopoli et des villages environnants, qui, à l'approche des Russes, avait reçu l'ordre formel d'évacuer ses demeures et de fuir au plus vite vers Andrinople et Constantinople.

Des témoins oculaires m'ont affirmé que des escouades de zaptiés (gendarmes) parcouraient les rues des quartiers musulmans hâtant le départ des habitants turcs, frappant et malmenant même ceux qui faisaient quelques difficultés pour partir.

On voit dans quelle horrible situation se trouvèrent ces malheureux habitants, obligés de cheminer à travers un pays couvert de neige et exposés à une température glaciale !

Dès le grand village de Papasli, qui fut la première étape de ces émigrants, les cadavres abondent sur la route. Partout où les Turcs ont campé, et l'emplacement est facile à reconnaitre aux nombreuses litières de paille, aux nombreuses guenilles qui jonchent le terrain, l'on rencontre les cadavres des malheureux, qui n'ont pu supporter le froid glacial et la faim qui les accablaient.

Rien de plus horrible à contempler que ces corps restés sans sépulture, noircis, tuméfiés, desséchés par le froid, étendus au milieu de corps de bœufs, de buffles, de brebis, de chèvres, car depuis quelque temps une sorte de peste bovine s'est déclarée parmi le bétail dans toutes les parties de la Bulgarie.

Quels lugubres tableaux j'ai eu, et j'aurai toujours présents sous les yeux durant notre marche lugubre à travers ces horribles campements, que les Cosaques, dans leur langage pittoresque et imagé, ont surnommés le « Campement de la Mort! »

Comme je l'ai déjà dit, je ne vois dans ces véritables charniers que des cadavres de vieillards, de femmes et d'enfants, aucun jeune homme ou homme dans la force de l'âge ; tous sans aucune blessure, morts de froid et de faim. Les uns pelotonnés par monceaux de cinq ou de six personnes ayant essayé de se réchauffer et de se communiquer mutuellement par leur contact un peu de calorique ; des mères étendues sur des couvertures en lambeaux, tenant encore leurs enfants serrés contre leur sein ; deux jeunes filles étroitement enlacées dans les bras l'une de l'autre et étendues la face contre terre : au premier aspect on eût cru qu'elles dormaient ; des vieillards à longue barbe blanche, porteurs de ces physionomies vénérables et marquées de ce cachet oriental qu'on retrouve dans les tableaux de Descamps ; une jeune femme de la plus rare beauté, aux longs cheveux noirs déroulés, vêtue d'une veste en drap noir brodée d'argent, et de larges pantalons bleus, a ramené avant de mourir sur son visage, son long voile de gaze qu'elle tient encore dans ses mains crispées et que le vent a déchiré en lambeaux.

Quelques-unes de ces malheureuses victimes du fanatisme de leur gouvernement sont tombées sur la route, couvertes de boue, et, détail horrible, les lourdes voitures de transport les ont à moitié écrasées.

J'ai vu un malheureux vieillard, vêtu d'une robe de derviche, qui était tombé sur une ornière et auquel les roues d'une charrette ont broyé la tête; car, chose triste à dire, ces émigrants étaient en proie à un tel délire de fuite, que chaque matin, en quittant leur campement de la nuit précédente, ils s'enfuyaient au plus vite, laissant les cadavres sans sépulture.

A Kayadjik, petit village situé sur la rivière Oskyizli, à deux heures de Haskioï, et deuxième étape des émigrants, les abords du pont et les anfractuosités des rochers qui bordent la rive droite sont remplis des cadavres de ces misérables, qui s'y étaient blottis afin de se préserver un peu des rafales glaciales de la nuit.

La terre est jonchée de couvertures, chiffons, d'innombrables livres de prières, et auprès du cadavre d'une femme tzigane, aux dents d'un émail éclatant, je remarque un petit miroir carré à l'encadrement en cuivre ciselé.

Le soir de notre deuxième étape à partir de Philippopoli, nous fîmes halte à Haskioï, petite ville très commerçante et très riche, de huit à dix mille âmes. Malheureusement, le bazar et les principales maisons chrétiennes avaient été livrés aux flammes par toutes ces bandes de fuyards.

Je descends avec le colonel Froloff, du 26ᵉ Cosaques, dans une maison bulgare, où viennent d'arriver depuis deux jours seulement les deux fils du propriétaire, qui avaient été exilés depuis trois années de Bulgarie par le gouvernement turc, après avoir subi un dur emprisonnement de deux ans dans une province de l'Asie Mineure.

A leur arrivée à Haskioï, ils ont trouvé seulement leur vieille mère au foyer paternel, leur père et leur beaufrère ayant été arrêtés et emmenés comme otages par les Turcs.

Le lendemain, en quittant Haskioï, nous trouvons les abords de la ville remplis de cadavres, indiquant une troisième halte des malheureux émigrants turcs.

Après deux heures de marche et en arrivant au sommet d'une pente assez escarpée, un spectacle des plus inattendus vient s'offrir à nos regards.

Partout, sur la route, dans les champs environnants et aussi loin que la vue peut s'étendre, des milliers de charrettes brisées et renversées et de nombreux cadavres de bœufs, de buffles, de chevaux. Évidemment les fuyards ont été surpris en cet endroit par la cavalerie russe et se sont enfuis, abandonnant tous leurs moyens de transport, dans les montagnes qui s'étendent à deux kilomètres de distance, sur la droite de la chaussée.

Ce qui nous confirme dans cette idée c'est qu'à Tirali, petit hameau situé sur les bords de l'Oglu, bon nombre de charrettes ont été précipitées du haut des berges dans le lit de la rivière. Plusieurs autres ayant voulu passer celle-ci à gué, se sont embourbées, enfoncées dans la vase, et leurs conducteurs les ont abandonnées à cet endroit.

Le sol lui-même, couvert des mille et mille objets que renfermaient ces voitures, indique qu'en cet endroit il y a eu une immense et vertigineuse panique et non pas une simple halte ou campement.

Partout et de tous côtés, des papiers déchirés, des milliers de Korans sur papier jaune à enluminures d'or, des couvertures en soie, brodées d'or, des amas de chiffons de laine, des poteries grossières, des plats en fer bossués par un long usage, des gourdes, des tonnelets, des cribles à avoine, des bancs, des babouches, des galoches en bois, en un mot, tout le mobilier de ces pauvres émigrants, mais tous ces objets couverts de boue, salis, défraîchis par la pluie et la neige; et, au milieu de cette solitude, des bandes de Bulgares glanant ces sinistres dépouilles comme des bandes d'oiseaux de proie et auxquels les Cosaques s'empressent de donner la chasse à grands coup de nagaïkas et du bois de leurs lances.

Sur un parcours de près de quatre lieues, la route est jonchée des débris de cette immense émigration.

Un peu avant d'arriver à Hermanli, et au sommet d'une colline d'où la route descend dans la vallée, se trouvent les dernières charrettes brisées, formant de véritables barricades sur la chaussée, au milieu desquelles nos chevaux cheminent à grand'peine.

En cet endroit il y a de nombreux cadavres, en partie d'hommes dans la force de l'âge, les uns portant le costume de paysan, les autres l'uniforme bleu du rédif, tous frappés à mort par la mousqueterie ou l'arme blanche; un malheureux Bachi-Bouzouk a eu la tête presque entièrement fendue d'un coup de sabre, un autre la gorge traversée d'un coup de lance; une femme est étendue sur une charrette, la poitrine trouée de plusieurs balles.

Évidemment, la tête de cet immense convoi a rencontré en cet endroit les Russes; ainsi que l'indiquent tous ces cadavres, il s'est engagé une lutte acharnée, à laquelle ont pris part non seulement les soldats de l'escorte, mais encore tous les émigrants armés, afin de donner le temps à leurs familles de s'enfuir dans les montagnes.

Nos prévisions sont justes, et, comme nous l'apprenons plus tard en arrivant à Andrinople, voici ce qui s'est passé en cet endroit :

Le 20 janvier dernier, les troupes de la 16e division, sous les ordres du général Skobéleff, arrivaient d'Eskizara sur Hermanli, quand, à une dizaine de kilomètres en avant de cette dernière ville, la 5e division de cavalerie, sous les ordres du général Stroukoff, et le 1er et le 9e régiment de Cosaques, qui faisaient tête de colonne, aperçurent à leur droite, sur la grande chaussée de Constantinople, une immense colonne d'émigrants qu'on re pourrait comparer qu'aux antiques émigrations des Cimbres et des Teutons, composée de plus de vingt mille charrettes et arabas, marchant sur plusieurs files et escortées par six bataillons d'infanterie régulière.

Aussitôt la cavalerie russe se lance à l'attaque, mais en cet endroit la route passe sur des collines escarpées, du haut desquelles les rédifs, aidés par au moins quinze mille émigrants turcs, qui, suivant la coutume orientale sont tous armés, et à l'abri derrière les charrettes, repoussent l'attaque des Russes.

A ce moment arrive la division du général Skobéleff. Celui-ci, bien que devant marcher immédiatement sur Andrinople, comprend qu'il doit avant tout s'arrêter et déblayer la route de cette masse armée: aussi donnant l'ordre à la cavalerie de cesser l'attaque et de se diriger au plus vite sur Andrinople, il envoie sur la droite le régiment d'infanterie d'Ouglitch, le 11ᵉ bataillon de tirailleurs, deux sotnias de Cosaques et deux pièces de canon.

Les deux premiers bataillons d'Ouglitch occupent des hauteurs situées à gauche de la route et dominant celle-ci, sur laquelle ils ouvrent un feu des plus vifs; en même temps le 3ᵉ bataillon de ce régiment monte par la chaussée, précédé des deux pièces de canon, qui tirent à mitraille sur les charrettes, afin de briser celles-ci et de chasser les Turcs de ces barricades improvisées; enfin, les tirailleurs et les Cosaques escaladent les pentes de droite.

En arrivant à la tête des voitures, un combat des plus acharnés s'engage sur ce point.

Le capitaine d'infanterie qui conduisait la compagnie de tête d'attaque, a son sergent tué auprès de lui et tue plusieurs Bachi-Bouzouks à coups de sabre; une femme turque, celle-là sans doute dont j'ai vu le cadavre, blottie dans une charrette, laisse les Russes s'approcher, puis se relevant, armée d'un fusil, abat un soldat d'une balle au milieu du front, mais est aussitôt percées de coups.

Malgré tous ses efforts, cette masse confuse d'habitants armés et de quelques rédifs, ne peut résister longtemps aux Russes, aussi tous s'enfuient bientôt avec leurs familles dans les montagnes, où sans doute ces malheureux sont morts par milliers de froid et de faim.

Les Russes recueillirent seulement quelques retardataires et malades abandonnés sur les voitures, mais chose précieuse, s'emparèrent de plus de vingt mille charrettes et arabas tout attelés de bœufs, de buffles ou de chevaux et qui furent du plus grand secours pour le transport des vivres et des blessés.

Le soir, à huit heures, après cette escarmouche, les Russes entrèrent à Haskioï par la route venant d'Andrinople, en même temps qu'arrivaient par la route de Philippopoli les régiments des hussards rouges, les hussards de Grodno, des lanciers de l'empereur et des lanciers de Péterhoff, ces quatre régiments de la garde formant l'avant-garde des troupes du général Gourko. On se reconnut immédiatement et les deux troupes opérèrent leur jonction au milieu de hourrahs prolongés.

Quand j'arrive à Hermanli, petite ville située sur l'Oglu, et assez curieuse par sa position pittoresque et les ruines anciennes d'une immense mosquée, j'éprouve le vif sentiment de plaisir que l'on ressent lorsque, perdu depuis plus de dix mois au milieu d'un pays dévasté et barbare, on se retrouve tout à coup en présence d'objets vous rappelant la vie civilisée.

A deux kilomètres de Hermanli, la voie ferrée de Tatar-Bazardjick et de Yamboli traverse la chaussée; en ce moment passe un convoi de matériel venant de Philippopoli, traîné par une des quatre locomotives prises aux Turcs à Yéni-Zara.

On ne saurait croire avec quelle joie je contemple l'épais panache de fumée blanchâtre sortant du tuyau de la locomotive; il me semble rencontrer un nouveau lien qui me rattache à la vie civilisée, dont je suis séparé depuis si longtemps.

A partir de Hermanli, la Maritza côtoie la chaussée d'Andrinople, au milieu d'une étroite vallée, formant un défilé qui s'étend jusqu'à cette dernière ville, et dont le vieux généralissime Abdul-Kérim-Pacha comptait faire une deuxième et formidable ligne de défense, au cas où les Russes auraient franchi les Balkans, qui constituaient la première ligne de résistance.

De Hermanli jusqu'à Andrinople la route ne mérite aucune description. Rappelons pourtant la petite ville de Mustapha-Pacha, où nous traversons la Maritza sur un long et étroit pont de pierres, que les Turcs n'ont pu démolir, Suleïman-Pacha ayant été coupé par la marche rapide de Skobéleff et de Stroukoff dans sa retraite sur Andrinople.

Quand on arrive dans cette dernière ville par la chaussée de Philippopoli, Andrinople se trouve dérobée aux regards par un épais rideau de collines sur lesquelles les Turcs avaient élevé une série de redoutes et de tranchées des plus formidables, mais qu'ils ne purent défendre, cinq ou six bataillons de la garde, expédiées en toute hâte de Constantinople, se trouvant seulement dans la ville au moment de l'arrivée des Russes.

Comme je l'ai déjà dit, quand Skobéleff rencontra les Turcs entre Hermanli et Haskioï, il les fit attaquer par de l'infanterie et ordonna au général Stroukoff, commandant la 5ᵉ division de cavalerie, à laquelle il adjoignit une brigade de Cosaques (1ᵉʳ et 9ᵉ régiments) de marcher au plus vite sur Andrinople.

Pendant ce temps il fit arriver à Hermanli les locomotives et une vingtaine de wagons pris aux Turcs contre Yéni-Zara, et organisa un train militaire dans lequel il partit vingt-quatre heures après la cavalerie, avec les trois compagnies de tirailleurs du régiment d'Ouglitch.

Pendant ce temps le général Stroukoff était arrivé à Andrinople avec sa cavalerie et avait trouvé la ville entièrement abandonnée par les troupes turques.

Le gouverneur militaire n'ayant à sa disposition que cinq ou six bataillons de la garde impériale, dernière ressource militaire que possédât encore le Sultan, et que celui-ci avait envoyés en toute hâte par le chemin de fer, évacua la ville en apprenant l'arrivée des Russes. Toutefois, sur les demandes instantes du corps consulaire, il laissa à la disposition de celui-ci quatre-vingts chasseurs à pied de la garde, afin que cette troupe d'élite pût protéger la ville de la présence de plusieurs milliers de Tcherkesses, qui campaient dans les faubourgs.

Les Grecs, avaient été également armés par leur consul et faisaient de nombreuses patrouilles ; mais disons-le en passant, ces descendants de Léonidas et de Thémistocle ne possédaient pas toute la valeur des héros des Thermopyles et de Salamine, car, dans plusieurs promenades nocturnes, ayant rencontré des bandes de Circassiens, ils jetèrent leurs armes par terre et s'enfuirent au plus vite.

Quand, après avoir évacué Andrinople, le Pacha apprit qu'elle était seulement occupée par quelques faibles régiments de cavalerie, il résolut de revenir sur ses pas afin de tenter un coup de main contre les Russes; mais, sur ces entrefaites, le général Skobéleff était arrivé par le chemin de fer avec ses trois compagnies de tirailleurs à une demi-journée d'intervalle de la cavalerie, et le général turc apprenant la présence de celui-ci, s'empressa de rebrousser chemin.

Le soir même, par un nouveau train, le régiment d'infanterie d'Ouglitch arrivait en entier, et la ville se trouvait désormais à l'abri d'une surprise.

En arrivant à Andrinople par la chaussée de Philippopoli, je ne puis voir au loin le profil de la ville comme j'avais déjà aperçu, à plusieurs kilomètres de distance, Sofia, Tatar-Bazardjick et Philippopoli.

Cachée par un réseau de collines, la capitale de la Roumélie se dérobe aux regards du voyageur, qui peut toutefois apercevoir à trois heures de distance, les quatre grands minarets de la mosquée de Selim-Pacha.

Nous entrons dans un faubourg rempli d'un lac de boue liquide où nos chevaux enfoncent jusqu'à mi-jambe. Ce faubourg traversé, nous passons la Tundza et pénétrons en ville par le quartier de la colonie chrétienne, dont les vieilles maisons, à façade en boiseries sculptées, noircies par le temps, et rapprochées au point de laisser à peine passer le jour, mais jamais un rayon de soleil, semblent une page détachée de ces constructions moyen âge et fantastiques, créées par le crayon de Gustave Doré.

Nous traversons ensuite le quartier du Bazar, dont les rues remplies d'une foule nombreuse et animée, nous présente pour la première fois le véritable aspect de la vie orientale, car Sofia, Philippopoli, avec leurs boutiques fermées, nous faisaient l'effet de véritables nécropoles.

Tout ce monde marche, fait ses affaires, vaque à ses occupations avec la plus parfaite tranquillité. L'armistice a été signé le 19 janvier (style russe, c'est-à-dire 31 janvier), pour durer trente jours, jusqu'au 19 février, (style russe, c'est-à-dire jusqu'au 3 mars) et chacun est assuré de la conclusion de la paix.

Notre détachement se rend au logis où campent déjà une partie des officiers du régiment.

Située en plein quartier turc, un peu au-dessous de la mosquée de Selim-Pacha, cette maison appartient à un riche propriétaire, nommé Hafiz-Effendi, qui, à l'approche des Russes, s'est réfugiée à Constantinople. Ainsi que toutes les demeures turques, c'est une vaste construction, avec son haremlike renfermant de nombreuses chambres, salles de bains en marbre, jardins avec orangers et lauriers.

La plupart des gros meubles sont restés, mais les tapis ont été enlevés.

Dans cette partie de la Turquie, les habitants ont l'habitude de placer les planches de leurs parquets à quelques centimètres de distance les unes des autres, afin de se procurer un léger courant d'air, qui, des plus agréables en été, gèle les jambes en hiver, quand on ne prend pas la précaution d'y placer un épais tapis.

En visitant le haremlike, je ne puis m'empêcher de faire de singuliers rapprochements.

Dans la salle de bains aux dalles et aux piscines de marbre, des Cosaques lavent leurs selles et leurs harnais maculés de boue.

Dans les chambres couvertes de boiseries délicatement

sculptées, comme les panneaux d'un vieux bahut Renaissance, et sur les sofas garnis d'étoffes en soies éclatantes, des armes, des fouets, des manteaux, des selles, en un mot tout l'attirail de campagne remplaçant les vêtements en soie et satin brochés d'or des odalisques, et une épaisse atmosphère de fumée de tabac, effaçant à grand'peine l'odeur ambrée et d'essence de rose dont ces pièces sont imprégnées.

Dans les jardins, plantés de jasmins, d'orangers, de lauriers-roses, où l'été les femmes turques venaient faire le kief, couchées sur de moelleux coussins et, au pied des fontaines à vasques de marbre, sont parqués nos petits chevaux des steppes du Don et du Volga, à la crinière et à la queue balayant le sol, et tellement couverts par leurs longs poils d'hiver qu'on pourrait les prendre pour de gros chats angoras.

A peine arrivé, je suis rejoint par un de mes bons amis, qui commande la compagnie d'enfants perdus du régiment d'infanterie d'Ouglitch.

Avec son régiment, il a pris part à la bataille de Chenovo, où l'armée de Schipka a mis bas les armes, et me la raconte dans tous ses détails.

Je laisse ici la parole à cet intrépide jeune homme, qui doit recevoir la croix de Saint-Georges d'officier, pour sa vaillante conduite dans cette bataille où, avec une poignée d'hommes, il a enlevé deux redoutes turques, armées de quatre pièces de canon Krupp :

« Le 7 janvier, le général Skobéleff, avec notre division d'infanterie (16ᵉ division), deux bataillons de tirailleurs, une brigade de Cosaques, s'engage dans les pentes des grands Balkans, sur la droite de la passe de Schipka.

» Nous suivons le lit de nombreux torrents entièrement

gelés et pendant en stalactites de glace le long des montagnes, aucun sentier n'existant sur ces hauteurs couvertes de neige.

» En fait d'artillerie, nous n'avons avec nous que quatre petites pièces de montagne démontées; nos bagages sont portées à dos de mulet.

» Souvent les pentes sont tellement escarpées, qu'aux descentes nous sommes obligés de nous accrocher avec les pieds et les mains aux broussailles et aux aspérités des rochers. Les Cosaques nous suivent, tenant par la bride leurs petits chevaux, qui grimpent comme de véritables chèvres, et marchent bien plus vite et sûrement que nous.

» Quand nous arrivons aux dernières pentes de la montagne, nous rencontrons les tirailleurs turcs avec lesquels notre régiment, qui forme l'avant-garde, engage aussitôt la fusillade.

» Nous les repoussons de suite, et, descendant dans la plaine, nous les chassons du village d'Imitli, situé à droite du défilé que nous venons de franchir.

» De là, nous prolongeons notre gauche jusqu'à un vieux tumulus celtique, situé un peu au-dessus du village de Chenovo. Puis, pivotant sur ce point, notre régiment se déploie dans la vallée faisant face aux retranchements turcs.

» Cependant la nuit approchant, nous reprenons notre première position au sud des Balkans, en allumant de grands feux afin d'avertir les autres troupes russes de notre présence.

» Ce jour-là, vu l'éloignement et les échos contraires des montagnes, nous n'avons pas entendu le bruit de la bataille engagée par nos compagnons.

» A la tombée de la nuit, m'étant porté en reconnaissance avec quelques hommes au-delà de notre extrême gauche, j'arrive en rampant jusqu'à une cinquantaine de mètres d'une forte redoute turque, et de ce point avancé j'entends une fusillade lointaine qui bientôt s'éteint.

» Ce jour-là, comme je l'apprends le lendemain, le prince Mirsky a attaqué à gauche, venant de Maglis, et le général Radietzsky au centre par la passe de Schipka. Tous deux ont été repoussés, et dans la soirée le premier, voyant ses troupes entièrement dépourvues de cartouches, a été contraint de suspendre ses attaques.

» Le lendemain, 8 janvier, bien que Skobéleff n'ait encore que sept bataillons et demi de descendus de la montagne, sa brigade de Cosaques et ses quatre petites pièces de montagne, se décide néanmoins à attaquer les formidables retranchements de Chenovo.

» Depuis longtemps les Turcs, s'attendant à une attaque de troupes russes venant sur leur flanc gauche par la vallée de Kalofer, ont garni de nombreux ouvrages le flanc du village qui fait face à la route venant de Karlovo.

» Chenovo est un petit village turc situé dans la plaine, à deux kilomètres du village de Schipka et un peu à droite de la route qui va à Kezanlik Sur la gauche, ses abords sont défendus par une ligne de trois grandes redoutes armées d'artillerie, et de sept ouvrages en terre destinés à recevoir l'infanterie.

» Cette ligne est ainsi composée : au-dessous du village de Schipka se trouvent quatre grands tumulus slaves, où Gourko avait établi son campement les 17, 18 et 19 juillet de l'année dernière, et dans l'un desquels on a enterré le pauvre colonel comte Roniker, commandant son détachement de pionniers.

» Les Turcs ont relié ces quatre tumulus par des épaulements à deux rangs de banquettes, et formé une formidable redoute, armée d'une batterie de six pièces ; viennent ensuite deux ouvrages arrondis, une redoute demi-circulaire armée de quatre canons et prolongée sur sa droite par un redan, trois grandes tranchées avec fossés, et une redoute protégée par une tranchée et armée de deux canons.

» Un peu en arrière de cette première ligne, se trouvent un grand ouvrage en terre, entourant les gourbis où loge la garnison turque, et une nouvelle redoute circulaire.

» Tous ces ouvrages ont été, à l'exception des trois premiers, établis au milieu des bois et broussailles entourant le village, et leur position empêche les assaillants de juger de leur force et même de les apercevoir entièrement.

» De l'autre côté du village, une redoute armée de deux canons et une autre de forme circulaire.

» De l'autre côté de la route de Kézanlik, les Turcs ont également construit deux redoutes de forme carrée, et sur un tumulus, établi une batterie bastionnée de quatre pièces.

» Comme on le voit, la position est formidable.

» Notre colonne se déploie en face du flanc gauche du village dans l'ordre suivant :

» En première ligne et en commençant par la droite, les 9e et 11e bataillons de tirailleurs, plus les trois compagnies de tirailleurs du régiment d'Ouglitch.

» En deuxième ligne, les 5e et 6e *Drougines* (bataillons) de la légion bulgare et le 1er bataillon du régiment de Kazan. Un peu en arrière, Skobéleff a établi au centre ses quatre pièces de montagne, contre lesquelles il se tient avec son état-major.

» Enfin, en troisième ligne, la brigade de Cosaques et les trois bataillons du régiment d'Ouglitch.

» Les Turcs accueillent notre approche par un feu d'enfer; dissimulés qu'ils sont par des taillis, nous ne pouvons les apercevoir et nous tirons pour ainsi dire au jugé.

» Fait incroyable, bien que nous fussions seulement sept bataillons en ligne, les vingt-six mille Turcs qui occupent ces retranchements n'osent ou ne pensent pas à en sortir pour marcher sur nous et nous écraser sous leurs forces énormes.

» Écrasée par cette pluie de feu et de fer notre gauche commence à reculer. Au centre, le général Tolstoï, qui commande la ligne de tirailleurs, tombe grièvement blessé et est emporté par ses hommes.

» Dans cet instant critique, notre brave colonel Panioutine prend sur lui de jouer le tout pour le tout; il m'envoie aussitôt en avant avec mission de dire aux tirailleurs de s'engager à fond et d'attaquer les Turcs, et que lui-même va nous suivre et appuyer le mouvement avec le reste de ses troupes.

» Appelant à lui son régiment, il le forme en colonne d'attaque sur un front de deux compagnies, et s'avance à notre suite, drapeaux au vent, tambours et musique en tête.

» Nous partons au pas de cours, et baïonnette en avant, sous un feu épouvantable.

» Après avoir parcouru une cinquantaine de mètres, nous nous couchons un instant à plat ventre, et nous repartons de nouveau, pour nous aplatir encore. Chacune de ces haltes est marquée par une longue ligne de tués et de blessés abattus par le feu de l'ennemi, au moment où nous nous levons subitement, afin de prendre notre élan en avant.

» Bientôt nous arrivons dans le bois, et là nous pouvons apercevoir les formidables retranchements turcs, que nous escaladons aussitôt comme une bande de loups.

» Une boucherie horrible s'engage sur ce point ; nous sommes confondus : tirailleurs, Bulgares, soldats d'Ouglitch, sans ordre, pêle-mêle.

» A peine entend-t-on un coup de fusil de loin en loin, nous travaillons à la baïonnette, *comme de vrais zouaves*, et quand celles-ci se brisent, à coups de crosse, poursuivant les Turcs d'arbre en arbre, de buisson en buisson ; c'est une véritable chasse à l'homme, où retentissent sans cesse, dominant les râles des blessés et le froissement de l'acier des baïonnettes, nos hourrahs se mêlant aux Allah, Illah Allah ! des Turcs.

» Au centre, le colonel Panioutine, le drapeau à la main, monte le premier à l'assaut du grand retranchement, entourant les gourbis turcs. Après une lutte acharnée cet ouvrage est emporté.

» Pour moi, me trouvant à l'extrême droite, j'arrive tout à coup en face d'une grande redoute, armée de deux canons et défendue par un bataillon.

» Élevant aussitôt mon sabre en l'air, je crie :

» — A moi, mes enfants, à nous la grande redoute ! »

» A mon appel, une soixantaine d'hommes de toutes armes, se jettent à ma suite. Malgré une pluie de balles, j'ai la chance d'arriver le premier au pied de la redoute où je pénètre par une embrasure en enjambant un canon tout chargé à mitraille et dont j'abats l'artilleur d'un coup de revolver au moment où celui-ci va tirer sur la bretelle.

» Mes hommes me rejoignent aussitôt et commencent à larder les Turcs, qui poussent de véritables hurlements.

» Beaucoup se jettent à genoux en criant : « Aman ! Aman ! » (Pardon). Mais mes troupiers, furieux d'avoir vu tomber de nombreux camarades, ne les écoutent pas et les abattent à leurs pieds. Enfin arrive un lieutenant-colonel et plusieurs officiers supérieurs, qui font cesser cette véritable boucherie.

» Cette redoute emportée, je continue ma course en avant avec ma petite troupe décimée, et je m'empare d'une des deux redoutes située de l'autre côté du village.

» Arrivé en cet endroit, j'aperçois bientôt la route de Kézanlik se couvrir d'une masse de fuyards turcs, fantassins et cavaliers pêle-mêle, la plupart ayant jeté leurs armes, afin de courir plus vite. Ce sont les défenseurs des retranchements de Chenovo, qui sont poursuivis, la baïonnette aux reins, par le colonel Panioutine.

» En même temps notre gauche, ayant débordé leur flanc droite, se jette sur les trois redoutes se trouvant de l'autre côté de la route de Kézanlik, d'où elle fusille cette masse confuse, qui est bientôt criblée de balles de tous côtés ; aucun Turc ne cherche à se défendre, tous se laissent abattre comme de vrais moutons.

» Voyant cette débâcle, Skobéleff envoie au galop deux sotnias du 9e Cosaques et quatre sotnias du 1er régiment de la même arme, couper la route de Kézanlik, en avant des bois d'Haskioï ; une cinquantaine de Tcherkesses seulement parviennent à s'échapper.

» Tout le reste se rend prisonnier, et sur ce terrain sanglante, couvert de six mille Turcs tués et blessés, une vingtaine de mille hommes mettent bas les armes devant nos sept bataillons, bien décimés par la lutte.

» En outre, nous prenons trente canons et deux pachas.

» A peine la lutte terminée, Skobéleff envoie ceux-ci avec le colonel Panioutine pour engager les quelques bataillons turcs, encore restés sur les hauteurs de Schipka, afin de faire tête aux troupes de Radietzky de mettre aussitôt bas les armes, sans quoi il irait les attaquer immédiatement en queue et les passer tous au fil de la baïonnette.

» Les Turcs, terrifiés, déposent aussitôt leurs armes, et descendent dans la plaine se joindre aux prisonniers de Chenovo.

» Il est cinq heures du soir, quand la bataille finit.

» Un peu avant, le prince Mirsky, en apprenant le succès de Skobéleff, avait envoyé immédiatement un régiment occuper Kezanlik, où il s'est emparé d'un parc de vingt-cinq canons et des nombreux approvisionnements de l'armée de Veissel-Pacha.

» Dans cette lutte acharnée, notre brave régiment, qui a été des plus engagés, a perdu 420 hommes tués ou blessés, et 12 officiers, dont 5 atteints mortellement.

» Le colonel Panioutine, qui a déjà reçu la croix de commandeur de Saint-Wladimir pour la prise de la Montagne verte, sous Plevna, en novembre dernier, a été nommé chevalier de Saint-Georges et général aide de camp de l'empereur, récompense bien méritée, car c'est à son heureuse inspiration qu'est due la prise des redoutes de Chenovo et de l'armée de Veissel-Pacha. »

En écoutant mon jeune ami me raconter avec son éloquence toute militaire la prise de Chenovo, il me semblait entendre un des plus beaux morceaux de Prosper Mérimée : « L'Enlèvement de la redoute de Schwardino. »

Ruines du vieux sérail à Andrinople.

CHAPITRE XIX

Andrinople.

Animation des rues. Types et costumes. Le Bazar. Les marchandises. Les mosquées. Illumination de la mosquée du sultan Selim II. Le Conak du grand-duc Nicolas. Drapeaux pris aux Turcs. Au Helder d'Andrinople. Le mastic. Le café. La partie d'échecs et de dames. Mouvements en avant. L'armistice. Conditions probables de la paix. Assassinat du colonel Ofrosimoff. Le sergent et l'enfant du bataillon. Les ruines du vieux sérail. Cimetière dans la campagne. Ma chambre. Quartiers turcs. Au café turc. Dans le cimetière de la grande mosquée. Le printemps. Les rues. La nuit

Andrinople, 15 février.

Andrinople ne présente pas le même aspect désert et désolé qui Philippopoli et Tatar-Bazardjick qui, avec leurs boutiques fermées ou sacagées, leurs quartiers turcs inhabités, leurs rues jonchées de débris, leurs mosquées dévastées, me faisaient l'effet de véritables nécropoles.

Ici, au contraire, tout respire la vie, le mouvement, l'animation.

Quelles variétés de costumes dans les rues.

Les Bulgares avec leur grossier sayon et leur bonnet en fourrure, autour duquel est enroulé un turban en grosse laine noirâtre ; les Arnautes portant une veste brodée, garnie de boutons de cuivre, et sans manches sur leur torse nu ; les Juifs, reconnaissable à leur longue robe doublée de fourrures, leur calotte noire et aux traits anguleux ; les Turcs de la réforme en redingote noire et fez rouge ; les vieux Osmanlis, au turban évasé de couleurs éclatantes, la veste descendant à peine au-dessous des bras, ornée dans le dos d'un immense pot de fleurs, et le large pantalon bleu, rappelant le costume immortalisé par Odry dans les *Saltimbanques;* les Persans au grand bonnet d'agneau noir d'Astrakan, aux moustaches hérisées comme un chat en colère et qu'on croirait autant de sosies du grand Schah de Perse, la coqueluche de nos badauds parisiens en 1873 ; les femmes turques drapées du yachmack blanc, du férédgé de couleur claire, quelques-unes même ayant remplacé, ô maudite civilisation ! leurs petites bottes en cuir jaune d'or, par d'affreuses bottines à talons Louis XV, cerclés de cuivre, et à barettes comme en portent les élégantes de nos bals publics.

A toute cette foule orientale mêlez les soldats russes en larges capotes grises, les Circassiens de l'escorte du grand-duc, à la taille svelte et à la poitrine évasée, leurs cafetans bleus à galons jaunes, chargés de cartouchières; les chasseurs de la famille impériale à la courte tunique serrée d'un cercle de métal; les dragons verts, les hussards rouges, les lanciers bleus, vous aurez le plus pittoresque assemblage qu'on puisse imaginer.

Toutes les grandes artères sont bordées de boutiques ou plutôt d'alcôves à mi-hauteur, où se tiennent les marchands, accroupis ou couchés, fumant ou dormant, ou bien encore roulant sans cesse sous leurs doigts le *comboloio*, espèce de chapelet turc, composé de cent grains, qui correspondent aux cent noms ou épithètes d'Allah.

Avec la main, le marchand peut atteindre à tous les angles de sa boutique. Les acheteurs se tiennent en dehors.

Rien de moins luxueux que ces magasins formés d'un trou carré pratiqué dans une muraille.

Là pourtant, sont entassés pêle-mêle et sans ordre, parfois de belles marchandises, des étoffes précieuses, des ornements en or et en argent, des fourrures de prix, etc., car le marchand turc ignore totalement l'étalage, ce grand art industriel, poussé à un si haut point par son confrère de Paris.

Au milieu de ces quartiers marchands, se trouve le grand bazar d'Ali-Pacha, dont l'aspect extérieur n'offre rien de monumental : ce sont de hautes murailles grisâtres, que surmontent de petits dômes de plomb mamelonnant le toit plat de l'édifice, et d'où tombe intérieurement un jour doux et vague, plus favorable au marchand qu'à l'acheteur.

Que d'objets curieux et divers dans ces magasins, étranges surtout pour l'œil d'un Européen.

Ici, des flacons d'essence de rose dans leurs étuis de cristal, taillés à facettes dorées; des chapelets de jade, d'ambre, de coco, d'ivoire; des miroirs avec leur encadrement en argent repoussé; des écharpes en soie rayée de Brousse; les tapis et les châles de Perse, dont la broderie imite à s'y tromper les palmes du cachemire; les tentures de Pirot aux tons éclatants; les poteries des Dardanelles aux formes sveltes, toutes couvertes d'ornements dorés; les tabourets incrustés de nacre pour poser le café; les vieux plats en cuivre, couverts d'inscriptions en caractères turcs, de villes et de paysages fantastiques; les microscopiques zarfs, ou coquetiers, supportant les tasses à café, en filigrane d'or ou d'argent, en cuivre émaillé ou guilloché; les cloches de narguilhé en acier ou en argent ciselé; les tasses de Chine ou du Japon; des pantoufles et des blagues à tabac en légère trame d'or et de soie.

Là, les fines chemises en soie crépée aux raies opaques et transparentes; des mouchoirs brodés de soies éclatantes et de paillettes dorées; des pelisses doublées de martre ou de zibeline; des vestes toutes garnies de soutaches; des dolmans roidis d'or; des brocards ressemblant à l'étoffe d'antiques chasubles; des babouches extravagantes à bouts retroussés et pointus, piquées, pailletées, passementées, relevées de houppes de soie, en un mot, tout le luxe fabuleux de ces pays du soleil, que nous entrevoyons comme les mirages d'un rêve, du fond de notre froide Europe.

Je regrette vivement que la nouvelle commission municipale ait fait fermer le vieux bazar, dont la plupart des marchands turcs se sont refugiés à Constantinople, et qui est rempli, paraît-il, de vieilles armes, d'anciennes étoffes, d'orfèvreries bizarres, de poteries singulières, d'ustensiles hétéroclites et d'un usage inconnu.

A Andrinople, les mosquées sont très vastes, d'un effet

grandiose et majestueux, et laissent bien loin derrière elles les édifices de ce genre que j'avais vus précédemment dans les autres villes de la Bulgarie.

La plus belle, sans contredit, est la mosquée du sultan Selim II, bâtie sur une colline au centre de la ville; sa haute coupole s'arrondit majestueusement au milieu de plusieurs demi-dômes, entre ses quatre minarets cerclés chacun de trois balcons ouvrés comme des bracelets.

En 1854, lors de la guerre d'Orient, nos zouaves, de passage à Andrinople, avaient donné à cet édifice, à cause de ses quatre minarets le surnom peu respectueux de *mosquée des quatre mirlitons.*

Il y a quelques jours, le grand-duc Nicolas, eut la fantaisie de faire illuminer cet immense édifice.

Rien de plus pittoresque que ces hautes coupoles embrasées par plusieurs milliers de verres de couleurs. L'estrade en bois, de forme carrée, placée au milieu de la mosquée, faisait tache dans cet ensemble grandiose et ressemblait, à s'y méprendre, à la tribune des musiciens aux bals de la Closerie des Lilas et de Valentino.

Du haut de cette chaire, et dominant la foule énorme d'officiers russes contemplant cette illumination féérique, deux mulas agenouillés chantaient de leurs voix nasillardes les versets du Koran, aussi tranquillement que si la mosquée eût été remplie de musulmans.

A l'extérieur, les balcons des minarets avec leurs couronnes de feux dont l'éclat empêchait d'apercevoir ceux-ci, paraissaient de vastes constellations brillant dans le ciel.

Ce soir-là, la nuit était calme et belle, une de ces nuits comme on n'en voit qu'en Orient, avec le dôme bleu sombre du ciel tout constellé d'étoiles étincelantes.

En compagnie de mon ami, le capitaine de Martinoff,

je m'assis sur les dalles de pierre, dans la cour précédant la mosquée, cour entourée de colonnes supportant des arcades qui forment un quadruple cloître, et au milieu de laquelle s'élève une fontaine pour les ablutions. Nous restâmes là plus de deux heures, fumant force cigarettes et contemplant silencieusement ce spectacle si grandiose et si nouveau pour nous.

Depuis son arrivée à Andrinople, le grand-duc Nicolas a choisi pour résidence le Conak, ou ancien palais du gouvernement turc, vaste construction à l'européenne, c'est-à-dire ayant l'aspect d'une caserne, ou de la préfecture d'une grande ville de province.

A la porte d'entrée, sont encore appliquées de longues planches couverte d'une multitude de petits gobelets en fer-blanc de forme cylindrique, qui ont servi aux illuminations du dernier Baïram.

Dans le vestibule où se tiennent, l'arme au pied, deux grenadiers de la garde, sont déposés, le long de la muraille, les nombreux drapeaux et étendards pris à l'ennemi dans cette dernière campagne. L'un d'eux est des plus curieux et a été enlevé à Sofia, à ce fameux bataillon de volontaires dits de la Croix et du Croissant, car, dans un angle de la soie cramoisie, on voit une croix entourée d'inscriptions en langue grecque et en face, un croissant surmontant un verset du Koran en caractères arabes.

Tous les dimanches, le grand-duc, suivi d'un nombreux et brillant état-major, et précédé d'un piquet de Cosaques de la garde, à la casquette rouge écarlate, se rend du Conak à l'église bulgare, pour assister à l'office religieux.

Les autres jours, Son Altesse sort en simple victoria ayant seulement avec lui le colonel Scalon, son aide de camp particulier. Depuis quelques jours, on pense que le quartier général se rapprochera des lignes avancées de l'armée russe et ira peut-être s'établir à San-Stefano, au bord de la mer de Marmara.

En face du Conak, se trouve le café de Saint-Pétersbourg, le rendez-vous habituel, le Helder en un mot des nombreux officiers en résidence ou de passage à Andrinople.

Là on se reconnaît, on se retrouve. Celui-là, on ne l'a pas revu depuis Kischeneff; celui-ci, depuis l'occupation de la Roumanie; cet autre, depuis le premier passage des Balkans; on s'est quitté à Plevna, à Sofia, et on se rencontre de nouveau autour de ces petites tables, où l'on déguste le mastic, cette liqueur en usage dans le Levant, dont la meilleure vient de Chio, et qui consiste en esprit de vin, dans lequel on a fait fondre une sorte de gomme parfumée.

On boit ce mastic mélangé avec de l'eau qu'il rafraîchit et blanchit comme l'eau de Cologne; c'est l'absinthe de l'Orient. Cette liqueur, avec le café, est la principale boisson du pays.

Dans un angle de cet établissement, flamboie un fourneau où le café se fait tasse par tasse, dans des petites cafetières de cuivre jaune, à mesure que les consommateurs le demandent. C'est un vrai plaisir de prendre là une de ces petites tasses de café trouble que l'on vous apporte dans un grand coquetier de cuivre découpé à jour; à la tasse de café est joint un verre d'eau que les Turcs boivent avant, les Européens après, et les Russes pas du tout.

Le lendemain de mon arrivée à Andrinople, et amateur avant tout de la couleur locale, j'entraîne le capitaine de Martinoff dans un véritable café turc, salle basse et enfumée, où de nombreux clients fument silencieusement accroupis, les jambes croisées à la turque sur des estrades en bois recouvertes de nattes de jonc, ou font la sieste étendus sur ce divan peu moelleux.

D'abord, nous nous faisons apporter des narguilhés ; mais n'étant pas habitués à cette manière de fumer, nous avalons la fumée et toussons à fendre les vitres, au grand divertissement de l'assistance.

Pour nous relever aux yeux de ces braves Turcs, de Martinoff avisant dans un coin deux graves vieillards à barbe blanche et à l'aspect vénérable, qui vont entamer une partie d'échecs, défie l'un d'entre eux à ce jeu. Bien que d'une assez jolie force, mon ami est échec et mat en deux coups, avec une promptitude qui exciterait l'admiration des habitués du café de la Régence.

Quant à moi, plus modeste, j'ai entamé avec l'autre joueur une partie de dames, dans laquelle je suis aussi consciencieusement battu que mon infortuné camarade.

Étant vaincus, nous payons la contribution de guerre, qui consiste en *nombreuses tournées* de café que nous offrons aux habitués de l'établissement, et nous quittons ces braves Turcs, qui appellent sur nous toutes les bénédictions d'Allah !

Car, il faut vous dire, autant le Turc méprise et dédaigne le Roumain et le Bulgare, autant il estime le Russe comme un brave et loyal adversaire.

En revanche, une nation qui décline rapidement dans les sympathies de la Turquie, c'est la Grande-Bretagne. Les Turcs avouent hautement avoir été poussés dans cette guerre par les Anglais, qui leur faisaient espérer leur appui, et maintenant, disent-ils, que la France ne tient plus à se battre pour eux, ils n'osent bouger, malgré leur rodomontades.

En ce moment il ne reste presque plus de troupes Russes à Andrinople. Toutes se sont portées en avant.

Le général Skobéleff, qui commande à la ligne la plus avancée, a établi son quartier général à Schataldjé, petite ville située à cinquante kilomètres seulement de Constantinople et à six ou huit kilomètres de la ligne de redoutes élevées pour couvrir la capitale de l'empire ottoman.

Mouktar-Pacha commande ces positions et a reçu la visite du colonel Panioutine du régiment d'Ouglitch. Les forces turques que l'on croit massées en cet endroit s'élèveraient tout au plus à une quarantaine de mille hommes.

Du reste, depuis quelques jours, les Turcs, paraîtrait-il, s'occuperaient à retirer de ces ouvrages tous les canons qui les armaient, ainsi que leur matériel de guerre.

Suleïman-Pacha, il y a environ deux semaines, se trouvait également en cet endroit, mais il en est parti afin de marcher à la rencontre des Grecs, qui voyant la Turquie épuisée et abattue, se sont enfin décidés à entrer en campagne et ont envahi la Macédoine et la Thessalie. Mais l'armistice ayant été conclu sur ces entrefaites, force a été aux troupes hellènes de s'arrêter.

Depuis quelques jours, Savfet-Pacha est arrivé à Andrinople et l'on travaille activement à conclure les bases de la paix qui sera sans doute signée quand expirera l'armistice, c'est-à-dire le 3 mars prochain.

Jusqu'à présent les conditions imposées par la Russie sont inconnues à tout le monde. D'après les meilleurs renseignements, la Russie demanderait, je crois, en Asie, le villayet de Kars, Erzeroum, l'Arménie, en Europe, la

Bulgarie formerait un état indépendant y compris Sofia, Philippopoli, sous le protectorat de la Russie, avec Tirnova pour capitale ; Andrinople resterait à la Turquie, mais deviendrait une ville frontière sans la moindre importance; peut-être y aurait-il une contribution de guerre; la Bosnie et l'Herzégovine seraient réunies au Montenegro, qui deviendrait ainsi un grand royaume; l'entrée libre des Dardanelles pour les bâtiments de guerre ; la Serbie indépendante avec rectification de frontières; la Roumanie serait également indépendante ; seulement le traité de Paris de 1856 n'existant plus, la Russie reprendrait la Bessarabie et les bouches du Danube.

Dans toutes ces conditions probables de la paix, l'entrée de Constantinople pour les Russes ne sera pas demandée, bien que l'armée désirât ardemment cette entrée triomphale dans l'antique capitale de Mahomet. L'empereur de Russie, dans sa sagesse, a renoncé à ce triomphe, bien dû pourtant après une si longue et pénible campagne, mais qui pourrait entraîner de graves conséquences.

Depuis quelques jours, le chemin de fer a été complètement rétabli jusqu'à Constantinople, où l'on peut aller en douze heures. On parle également du départ du général Gourko et de son état-major pour Tchourloup, un peu en arrière de Schataldjé.

Un fait des plus graves vient de se passer à Andrinople et a vivement impressionné les troupes. Depuis près d'une semaine le colonel Ofrosimoff, commandant l'un des bataillons du régiment d'infanterie de la garde de Volhynie, avait subitement disparu, et, malgré les plus actives recherches, on ne savait ce qu'il était devenu.

Hier seulement on parvint à découvrir au fond d'un puits, dans une maison des faubourgs, le cadavre de ce malheu reux officier, la tête fendue de trois coups de hache. L'on pense que le vol a été le mobile du crime, et que le colonel a été attiré par une femme turque complice des assassins, dans cette demeure située dans un quartier inhabité. Il paraîtrait que l'on a arrêté deux musulmans de la pire espèce, un Turc et un Arabe, anciens détenus de la prison d'Andrinople, d'où ils s'étaient échappés lors de l'entrée des Russes en cette ville. On aurait, dit-on, découvert chez l'un d'eux le sabre et le porte-monnaie de la victime.

La population turque a été très indignée et très affectée de ce lâche attentat, dont elle craint que les conséquences n'aigrissent les soldats russes à son égard.

Mais je crois qu'elle a tort de s'alarmer ainsi ; le fait suivant vous donnera une idée de la bonté et de la douceur de ces braves troupiers : il y a quelques jours étant assis à la porte d'une confiserie, je vis s'arrêter un sergent de tirailleurs portant dans ses bras une petite fille turque âgée d'environ trois ans, et lui acheter un gâteau.

— Quel est cet enfant, mon brave ? lui demandai-je.

— Monsieur, voici la chose : quand nous attaquâmes le convoi turc à Haskioï, et après la fuite des Turcs, j'entendis des gémissements et je découvris blottie contre une voiture renversée, cette pauvre petite que ses parents avaient abandonnée ou perdue en se sauvant. Heureusement je l'ai vue, sans quoi elle serait morte de faim et de froid, comme tant d'autres ; ma foi, je l'emportai dans mes bras, le bataillon l'a adoptée. N'est-ce pas que tu m'aimes bien ? dit le sergent en regardant la petite fille.

Celle-ci, bien que ne connaissant pas la langue russe, ne se méprît pas sur le sens de ces derniers mots, car saisissant dans ses petites mains la bonne figure kalmouke du sergent, elle la couvrit de baisers. Tous les spectateurs de cette scène touchante avaient les larmes aux yeux. Quelques graves Turcs qui en étaient également témoins, se détournaient à demi pour cacher leur émotion.

Une des curiosités principales d'Andrinople, avant la guerre, était sans contredit le vieux sérail situé au nord de la ville.

Malheureusement, depuis, ce monument historique avait été converti en arsenal. Aussi, quand la cavalerie de Stroukoff s'approcha d'Andrinople, le gouverneur turc donna l'ordre de faire sauter le vieux sérail afin de détruire plusieurs milliers de fusils à piston et quelques barils de poudre qui y étaient déposés.

Ainsi, pour briser quelques vieilles armes, que les Russes auraient certainement dédaignées, les Turcs anéantirent cette merveille d'architecture arabe et laissèrent intact, à la gare, un parc entier de pièces Krupp qui tombèrent en notre pouvoir.

Rien de plus triste que l'aspect de ces ruines. La muraille d'enceinte est percée de brèches. A l'intérieur un long cloître adossé à cette muraille et qui était rempli de boulets ronds, de bombes et d'obus déchargés n'existe plus. On voit encore dans la pierre les niches où reposaient les charpentes de la toiture. Sur le mur, çà et là, quelques vestiges de peintures à la fresque. De chaque côté de la porte d'entrée sont demeurés intacts deux immenses écussons surchargés d'inscriptions en caractères turcs.

Partout la ruine et la désolation.

Un charmant petit kiosque n'offre plus que ses quatre pans de murs, veufs de toiture, noircis par la fumée et couverts de gracieuses arabesques. Tout autour, des milliers de fusils tordus par la violence de l'explosion, le canon crevassé, la crosse brisée.

Au centre de cette enceinte se trouve le bâtiment principal; mais dans quel état!

Plus de toiture, de planchers; des monceaux de pierres et de marbres; quelques pans de la muraille encore debout par un miracle d'équilibre. Il reste seulement un fragment de la tour carrée dont la coupole maçonnée a roulé d'une seule pièce en avant des décombres.

Le grand escalier, la porte d'entrée avec sa voûte ornementée comme une niche de mosquée et deux plaques commémoratives en faïence moderne ont été préservés.

Dans le fond du vieux sérail, se trouvait la fameuse salle de bains, entièrement lambrissée de carreaux de vieille faïence persane aux tons verdâtres et incrustée de caractères en or.

Cette salle, qui était regardée comme une merveille unique, n'est plus également aujourd'hui qu'un monceau de ruines.

Des Bulgares que nous avions amenés avec nous fouillèrent longtemps dans ces décombres. Nous espérions retrouver intacts quelques fragments de ces merveilles de la vieille céramique persane.

Mais hélas! nos recherches furent infructueuse. L'incendie avait été tellement violent, que, sous l'action du feu l'émail de tous ces carreaux avait coulé et formé un bizarre amalgame avec les pierres et les débris de marbre de cet édifice.

Aux abords du vieux sérail, la campagne est nue et triste ; l'œil s'étend à perte de vue sur des cimetières antiques, des tombes de marbre en ruine, dont le lichen ronge les inscriptions mystérieuses ; des champs plantés de menhirs en granit ; des sépultures grecques, byzantines, musulmanes couvrent ce vieux sol où les grands peuples du passé ont laissé leur poussière.

De loin en loin, la silhouette aiguë d'un cyprès ou d'un platane immense abritant des bergers bulgares, des chèvres et des moutons ; sur la terre aride, de larges fleurs lilas pâle, répandant une douce odeur de chèvrefeuille sous un soleil déjà brûlant.

Le Conak, où demeure l'état-major de notre régiment de Cosaques, est situé près d'une place ornée d'une vieille fontaine monumentale en marbre blanc.

Dans le vestibule, badigeonné à la chaux, blanc comme neige, campent les hommes de garde.

Au rez-de-chaussée, dans le haremlike, ma chambre donnant, par deux fenêtres, sur les jardins ; au-dessus le toit en terrasse, comme un toit arabe, et ombragé d'une vigne encore desséchée par le vent d'hiver.

En quelques jours, grâce à mes Cosaques, ma chambre est des plus confortables.

L'aspect d'ensemble est resté dans la couleur primitive avec le plafond en chêne sculpté. Le plancher disparaît entièrement sous des nattes blanches.

Un divan très bas en étoffe à ramages rouges et des coussins qui traînent à terre composent à peu près tout l'ameublement de cette chambre empreinte de la nonchalance sensuelle des peuples d'Orient.

Les murailles, qui, jadis étaient nues, sont aujourd'hui tapissées de tentures de satin bleu brodé de roses rouges, défroques d'un sérail. Des armes sont pendues aux murailles ; des versets du Koran sont peints partout, mêlés à des fleurs étranges et à des animaux fantastiques.

Rien de plus délicieux, après nos longues fatigues de la campagne d'hiver, que de nous reposer dans ce charmant réduit, le soir surtout, quand les portières arabes blanches et rouges sont retombées et nous asseoir sur le divan épais devant le brasero de cuivre qui couve depuis le matin et répand une douce chaleur embaumée de pastilles du sérail et d'eau de roses.

Que d'agréables soirées j'ai passées là, avec mes braves camarades du 26ᵉ Cosaques !

Pendant notre séjour à Andrinople, j'ai passé bien des journées à errer dans les quartiers de l'antique capitale d'Amurat, commençant mes excursions, dès la première heure du matin, alors que quelques Turcs commençaient déjà à circuler, vêtus de robes rouges, vertes ou oranges, dans les rues voûtées des bazars, à peine éclairées encore d'une demi-lune transparente.

Dans notre quartier, à cette heure matinale, pas une fenêtre ouverte, pas un passant, pas un bruit; seulement de l'herbe croissant entre les pierres.

C'est un quartier aristocratique; les vieilles maisons, bâties en pierres et en planches de nuances foncées, décèlent une opulence mystérieuse; des balcons fermés, des shaknisirs en grande saillie débordent sur la rue triste; derrière les grilles de fer, des treillages discrets en lattes de frêne, sur lesquels des artistes d'autrefois ont peint des arbres et des oiseaux. Toutes les fenêtres d'Andrinople sont peintes et fermées de cette manière.

Dans les villes d'Occident, la vie du dedans se devine au dehors; les passants, par l'ouverture des rideaux, découvrent des têtes humaines, jeunes ou vieilles, laides ou gracieuses.

Le regard ne plonge jamais dans une demeure turque. Si la porte s'ouvre pour laisser passer un visiteur, elle s'entre-bâille seulement; quelqu'un est derrière qui la referme aussitôt.

L'intérieur ne se devine jamais. Pas un mouvement n'indique qu'un être vivant l'habite; on ne sait jamais si, des fenêtres d'une maison turque, quelqu'un vous regarde ou ne vous regarde pas.

Notre grande demeure est peinte en rouge sombre. La porte est surmontée d'un soleil, d'une étoile et d'un croissant, le tout en planches vermoulues. Les peintures qui ornent les treillages des shaknisirs représentent des tulipes bleues mêlées à des papillons jaunes.

Tout auprès, sur la place que dore tous les jours le soleil couchant, se trouve une mosquée dont je suis souvent des yeux les vieilles arabesques de pierre qui grimpent en se tordant le long des minarets gris, et la fumée de mes cigarettes qui monte en spirale dans l'air pur.

Cette place est entourée d'une antique muraille dans laquelle s'ouvrent de loin en loin, des portes ogivales. Les promeneurs y sont rares, et quelques tombes s'y abritent sous des cyprès; on est là en bon quartier turc, et on peut aisément s'y tromper de deux siècles.

En sortant de ce quartier aristocratique, on traverse un autre vieux quartier musulman. Des maisons caduques bordent de petits chemins tortueux à moitié recouverts par les saillies des *shaknisirs*, (sortes d'observatoires mystérieux, de grands balcons fermés et grillés, d'où les passants sont contemplés par plusieurs petits trous invisibles). Des avoines poussent entre les pavés de grès noirâtre, et des branches de verts bourgeons courent sur les toits ; le ciel, entrevu par échappées, est en ce moment pur et bleu ; on respire partout l'air tiède et la bonne odeur qui annoncent l'approche du printemps.

Les papillons se promènent et les insectes bourdonnent ; les oiseaux chantent à plein gosier. Les vieilles cases de bois, de formes biscornues, sont peintes de fleurs et d'arabesques ; les cigognes nichent partout sur les toits, avec tant de sans-gêne que leurs constructions empêchent plusieurs particuliers d'ouvrir leurs fenêtres.

A l'entrée de ce quartier, se trouve un café fréquenté surtout par de vieux turbans et de vieilles barbes blanches.

Les costumes de ces vieillards *(hadji-baba)* indiquent la recherche minutieuse des modes du bon vieux temps ; tout ce qu'ils portent est *eski*, jusqu'à leurs grandes lunettes d'argent, jusqu'aux lignes de leurs vieux profils.

Eski, mot prononcé avec vénération, qui veut dire *antique*, est appliqué en Turquie aussi bien à de vieilles coutumes qu'à de vieilles formes de vêtements ou à de vieilles étoffes. Les Turcs ont l'amour du passé, l'amour de l'immobilité et de la stagnation.

J'ai fait de fréquentes stations dans ce café, assis, les jambes croisées, (position dont on ignore le charme en Occident) devant un plateau de cuivre, où brûle une pastille de sérail, et sur lequel on dépose le café turc dans une tasse bleue, grande à peu près comme la moitié d'un œuf, et placée sur un *zarf* (pied) de cuivre.

Un chanteur entonne d'une voix grave la chanson des djinns, en frappant sur un tambour de basque chargé de paillerettes de métal ; la fumée des parfums et du tombeki des narguilhés se met à décrire dans l'air ses spirales bleuâtres, et au son de cette voix chantant comme en rêve les bizarres mélodies de l'Orient, on perd peu à peu conscience de la vie, de la triste vie humaine.

Souvent aussi, il m'arrive de me reposer pendant de longues heures dans le cimetière de la grande mosquée. Les colonnades blanches, déformées par les années, alternent avec les kiosques funéraires et les alignements de tombeaux. Des branches d'arbres, toutes vertes de bourgeons passent par-dessus les murailles grises; de fraîches plantes croissent partout et courent gaiement sur les vieux marbres sacrés.

A la tombée de la nuit surtout, une tristesse immense et recueillie plane sur cette terre sacrée de l'Islam : le soleil couchant dore les antiques marbres verdâtres des tombes, et promène des lueurs roses sur les grands cyprès, sur leurs troncs séculaires, sur leur mélancolique ramure grise. Ce cimetière est comme un temple gigantesque d'Allah; il en a le calme mystérieux et porte à la prière.

Tout auprès, au contraire, à midi surtout, la place de la grande mosquée respire la vie et le mouvement. A ce moment, le soleil dore en plein l'immense édifice, les portiques arabes et les minarets gigantesques. Les ulemas qui sortent de la prière du namaze de midi, s'arrêtent sur le seuil et s'étagent dans la lumière sous les grandes marches de pierre.

C'est une vraie fête du printemps, un étalage de costumes et de couleurs. Tout le monde est dehors, assis sous les platanes, autour des fontaines de marbre, sous les berceaux de vignes, qui se couvriront bientôt de feuilles tendres.

Les barbiers ont établi leurs ateliers dans la rue et opèrent en plein air; les bons musulmans se font gravement raser la tête en réservant au sommet la mèche par laquelle

Mahomet viendra les prendre pour les porter en paradis.

Les orgues de Barbarie d'Orient jouent leurs airs bizarres, accompagnés de clochettes et de chapeaux chinois; les cafedjis encombrent la voie publique de leurs petites tables toujours garnies, et ne suffisent plus à servir les narguilhés, les skiros, le lokoum et le raki.

Passé sept heures du soir, tout est fermé et silencieux dans Andrinople; les Turcs se couchent avec le soleil, et tirent les verrous sur leurs portes.

L'une après l'autre, les étoiles s'allument dans le ciel pur; la lune éclaire les rues larges et désertes, les arcades arabes, et les vieilles tombes.

De loin en loin, un café turc encore ouvert jette une lueur rouge sur les pavés gris; les passants sont rares, et circulent la lanterne à la main. (On conduit en prison à Andrinople les promeneurs sans fanal.)

Par-ci, par-là, une lampe dessine sur la chaussée le grillage d'une fenêtre; cette lampe est une lampe funéraire qui n'éclaire que de grands catafalques surmontés de turbans. On vous égorgerait là, devant cette fenêtre grillée, qu'aucun secours humain n'en saurait sortir. Ces lampes, qui tremblent jusqu'au matin, sont moins rassurantes que l'obscurité.

A tous les coins de rue, on rencontre à Andrinople de ces habitations de cadavres.

Et là, tout près de notre logis où finissent les rues, commencent les grands cimetières, hantés avant la guerre, par ces bandes de malfaiteurs, qui après avoir dévalisé les paisibles passants, les enterraient sur place, sans que la police turque vînt jamais s'en mêler.

Le grand-duc Nicolas à San-Stefano (3 mars) :
« Enfants, avec l'aide de Dieu, nous avons battu la Turquie. Voici Constantinople. »

CHAPITRE XX

San-Stefano, Stamboul.

A San-Stefano. Le public. La grande revue. Arrivée des troupes. Le général Ignatieff. La paix! Voici Constantinople. Le Te-Deum. La bénédiction de l'armée. Le paysage. Le défilé. Embarquement à San-Stefano. Le *Livadia*. Le *Constantin*. Le commandant Makaroff. Ses exploits. Le départ. Stamboul vu de la mer. Ses mosquées. Ses colonnes. Ses murailles. Les cimetières. En face Dolma-Bagtché. Le panorama de la Corne d'Or. Les caïques du Sultan. Au palais. Le Sultan. Le café. A Beyler-Bey. Visite du Sultan. Vainqueurs et vaincus. Touchante cordialité. Le grand-duc Nicolas à l'ambassade de Russie. Galata. Le Phanar. Le Taïm. Djianghir. Les illuminations. A bord du *Constantin*. Constantinople la nuit. *Yangun var!* La prière des muzzins. Le soleil levant. Le quartier, la mosquée et les cimetières d'Eyoub. Le *Sélamlik*, Le cortège du Sultan. Une averse. Le départ. Retour à San-Stefano.

San-Stefano, 3 mars

La journée du 3 mars 1878 sera désormais une date lumineuse dans l'histoire de la Russie et à jamais mémorable dans les annales de l'Islam, frappé ce jour-là d'un coup dont il ne se relèvera plus.

Dans l'attente de la paix, une grande revue avait été ordonnée pour aujourd'hui et l'on devait célébrer le vingt-troisième anniversaire de l'avènement au trône d'Alexandre II et la fin de cette guerre terrible qui a amené les Russes victorieux jusqu'aux portes de Stamboul. Il n'est par inutile de rappeler que le 3 mars 1878 était aussi le vingt-deuxième anniversaire de la réunion du Congrès de Paris en 1856, d'où sortit le traité dont la paix de San-Stefano vient de déchirer presque les derniers lambeaux.

On pressentait à Constantinople que la paix devait être signée le 3 mars, date où expirait l'armistice et on savait que tout au moins une grande revue devait être passée ce jour-là.

Le désir d'assister à ce double événement avait amené une foule énorme à San-Stefano, petit port situé à cinq kilomètres du célèbre château des Sept-Tours, qui est à l'entrée de Constantinople, au sud-ouest. Depuis le 24 février le grand-duc Nicolas y avait établi son quartier général.

Les steamers de Constantinople, ballotés par une mer houleuse, se succèdent sans relâche, apportant des milliers d'excursionnistes.

Grecs, Arméniens, Bulgares, Turcs, encombrent le village; on se montre et on entoure les héros de la guerre, les deux Skobéleff, Gourko, qui vont donner des ordres à leurs troupes. On entend s'entre-croiser toutes les langues de l'Europe et de l'Asie.

La revue était annoncée pour midi. Dès onze heures du matin, les troupes commencent à se masser, au bord de la mer, derrière le phare qui signale aux navires les nombreux écueils de ce rivage.

Les premiers arrivés sur le champ de revue sont les Circassiens de l'escorte du convoi avec leur uniforme bleu foncé, passementé de jaune avec passe-poil rouge, en tout semblable à celui des Circassiens du Sultan, sauf la *croix* qui décore leur bonnet en fourrure à la place du croissant.

Viennent ensuite quelques bataillons de chasseurs à pied dont les longues capotes grises contrastent avec les riches uniformes des Circassiens, des lanciers, des Cosaques, de l'infanterie et de l'artillerie de la garde. Six batteries de pièces de 8 figurent dans la revue, et la gueule des canons est tournée contre Stamboul, ainsi que les têtes des chevaux et des cavaliers. On dirait que toute cette armée attend le signal pour marcher sur *Tsargrad*, l'orgueilleuse cité impériale, qu'une puissance mystérieuse semble avoir encore une fois protégée.

L'obstination des délégués turcs a bien failli attirer sur elle les terreurs et la honte d'une occupation, et peu s'en est fallu que le signal n'en fût donné par le grand-duc Nicolas. Vers cinq heures, celui-ci qui s'impatiente de tous ces retards, monte à cheval et suivi de tout son brillant état-major se rend à la maison Schneider où se discute le traité et demande : « Est-ce prêt? » Puis il galope vers la hauteur où l'armée est rangée en bataille depuis plusieurs heures et se place devant le front des troupes impatientées par une si longue attente.

Savfet-Pacha, renfermé dans la maison Schneider avec le général Ignatieff, ergote encore, se cabre comme un cheval vicieux bien que fourbu, prétend faire amender tel ou tel point du programme russe, et refuse obstinément sa signature.

Un aide de camp du grand-duc va et vient sans cesse du prince à la maison du général Ignatieff, et la nouvelle, si impatiemment attendue de la signature, se fait toujours attendre.

Les soldats russes trompent les ennuis de l'attente en avalant des petits verres de *wodka* que leur tendent d'avides industriels israélites, empressés à les servir, plus empressés encore à empocher leurs pièces d'argent neuf. Il y a si longtemps qu'à Stamboul on ne voit que du papier !

La pluie commence à tomber, il est cinq heures et quart, rien encore. La foule dont la curiosité est surexcitée au dernier point reste à son poste.

Vers cinq heures et demie, il s'élève dans cette fourmilière humaine un grand et joyeux murmure. Au loin, on aperçoit une voiture à deux chevaux qui sort du village, et dans cette voiture le général Ignatieff, qui tient à la main le traité de paix. Cette voiture est escortée de deux Cosaques à cheval et de deux autres cavaliers en fez, officiers d'ordonnance de Savfet-Pacha. Le général remettant au grand-duc Nicolas, le texte du traité de paix, lui dit d'un ton joyeux et la figure radieuse :

— J'ai l'honneur de féliciter Votre Altesse de la signature de la paix !

Un immense hourrah lui répond.

Le grand-duc Nicolas chevauchant alors devant les rangs, s'arrête au milieu du front des troupes, et, les deux mains élevées et tendues, il crie de sa voix la plus sonore :

« La paix est signée! » Des hourrahs prolongés couvrent sa voix. Au même instant, le colonel Tahis-Bey arrive en grand uniforme, apportant au grand-duc les compliments du Sultan.

Vers la fin de la revue, le prince prend de nouveau la parole, pour prononcer la très courte allocution que voici :

— Mes enfants, la paix est signée. Nous avons écrasé les Turcs, et voici Constantinople. Ce résultat est dû à la valeur et au dévouement de tous, Au nom du Tzar, je vous en remercie, et, maintenant, remercions Dieu!

Au moment où le grand-duc dit : « Constantinople est là! » son bras se tend vers la fière capitale dont les mosquées et les palais sont dorés par les derniers rayons du soleil couchant, et alors une émotion indicible fait battre les cœurs de ces vingt mille braves.

Les soldats lancent leurs bonnets en l'air, et de toutes les poitrines s'échappent des hourrahs formidables, répétés jusqu'au dernier rang des troupes et dont le retentissement a pu arriver jusqu'au kiosque des Étoiles, jusqu'au Sultan, pâle et effaré, dont les vainqueurs célèbrent la défaite et l'humiliation. A un mille de là, les soldats Turcs vaincus, humiliés, entendent les réjouissances de leurs adversaires et pleurent silencieusement.

Tout le monde met alors pied à terre et une imposante cérémonie a lieu. Un service solennel est célébré et un *Te Deum* chanté en vue de Tsargrad et de Sainte-Sophie, cette terre promise de l'ambition russe.

En avant du front des troupes on a dressé un petit autel portatif surmonté d'un crucifix et de deux chandeliers, entouré de douze popes portant de riches vêtements sacerdotaux. Le *Te Deum* solennel est entonné par M. Joachim, archevêque de Derkon, et chanté par des milliers de voix que font vibrer l'orgueil de la victoire, la reconnaissance envers le ciel et la douce pensée du retour aux foyers aimés.

Au moment où le prélat prononce la formule de la bénédiction, les troupes de l'infanterie s'agenouillent sur le signal du grand-duc; les Circassiens, les lanciers, les Cosaques inclinent leurs têtes sur le col de leurs montures; un frisson religieux parcourt cette foule immense; les héros de Plevna, de Schipka, d'Araba-Konak et de Philippopoli courbent la tête sous le bras du prêtre qui les bénit au nom du Dieu des armées.

Jamais paix n'a été célébrée dans des conditions plus dramatiques et plus pittoresques, au milieu d'un paysage aussi émouvant; les deux armées face à face, le ciel tempétueux s'éclaircissant, la lumière décroissante du jour, la violence du vent, le clapotage des vagues se mêlant au chant des prêtres et aux réponses des soldats et le grondement de la mer de Marmara grossissant et s'apaisant alternativement.

Le paysage, qui est d'une grande beauté à San-Stefano, forme un fond merveilleusement approprié au tableau.

A travers les eaux agitées de la mer, le dôme et les minarets élancés de Sainte-Sophie, se détachent en relief vigoureux sur le ciel, ainsi que les points dominants de la lointaine silhouette de Stamboul. Plus loin encore, au sud, les iles des Princes, s'élèvent comme de grands monticules, sombres et massifs, sur la côte asiatique, et on sait que derrière elles, est cachée la flotte anglaise. Au-dessus et beaucoup plus en arrière, le pic blanc du mont Olympe dévoile son majestueux sommet reflétant sur ses flancs couverts de neige les rayons empourprés du soleil couchant. Tout est rose ou doré. La montagne a des teintes de braise ou de métal en fusion.

Le chant et les prières terminés, le défilé des troupes commence devant le grand-duc et son état-major.

Les troupes se composent de l'escorte de S. M. l'Empereur, l'escorte d'honneur de la garde, la 1re brigade de la 1re division d'infanterie de la garde, les trois premiers régiments de la 2e division de l'infanterie de la garde, la brigade de chasseurs de la garde, le bataillon de sapeurs de la garde, le bataillon d'escorte du commandant en chef, la 4e brigade de chasseurs à pied, le régiment de lanciers et celui des Cosaques de la garde, les 1re et 2e brigades d'artillerie de la garde et la batterie de Cosaques du Don de la garde.

Les drapeaux de tous les régiments de la garde sont décorés de la croix de Saint-Georges. Plusieurs de ces glorieux étendards sont troués, déchirés, et quelques-uns, en particulier celui du bataillon des tirailleurs finlandais, n'ont plus à la hampe que les cordons de soie et des lambeaux d'étoffe. Le grand-duc les salue avec une respectueuse émotion.

Les bataillons les plus maltraités sont ceux de la brigade de chasseurs du général Skobéleff, qui ont traversé les Balkans en janvier dernier, au milieu de difficultés sans nombre, tourné la position de Schipka et enveloppé la division de Veissel-Pacha.

Les capotes de ces braves sont, pour la plupart, trouées, déchirées ou usées jusqu'à la corde; quelques-uns même ont, en guise de chaussure, des lambeaux de peau de mouton.

Au moment où le défilé s'achève, les ombres de la nuit tombent lentement et enveloppent le village de San-Stefano et la plaine; quelques étoiles, à peine visibles à travers la brume, apparaissent au ciel, et les feux du soir, allumés un peu plus tard par les soldats, sur la grève, illuminent les flots profonds et calmes de la mer de Marmara.

Le rideau vient de tomber sur un des plus grands drames de l'histoire de l'Europe et du monde.

Stamboul, 26 mars.

Aujourd'hui le grand-duc Nicolas est arrivé à Constantinople rendre visite au Sultan. Ce voyage, qui devait déjà avoir eu lieu, il y a près de trois semaines, et que certaines questions d'étiquette ont fait reculer jusqu'à ce jour, s'est accompli de la façon la plus heureuse.

A sept heures du matin, le grand-duc, accompagné de son état-major, sort de son quartier général de San-Stefano et monte en voiture pour se rendre au port, où il doit s'embarquer à bord du yacht le *Livadia*, de la marine impériale russe.

Bien que le temps soit magnifique et le ciel dégagé de tous nuages, un vent assez vif souffle du sud et couvre de houle les eaux bleuâtres de la mer de Marmara, dont les vagues déferlent avec force contre la jetée en bois bâtie sur pilotis du petit port de San-Stefano. Contre cette jetée est amarré un ponton où l'on doit embarquer en canot pour se rendre aux vapeurs mouillés au large, à une distance d'au moins un kilomètre, à cause du peu de profondeur de la rade.

Comme je l'ai déjà dit, la mer est très houleuse, et ce n'est pas chose facile, même pour des gens accoutumés à escalader les pentes des Balkans, à descendre et à se maintenir en équilibre sur ce ponton mouvant à chaque coup de lame.

Pour obvier à cet inconvénient, quatre robustes marins de la garde se tiennent solides et immobiles de chaque côté de la planche conduisant de la jetée au ponton, supportant de longues gaffes, et forment ainsi une double rampe sur laquelle nous prenons point d'appui en attendant l'arrivée des chaloupes à rames et à vapeur qui doivent nous conduire à bord.

La suite du grand-duc est des plus nombreuses, et se compose de près de deux cents personnes; Son Altesse toutefois n'a voulu être accompagnée que de vingt-cinq personnes dans sa visite à Dolma-Baghtché, afin d'éviter au Sultan les ennuis d'une trop longue présentation.

Parmi ces vingt-cinq élus, outre les aides de camp particuliers du grand-duc, on compte les généraux Gourko, Radietzky, Skobéleff père et fils, Rauch, Schouvaloff, Nepocoïtchinsky, prince d'Oldenbourg, duc de Leuchtenberg..., en un mot, tous les généraux dont les noms sont si connus depuis cette longue et pénible campagne.

Le grand-duc et ces derniers prennent place à bord du *Livadia*, où l'on a embarqué le matin une demi-compagnie d'infanterie des marins de la garde, avec drapeau et musique, afin de faire le service d'honneur.

Le *Livadia*, ancien yacht de plaisance de la famille impériale, a été transformé en bâtiment de course durant la dernière guerre. C'est un vapeur d'ancien système à roues, à la coque noire rehaussée de filets d'or et portant à la proue une gigantesque aigle russe aux ailes déployées. A l'arrière, flotte un immense pavillon de soie blanche à la double bande bleue. Malgré ses tambours, ce bâtiment est un excellent marcheur et file tranquillement ses quinze nœuds à l'heure, quand les circonstances l'exigent.

A côté du *Livadia* est également ancrée la corvette de guerre le *Constantin*, sur laquelle j'embarque avec la plus grande partie de l'état-major, et qui doit servir d'escorte.

Le *Constantin*, dont le nom a acquis depuis cette guerre une si grave renommée dans les fastes militaires de la marine russe, était tout simplement, avant la campagne, un transport appartenant à l'agence russe d'Odessa.

Comme on le sait, la marine russe, n'existant peu ou point dans la mer Noire, l'on chercha à en créer une nouvelle.

Le *Constantin*, étant un excellent vapeur à hélice, construit à Bordeaux, et filant treize nœuds à l'heure, fut transformé en navire de guerre et armé de cinq canons de 9, d'un canon de six pouces et d'une mitrailleuse. Son équipage, composé de cent hommes, fut mis sous le commandement du lieutenant de vaisseau Macaroff, officier des plus intelligents et des plus audacieux.

Ce navire, avec sa coque en bois, ne pouvant lutter à coups de canon avec les redoutables cuirassés turcs d'Hobart-Pacha, fut surtout destiné à les attaquer à coups de torpilles.

Pour cela, deux portes-mines ou longues hampes en bois supportant les torpilles que l'on doit heurter contre les flancs du navire ennemi, furent placés de chaque côté de sa proue, un troisième était fixé au-dessous du beaupré; un quatrième et un cinquième étaient également attachés de chaque côté de la poupe, afin que le *Constantin* pût attaquer de tous les côtés à la fois. En outre, quatre petites chaloupes à vapeur, portant chacune deux porte-mines, étaient accrochés à ses porte-manteaux.

Les états de service du *Constantin*, pendant cette guerre, sont des plus brillants : Deux grands cuirassés coulés à fond à Soukoum et à Batoum, neuf navires de commerce brûlés à deux milles seulement de Constantinople, le Caucase tout approvisionné, voilà ce que fit ce navire, qui devint bientôt la terreur de la marine turque, dont le gouvernement mit à prix la tête du commandant Macaroff, pour la somme de deux mille livres.

Cet officier est un homme de trente-cinq ans, de taille moyenne, aux longues moustaches blondes, à la figure énergique et décidée. Sur sa tunique verte à passe-poils blancs, toute brodée d'ancres en or, sont attachées les croix de Saint-Georges et de Saint-Wladimir, récompenses bien méritées par ses nombreuses prouesses.

Aujourd'hui le commandant Macaroff est capitaine de frégate et aide de camp de l'empereur.

Bien que le grand-duc se soit embarqué à neuf heures du matin à bord du *Livadia*, le transport successif de son nombreux état-major et l'opération du dérapage des ancres demandent plus d'une heure, et vers dix heures et demie seulement nous nous mettons en marche vers l'entrée du Bosphore.

Le temps est magnifique. Le ciel, d'une limpidité et d'un bleu d'azur qu'on ne trouve qu'en Orient, se reflète sur les vagues bleuâtres de la mer de Marmara, dans l'écume desquelles viennent se jouer des milliers de mouettes au plumage argenté.

Au fond, les îles des Princes se détachent comme une masse bleuâtre sur les pentes couvertes de neige des montagnes de Brousse.

Aucune vapeur dans l'air ; il semble qu'il n'y a plus

d'atmosphère et que les montagnes se découpent dans le vide, tant leurs arêtes les plus lointaines sont nettes et décidées.

Sur la côte d'Asie, Scutari s'étale sur des pentes jaunâtres comme une tache grise hérissée de pointes blanches, qui sont des minarets, et de pointes noires, qui sont des cyprès.

Sur la gauche, quelque chose se dessine à travers les vapeurs bleuâtres du Bosphore : l'horizon se frange de mosquées et de minarets, c'est Stamboul.

Nous marchons rapidement, et dépassons bientôt le phare de San-Stéfano, la petite rivière séparant les avant-postes russes et turcs, les blanches maisonnettes de Makrikeuï, ses nombreuses poudrières et la fabrique de cartouches.

Au bout d'une heure de marche, les hautes murailles massives et dentelées de l'antique Byzance, la porte de Top-Capou par où Mahomet II entra en 1453 dans la cité des empereurs byzantins, et les sept tourelles du château ainsi nommé des Sept-Tours apparaissent à nos yeux.

Un peu en arrière s'étagent les maisons, les conaks, les édifices de Stamboul, surmontés par les minarets et entourés de mosquées; à droite, la coupole massive de Sainte-Sophie, et la mosquée du Sultan Sélim, plus svelte et gracieuse de forme. A côté s'élèvent, dépassant les toits des maisons, les pointes de l'obélisque égyptien et de la colonne en pierre de Constantin Porphyrogène. Nous longeons la grande muraille de Stamboul, lieu solitaire par excellence, et où tout semble s'être immobilisé depuis les derniers empereurs byzantins.

La grande ville a toutes ses communications par mer, et autour de ses murs antiques, le silence est aussi complet qu'aux abords d'une nécropole. Si, de loin en loin, quelques portes s'ouvrent dans l'épaisseur de ces remparts, on peut affirmer que personne n'y passe et qu'il vaudrait autant les supprimer. Ce sont, du reste, de petites portes basses, contournées, mystérieuses, surmontées d'inscriptions dorées et d'ornements bizarres.

Entre la partie habitée de la ville et ses fortifications s'étendent de vastes terrains vagues occupés par des masures inquiétantes, des ruines éboulées de tous les âges de l'histoire.

Et rien au dehors ne vient interrompre la longue monotonie de ces murailles; à peine, de distance en distance, un minaret dressant sa tige blanche; toujours les mêmes crénaux, toujours les mêmes tours, la même teinte sombre apportée par les siècles, — les mêmes lignes régulières, qui s'en vont, droites et funèbres, se perdre dans l'extrême horizon.

En avant de ces grands murs, dans la campagne, ce sont des bois de ces cyprès gigantesques, hauts comme des cathédrales, à l'ombre desquels, par milliers, se pressent les sépultures des Osmanlis. Je n'ai vu nulle part autant de cimetières que dans ce pays, ni autant de tombes, ni autant de morts.

Cette campagne est silencieuse, ces sites imposants et solennels.

Vers midi, nous doublons la pointe du vieux sérail et nous entrons en plein Bosphore.

Le *Livadia* n'ayant pas arboré le grand drapeau de commandement du grand-duc Nicolas, mais seulement la petite banderolle blanche à raies bleues et portant au centre l'écusson impérial ne reçoit pas le salut d'honneur des batteries turques ; mais en passant au milieu des nombreux stationnaires étrangers et des cuirassés turcs, tous ces bâtiments arborent au grand mât le pavillon russe et les équipages rangés sur les vergues et les bastingades saluent le passage du grand-duc par de nombreux hourrahs et en agitant leurs bérets.

En apercevant arriver le *Livadia*, les stationnaires allemands ont les premiers salué le pavillon russe, presque aussitôt les Français, ensuite les Suédois, Italiens, Autrichiens, Espagnols, etc., les Anglais, de beaucoup les derniers, et comme à regret d'être contraints d'agir comme tout le monde.

A midi et quart le *Livadia*, après avoir dépassé la Corne d'or, laisse tomber l'ancre et mouille en face de la baie de Dolma-Bagtché, à cinq cents mètres tout au plus du rivage, la proue tournée face à la demeure impériale que semble menacer de son étreinte puissante l'aigle impérial russe sculpté au-dessous du beaupré. Sur la place du palais de Dolma-Bagtché, de nombreuses troupes sont rangées en bataille; une foule immense remplit les approches et se presse sous un soleil brûlant; c'est bien le printemps pour tout de bon, qui arrive. La grande lumière du midi ruisselle sur tout cet ensemble de murailles, de dômes et de minarets qui couronnent là-haut Stamboul; elle s'éparpille sur une foule bariolée, vêtue des couleurs les plus voyantes de l'arc-en-ciel.

La vue est splendide du pont du *Constantin*. Au fond de la Corne d'or, le sombre paysage d'Eyoub; la mosquée sainte émergeant avec sa blancheur de marbre d'un bas-fond mystérieux, d'un bois d'arbres antiques; et puis des collines tristes, teintées de nuances sombres et parsemées de marbres, des cimetières immenses, une vraie ville des morts.

A gauche la Corne d'or, sillonnée par des milliers de caïques dorés; tout Stamboul, les mosquées enchevêtrées confondant leurs dômes et leurs minarets.

En face une colline plantée de maisons blanches; c'est Péra, la ville des chrétiens, et le palais de Dolma-Bagtché, se mirant dans l'eau calme et bleue.

Bientôt les caïques du Sultan accostent le *Livadia* et le *Constantin*, pour conduire à ce palais le grand-duc Nicolas et son état-major.

Les formes effilées de ces embarcations rappellent l'élégance originale de l'Orient; ils sont d'une grande magnificence, entièrement ciselés et dorés et portent à l'avant, orné de perles, un éperon d'or. Chaque caïque est conduit par vingt-six rameurs à la livrée verte et orange, couverte de dorures.

Ces embarcations sont remplies de tapis soyeux, de coussins et de couvertures de Turquie. On y trouve tous les raffinements de la nonchalance orientale, et il semblerait voir un lit qui flotte plutôt qu'une barque.

Nous débarquons. Tout est blanc comme neige dans les cours du palais de Dolma-Bagtché, même le sol: quai de marbre, dalles de marbre, marches de marbre; les gardes du Sultan en costume écarlate, les musiciens vêtus de bleu de ciel et chamarrés d'or, les laquais vert-pomme doublé de jaune-capucine, tranchent en nuances crues sur cette invraisemblable blancheur.

Les acrotères et les corniches du palais servent de perchoir à des familles de goélands, de plongeons et de cigognes.

Intérieurement c'est une grande splendeur. Les hallebardiers forment la haie dans les escaliers, immobiles sous leurs grands plumets, comme des momies dorées.

Des officiers des gardes, costumés un peu comme feu Aladdim, les commandent par signes.

Le Sultan est grave, pâle, fatigué, affaissé ; il est maigre, avec de grands yeux noirs, cernés de bistre ; sa physionomie est intelligente et distinguée. De taille moyenne, il porte une courte barbe noire ; sa tunique bleue est brodée au col et aux poignets et l'extrême simplicité de sa mise contraste avec le luxe oriental dont il est entouré.

L'entrevue des deux princes est des plus émouvantes.

Abdul-Hamid, nature sensible et tendre, est très ému, ses yeux sont remplis de larmes ; il déplore le triste sort qui est fait par le traité de San Stefano à la Turquie et à son souverain.

Le grand-duc le console, et au nom de son frère, lui donne les assurances les plus amicales.

Pendant cette entrevue, à laquelle n'assistent que peu de personnes, le café est servi à l'état-major russe dans un grand salon donnant sur le Bosphore.

Des serviteurs à genoux vous allument des chibouks de deux mètres de long à bout d'ambre, enrichis de pierreries, et dont les fourneaux reposent sur des plateaux d'argent.

Les *zarfs* (pieds des tasses à café) sont d'argent ciselé, entourés de gros diamants taillés en rose et d'une quantité de pierres précieuses.

La réception terminée, les caïques nous reconduisent à bord. Bientôt nous embarquons dans nos canots à vapeur, qui se dirigent vers le palais de Beyler-Bey, situé sur la côté d'Asie, en face de Dolma-Bagtché. Dans l'après-midi le Sultan doit venir à ce palais pour y rendre au grand-duc la visite de la matinée.

En effet, vers deux heures un canot à vapeur à la coque blanche et dorée, portant le pavillon impérial, accoste au quai de marbre de Beyler-Bey.

Le Sultan en descend, suivi de ses ministres et de ses principaux généraux: Osman-Pacha, Réouf-Pacha, Fuad-Pacha, etc.

Le grand-duc Nicolas le reçoit au débarcadère. Dans la cour du palais sont rangés en bataille le détachement d'infanterie de marine de la garde avec son drapeau russe, et les Cosaques du convoi avec l'étendard blanc à croix bleue qui a accompagné le grand-duc pendant toute la campagne. En face, les élèves de l'école militaire de Constantinople et leur musique.

Ces détachements rendent les honneurs militaires au Sultan, qui est reçu par le grand-duc dans une salle de rez-de-chaussée, en présence de M. Onou, premier dragman de l'ambassade de Russie, et Véfik-Pacha, qui servent d'interprètes.

La glace a été rompue dans le premier entretien de Dolma-Bagtché, de sorte que cette seconde entrevue peut prendre un caractère plus accentué de familiarité intime et même de cordialité.

Pendant cette entrevue, la terrasse du palais, frangée d'une torsade d'écume argentée par les flots du Bosphore, est témoin de scènes bien piquantes et fort curieuses. Il y a là comme une espèce de réconciliation générale des vainqueurs et des vaincus.

Osman-Pacha sollicite la faveur d'être présenté au général Skobéleff jeune, qu'il a vu pour la première fois dans la petite maison du Vid, où lui-même gisait prisonnier et blessé, le 10 décembre dernier.

Les deux anciens adversaires se tendent cordialement

la main et se promenent longtemps sur la terrasse, sous le ciel pur et radieux du printemps.

Non loin de là, le général russe Schouvaloff cause amicalement avec Fuad-Pacha, qui infligea un échec sensible au prince Mirski à Elena. Il est vrai que, vers la fin de la campagne, Fuad, moins heureux et surtout mal secondé par son chef, Suleïman-Pacha, s'est laissé battre et même écraser devant Philippopoli.

Le général Schouvaloff ayant demandé à Fuad-Pacha, qui a fait la campagne de Crimée, son sentiment sur les officiers anglais, le général ottoman répond par une locution d'une saveur toute soldatesque, qu'il est difficile de reproduire, et qui perdrait beaucoup à être traduite en langage poli.

Toujours sur la même terrasse, on peut voir se promenant, bras dessus, bras dessous, Gourko, le *Sabalkanski* de la dernière campagne, et Réouf-Pacha, aujourd'hui ministre de la guerre, qui, au printemps dernier, a eu le désagrément de voir ses *mustafiz* taillés en pièces par l'armée du même Gourko à Yeni-Zara.

Le grand-duc Nicolas, en vainqueur courtois et généreux qu'il est, prodigue les éloges aux généraux turcs, qui en sont vraiment digne d'ailleurs.

C'est ainsi qu'il dit au vaillant défenseur de Plevna :

— Ça été un honneur pour nous d'avoir à combattre un adversaire tel que vous.

A Fuad-Pacha, le vainqueur d'Elena, il dit :

— Vous êtes vraiment un brave, et je suis heureux de rendre hommage à votre mérite.

Après cette entrevue de Beyler-Bey, vainqueurs et vaincus se séparent également satisfaits les uns des autres. Le Sultan a invité le grand-duc à dîner pour demain soir.

Nous retournons déjeuner à bord, puis descendons à Galata où le grand-duc monte en landau et arrive à l'ambassade de Russie, située dans la grande rue de Péra. Au moment où la voiture impériale franchit la porte d'entrée, les voiles, qui depuis la déclaration de guerre, recouvraient les aigles de bronze placés de chaque côté, sont enlevés aux applaudissements de la foule.

Au moment où nous nous rendons à terre, il est quatre heures et demie du soir ; la journée a été belle et lumineuse; le va-et-vient de la Corne-d'or, a une activité inusitée : des milliers de caïques abordent aux échelles, ramenant dans leurs quartiers les Turcs et les chrétiens que leurs affaires ont appelés dans les centres populeux de Constantinople, à Galata, ou au grand bazar..

Voici Galata avec ses ruelle de truands, boueuses, noires, sinistres, occupées par des marchands de goudron, de vieilles poulies et de peaux.

Plus loin, le sombre Phanar avec ses rues où le soleil en plein midi hésite à descendre, ses hautes maisons bardées de fer, plus vieilles que l'islam, qui s'élargissent par le haut et font voûte sur la ruelle humide. Il faut courber la tête, en passant à cheval sous les balcons de ces maisons qui tendent au-dessus de vous leurs gros bras de pierres.

Contraste étrange, de loin en loin on voit s'ouvrir des petites portes byzantines, rongées de vétusté et dans leurs embrasures massives apparaissent des jeunes filles vêtues comme des parisiennes.

Jamais dans aucun pays du monde, il ne m'a été donné comme à Galata, d'ouïr un vacarme plus discordant.

C'est un grouillement cosmopolite inimaginable, dans lequel domine en grande majorité l'élément grec et qui sort de toutes les ruelles, de tous les estaminets, de toutes les tavernes.

De Galata, nous commençons l'ascension de Péra, par les rues biscornues des quartiers turcs. Grande émotion parmi les chiens, à la vue de nos uniformes de *Moscows* (Russes); on croirait circuler dans un conte fantastique illustré par Gustave Doré.

En arrivant au quartier bruyant du Taxim, sur la hauteur de Péra, le spectacle change; là, les équipages européens, les toilettes européennes heurtent les équipages et les costumes de l'Orient; un vent tiède soulève la poussière; l'odeur des myrtes, le tapage des marchands de fruits, les rues encombrées de raisins et de pastiques.

Sur les hauteurs du Taxim se trouvent le quartier turc de Djianghir dont les shaknisirs en saillie, soigneusement grillés de lattes de frêne, surplombent des précipices, les casernes et le jardin public.

De là, on domine d'aplomb les quartiers de Fondoucli les palais de Dolma-Bagtché et de Tchéragan, la pointe du Sérail, le Bosphore, les cuirassés turques, pareils à des coquilles de noix posés sur une nappe bleue, — et puis Scutari et toute la côte d'Asie.

De ce milieu européen, si on pénètre dans les rues de ce vieux quartier de Djianghir, qui couvre les hauteurs entre Péra et Fondoucli, on se trouve de nouveau en pleine vie orientale.

Les vieilles cases de bois varient de nuances, entre le gris foncé, le noir et le brun rouge; sur les pavés secs, les femmes turques circulent en petites pantoufles jaunes, en se tenant enveloppées jusqu'aux yeux, dans des pièces de soie écarlate ou orange, brodées d'or.

Des ruelles on a également des échappées de perspective de trois cents mètres de haut, sur le sérail blanc et ses jardins de cyprès noirs, sur Scutari et sur le Bosphore, à demi-voilés par des vapeurs bleues.

Bientôt le soleil se couche derrière la colline sacrée d'Eyoub et la nuit du printemps descend transparent sur l'héritage d'Othman....

A la nuit, en l'honneur de l'entrevue d'aujourd'hui, grande féérie orientale ; toutes les mosquées illuminées, les minarets étincelants jusqu'à leur extrême pointe ; des versets du Koran en lettres lumineuses suspendues dans l'air.

Cette nuit-là, l'aspect est magnifique, surtout sur la grande place du Séraskiérat, esplanade immense sur la hauteur centrale de Stamboul, d'où, par-dessus les jardins du sérail, le regard s'étend dans le lointain jusqu'aux montagnes d'Asie.

Les portiques arabes, la haute tour aux formes bizarres sont illuminés comme aux soirs de grandes fêtes. Autour du vaste horizon surgissent dans le ciel, au-dessus de toutes ces lignes de feux, les dômes des mosquées et les minarets aigus, longues tiges surmontées d'aériennes couronnes de lumière.

Le ciel clair, est traversé par deux bandes de nuages, au-dessus desquels la lune est venue plaquer son croissant bleuâtre.

Dans les rues, des milliers d'hommes criant à la fois le nom vénéré d'Allah, une foule en habits de fête promenant des profusions de feux et de lanternes ; des femmes voilées circulant par troupes, vêtues de soie, d'argent et d'or.

Vers minuit nous descendons à Galata pour nous embarquer en caïque et aborder au *Constantin* où nous devons passer la nuit.

Au moment où nous quittons les quais, nous croisons une barque chargée de musiciens grecs, qui nous donnent une vieille aubade d'autrefois, une mélodie gaie et orientale, fraîche comme l'aube du jour, des voix humaines accompagnées de harpes et de guitares.

Une fois sur le pont du *Constantin* nous restons longtemps sur la dunette, contemplant le spectacle féerique de ce magnifique panorama du Bosphore, éclairé par la lumière bleuâtre de la lune.

Tout est calme : à Pera, les lumières s'éteignent une à une. Sur la rade, de loin en loin, une rare lumière, partie d'une maison, laisse tomber dans l'eau une traînée jaune.

A Galata, les vieilles cases génoises qui s'élèvent en pilotis au milieu de pieux, d'épaves et de milliers de caïques échoués sur la vase, sont obscures et endormies.

Dans les ravins profonds, les bois de cyprès séculaires, où les chouettes font entendre leur houhoulement lugubre, forment des masses absolument noires ; ces arbres tristes ombragent d'antiques sépultures de musulmans ; ils exhalent dans la nuit des parfums balsamiques.

L'immense horizon est tranquille et pur.

Devant nous, une nappe brillante, c'est la Corne d'or ; au-dessus, tout en haut, la silhouette d'une ville orientale, c'est Stamboul.

Les minarets, les hautes coupoles des mosquées se découpent sur un ciel très étoilé où un croissant de lune est suspendu ; l'horizon est tout frangé de tours et de minarets, légèrement dessinés en silhouettes bleuâtres sur la teinte pâle de la nuit. Les grands dômes superposés des mosquées montent en teintes vagues jusqu'à la lune et produisent sur l'imagination l'impression du gigantesque. Au pied de Pera, le croissant de la vieille mosquée de Foundoucli brille comme un diamant au clair de l'astre de la nuit.

Vers quatre heures du matin, les vigies signalent un grand feu à terre.

Nous montons sur le pont ; au-dessus de Stamboul l'horizon est embrasé, les mosquées et les édifices se découpent violemment sur un fond d'or en fusion.

Le sinistre cri des *Beckdjis* (veilleurs de nuit) annonçant l'incendie, le terrible *Yangun vâr !* si prolongé, si lugubre, retentit dans tous les quartiers de Stamboul, au milieu du silence profond.

Sur le sommet de la tour de Galata sont arborés de gros disques de couleurs différentes pour indiquer le quartier où a éclaté le fléau.

Bientôt tout s'éteint, l'incendie qui a dévoré une cinquantaine de maisons dans un haut quartier de Stamboul, est rapidement étouffé.

Impossible de dormir ; nous restons sur le pont.

Le croissant s'abaisse lentement derrière Stamboul, derrière les dômes de la Suleïmaniéh.

Le chant sonore, l'aubade des coqs, précédant de peu prière des muzzins, annonce le jour.

L'aube incertaine encore, éclaire la masse blanche de Stamboul et les masses noires des navires de guerre.

— *Allah illah Allah, vé Mohamed reçoul Allah !* (Dieu seul est Dieu, et Mahomet est son prophète!)

Cinq heures : tous les jours, depuis des siècles, à la même heure, sur les mêmes notes, du haut des minarets des *djamis* (mosquées) la même phrase retentit au-dessus de Stamboul. Les muzzins de leur voix stridente, la psalmodient aux quatre points cardinaux, avec une monotonie automatique, une régularité fatale.

Six heures : c'est le moment de la splendeur matinale de Constantinople. Le jour est d'une splendeur inaccoutumée.

Sous le soleil levant, tout le long de la Corne d'or, depuis le sérail jusqu'à Tcheragan, les dômes et les minarets des palais et des mosquées se dessinent sur le ciel limpide en teintes roses ou irisées et se réfléchissent dans les profondeurs tranquilles du Bosphore.

Des bandes de *Karabataks* (plongeons noirs) exécutent des cabrioles fantastiques autour des barques de pêcheurs et disparaissent la tête la première dans l'eau froide et bleue.

Les caïques dorés commencent à circuler par centaines, chargés de passants pittoresques ou de femmes voilées.

Souvent les *caiqdjis* en passant les uns près des autres engagent leurs avirons et s'adressent à cette occasion les injures d'usage : « Chien ! fils de chien ! arrière petit-fils de chien ! »

A notre gauche voici les quartiers de Stamboul, les places immenses et désertes, où poussent l'herbe et la mousse, les minarets gigantesques, les vieilles mosquées décrépites, blanches sur le ciel bleu, les vieux monuments avec leur cachet d'antiquité et de délabrement, qui s'en vont en ruine comme l'islam.

A droite, voici Foundoucli, qui est encore un coin de la vieille Turquie et semble détaché du fond de Stamboul, petite place dallée au bord de la mer, antique mosquée à croissant d'or, entourée de tombes de derviches et de sombres retraites d'ulemas.

Le soleil est radieux. La multitude des cases noires de Pri-Pacha étagées sur les flancs de Pera en pyramide, baignent dans la lumière orangée, et toutes le vitres étincellent.

Constantinople, 27 mars

Vers neuf heures, nous débarquons à Galata.

Nous traversons rapidement Pera, et nous dirigeons vers la mosquée d'Eyoub, où a lieu aujourd'hui la cérémonie hebdomadaire du *Sélamlik*.

Cette mosquée, située au fond de la Corne d'or a été construite sous Mahomet II, sur l'emplacement du tombeau d'Eyoub, compagnon du prophète.

Le saint quartier d'Eyoub plane sur le vieux Stamboul tout baigné de soleil. Encore des échappées sur la nappe bleue de Marmara, les îles et les montagnes d'Asie.

L'accès de la mosquée d'Eyoub, a toujours été interdit aux chrétiens, et les abords mêmes, en temps ordinaires, ne sont pas sûrs pour eux.

Ce monument est bâti en marbre blanc; il est placé dans un lieu solitaire, à la campagne, et entouré de cimetières de tous côtés. On voit à peine son dôme et ses minarets sortant d'une épaisse verdure d'un massif de platanes gigantesques et de cyprès séculaires.

Les chemins de ces cimetières sont très ombragés. Ils sont bordés d'édifices de marbre fort anciens, dont la blancheur, encore inaltérée, tranche sur les teintes noires des cyprès.

Des centaines de tombes dorées et entourées de fleurs se pressent à l'ombre de ces sentiers; ce sont des tombes de morts vénérés, d'anciens pachas, de grands dignitaires musulmans. Les cheikh-ul-islam ont leurs kiosques funéraires dans une de ces avenues, tristes.

C'est dans la mosquée d'Eyoub, que sont sacrés les sultans.

Nous arrivons bien en avance. Le vieux monument est encore vide et silencieux, et des centaines de pigeons ramiers picorent et volètent dans les cours solitaires sur des dalles de marbre, d'une blancheur de neige.

La portière de cuir, qui ferme l'entrée du sanctuaire, est gardée par deux derviches en robe de bure.

Bientôt une sourde rumeur, qui monte en grossissant du fond de Stamboul, annonce l'arrivée du long et magnifique cortège du sultan.

Des hallebardiers ouvrent la marche, coiffés de plumets verts de deux mètres de haut, et vêtus d'habits écarlates tout chamarrés d'or.

Abdul-Hamid s'avance au milieu d'eux, monté sur un cheval blanc monumental, à l'allure lente et majestueuse, caparaçonné d'or et de pierreries.

Le cheik-ul-islam, en manteau vert, les émirs en turban de cachemire, les ulémas en turban blanc à bandelettes d'or, les grands pachas, les grands dignitaires, suivent sur des chevaux étincelants de dorures, — grave et interminable cortège, où défilent de singulières physionomies ! — Des ulémas octogénaires, soutenus par des laquais sur leurs montures tranquilles, montrent au peuple des barbes blanches et de sombres regards empreints de fanatisme et d'obscurité.

Une foule innombrable se presse sur tout ce parcours.

Sur les hauteurs d'Eyoub, s'étale la masse mouvante des dames turques. Tous ces corps de femmes, enveloppés chacun jusqu'aux pieds, de pièces de soie de couleurs éclatantes, toutes ces têtes blanches cachées sous les plis des yachmaks, d'où sortent des yeux noirs, se confondent sous les cyprès avec les pierres peintes et historiées des tombes. Cela est si coloré et si bizarre, qu'on dirait moins une réalité qu'une composition fantastique de quelque orientaliste halluciné.

La cérémonie terminée, nous traversons Stamboul dans toute sa longueur pour rentrer à bord du *Constantin*.

En sortant du quartier d'Eyoub, le ciel devient tout à coup étrangement noir, tourmenté et menace d'un déluge; les cases et les pavés se détachent en clair sur ce ciel, bien que noirs par eux-mêmes. Les rues sont désertes et balayées par des rafales qui font tout trembler.

Les nuages crèvent bientôt; pluie et grêle tombent abondamment et inondent tout Stamboul. Sous ces cataractes, des dames turques surprises par l'ondée, fuient de toute la vitesse que leur permettent leurs socques à patins et leurs petites babouches de maroquin jaune, sans talon ni dessus de pied. C'est dans les rues une grande confusion et dans le public une grande bousculade.

Nous entrons pour laisser passer l'averse dans un café turc près de l mosquée du sultan Mehemed-Fatih, et nous regardons à travers les vitres enfumées les passants courant sous la pluie qui tombe à torrents.

Après une heure d'attente, nous voyons enfin un gai rayon de soleil percer les sombres nuages, qui disparaissent peu à peu au-dessus d'Eyoub.

Nous nous remettons en marche, en passant devant les grands portiques de pierres grises de la mosquée du sultan Mehemed-Fatih (Mehemed le conquérant).

Au moment où nous arrivons à la Corne d'or, le soleil

couchant dore les cyprès noirs, les vieilles murailles crénelées de Stamboul et se reflète dans les véritables lacs créés sur les places par le déluge de la journée.

San-Stefano, 28 mars.

Aujourd'hui, le grand-duc Nicolas a quitté Constantinople.

A l'heure du namaze de midi, le *Livadia* et le *Constantin* appareillent et se mettent en marche.

Bientôt nous sortons du Bosphore ; un pâle soleil de mars se reflète sur la mer de Marmara. L'air du large est vif et froid. Les côtes, tristes et nues, s'éloignent dans la brume.

Stamboul disparaît peu à peu ; les plus hauts dômes des plus hautes mosquées, tout se perd dans l'éloignement, tout s'efface. Adieu ! au revoir, peut-être !

TABLE DES MATIÈRES

	Pages.
Préface.	VII
Chapitre I. — Nikopoli.	1
Chapitre II. — Gorny-Doubnik, Yablonitza	11
Chapitre III. — Bulgarski-Izvor. — Teteven.	25
Chapitre IV. — Pravetz. — Etropol.	37
Chapitre V. — La passe de Slatitza.	54
Chapitre VI. — Prise de Tchelopetz.	66
Chapitre VII. — Tchelopetz.	83
Chapitre VIII. — Évacuation de Tchelopetz	105
Chapitre IX. — D'Etropol à Plevna.	115
Chapitre X. — Plevna.	131
Chapitre XI. — Bogot.	154
Chapitre XII. — De Bogot à Sofia.	166
Chapitre XIII. — Sofia.	189
Chapitre XIV. — De Sofia à Tatar-Bazardjick.	211
Chapitre XV. — Tatar-Bazardjick	222
Chapitre XVI. — Philippopoli	235
Chapitre XVII. — Bataille de Karagatch	246
Chapitre XVIII. — De Philippopoli à Andrinople.	258
Chapitre XIX. — Andrinople.	280
Chapitre XX. — San-Stefano, Stamboul.	299

www.ingramcontent.com/pod-product-compliance
Lightning Source LLC
Chambersburg PA
CBHW021213240426
43667CB00038B/559